한국사 속 재해와 리더십

한국사 속 재해와 리더십

1판 1쇄 찍은날 2024년 12월 20일
펴낸날 2024년 12월 26일
지은이 한정수
펴낸이 원종필
편집 박명희
펴낸곳 건국대학교출판부
등록 / 제 4-3 호(1971. 6. 21.)
주소 / 05029, 서울특별시 광진구 능동로 120
전화 / 편집팀_(02) 450-3891~2 영업팀_(02) 450-3893
팩스 / (02) 457-7202
홈페이지 / http://press.konkuk.ac.kr
e-mail / press@konkuk.ac.kr
찍은곳 네오프린텍㈜
정가 15,000원

ISBN 978-89-7107-783-2 03910

*** 본 책자는 교육부의 「대학혁신지원사업」 사업비로 제작되었습니다.**

한국사 속
재해와 리더십
한정수 지음
Disasters and Leadership in Korean History

건국대학교출판부

머리말

'자연'이라고 하면 떠오르는 이미지는 힐링이다. 이상적 상황을 연상하기 때문이다. 하지만 자연이 반드시 그러한 것만은 아니다. 때로는 걷잡을 수 없는 폭군으로도 바뀐다. 무시무시한 속도로 휘몰아치거나 보이지 않는 검은 손으로 생명줄을 쥐어잡고 휘두른다. 이러한 상황에서 안전과 생명의 위협을 느끼는 인간은 이를 재해라고 명명한다. 두 얼굴의 자연에 대한 이해가 필요한 시점인 것이다.

재해를 겪으면서 인간은 한없이 나약해진다. 대홍수, 대기근, 대지진, 전염병 등의 상황에서 어찌하겠는가? 그저 신에게 빌고 자신의 잘못을 반성하면서 더욱 신에 의지하겠다고 기도할 따름이다. 다만 재해 때마다 그 원인과 결과를 신과 인간 사이의 문제로 보면 어떻게 될까? 신의 의지는 더욱 강해지고 인간의 의지는 상대적으로 나약해질 것이다. 그런데 인류 역사를 보면 이러한 패턴 속에 있지 않았다.

대홍수를 겪은 뒤에는 안전한 지대를 찾거나, 댐을 건설하거나, 나무를 심거나, 하천에 대한 준설을 하거나, 새로운 물길을 만들거나, 많은 안전을 위한 시설을 만들었다. 대기근을 겪은 뒤에도 마찬가지이다. 식량을 저장하고 교역하고, 새로운 식량자원을 개발하고, 서로 먹을 것을 나누고 하면서 극복했다. 때로는 전쟁을 통해 해결하기도 했다. 대지진 후에도 사람들은 많은 인류애적 차원에서 도움의 손길을 주었다. 전염병 대유행 때는 어떠했는가. 어떠한 방법이 가장 효과적인 예방법인가를 공유하면서 원인을 찾고,

약을 개발하고 치료를 하였다.

큰 흐름 속에서는 이 같은 이해가 가능하다. 하지만 세세한 부분을 본다면 재해를 대하는 인간의 언행은 제각각이다. 필자도 그렇지만 독자들의 경우도 실제 재해를 겪어본 이들은 사실 그리 많지 않다. 먹을 것이 없어서 며칠간 굶주린 적이 있었는가? 필자는 운이 좋게 태어나서인지 그러한 적이 없다. 크고 작은 재해를 입은 바는 있었겠지만 그것이 생명과 전재산을 위협할 정도였다고 할만한 일들이 있었는가 하면 그렇지 않다. 현재의 우리는 그러한 재해에서 비교적 자유로운 상황인 것이다. 이러한 면을 넓혀보면 현재 한국 사회는 세계에서 가장 풍요로운 나라 중의 하나가 되어 있다. 그러나 눈에는 보이지 않으나 자연재해, 인공재난, 전쟁 등은 언제라도 벌어질 수 있는 현실 속에 있는 것도 사실이다.

어쨌든 우리 한국 사회는 소위 단군 이래 가장 먹고살기 좋은 세상이 되었다. 어떻게 이러한 것이 가능해지게 된 것일까? 수없이 많은 홍수, 기근, 전염병, 전쟁 등을 겪었는데도 말이다. 이 책에서 자주 쓴 표현이 있다. 기양, 죄기, 천인감응론, 전화위복 등이다. 재해를 없애달라고 신에게 비는 기양, 자신의 부덕에 책임이 있다고 자책하는 죄기, 신민의 억울함 등이 하늘에 닿아 재해를 내리므로 이를 덕으로써 해결해야 한다는 천인감응론, 인사를 다하여 재해를 계기로 더 나은 사회를 만들려는 전화위복 등이 있었다.

그런데 한국사의 흐름을 보면 각종의 재해를 겪으면서 한 단계씩 나은 방향으로 진전되어 왔다. 그것이 그냥 이뤄지진 않았다. 재해와 재난 속 한국사에서는 전근대사회의 경우 신성한 왕권과 애민의 덕치를 기반으로 리더십이 발휘되었다. 근대 이후의 경우 정부와 시민사회가 협력하면서 재해 극복을 도모하였다. 여기에 그치지 않고 재해 예방과 재해 방지, 재해 후 극복 시스템 등을 각 시대별로 갖춰 왔음이 보인다.

이 책은 바로 한국사 속 국가재난과 그 극복이라는 난제 해결 모색을 위해 기획되었다. 한국사의 흐름을 살펴보면서 재해를 어떻게 인식하였는가, 재해 상황에서 어떻게 대처하였는가, 재해 극복을 어떻게 이루었는가, 재해 극복에 실패했을 때 어떠한 일이 벌어졌는가, 전화위복 후 어떻게 사회를 지속 발전시켰는가 등을 검토하여 재해 상황과 그에 적절한 리더십을 체계화하고 아픔에 대한 공감과 극복 및 치유 노력을 확대하여 안전하고 행복한 사회를 만들고자 하는 바람을 담고자 했다.

현재 우리 사회는 각종 재해와 재난에 당면해 있다. 사람들은 이구동성으로 자연재해, 기후재난, 환경재난, 시스템재난 등을 언급한다. 이에 재해 예방 및 경보 시스템이 운영되고 있다. 각종 「재난안전법」 등을 만들어 생계와 치유, 안전 문제 등을 해결하고 있다. 새로운 과학기술을 반영한 시스템을 만들어 이전보다 더 편리한 시설로 공동체를 운영하려 하고 있다. 돌이켜보면 과거의 재해 · 재난 극복 방식이 앞으로의 시스템에 결정적 도움을 주는 것은 아니다. 하지만 재해 등과 관련해 과거, 현재, 미래에 있어 가장 고려되어 왔고 공감해야 할 요소는 인간애이다. 바로 이 점이 역사 속에서 다양한 형태로 반영되어 왔던 것이다. 이것이 이 책에서 재해와 리더십을 다루려는 이유이다. 역사를 본다면 하늘 혹은 신격-왕권과 리더십-민 · 시민-자연이라는 요소가 어느 한쪽을 배제하고 성공을 거둘 수는 없다.

현대 혹은 미래 사회에서도 종교 신앙은 영원할 것이다. 군주 혹은 정부는 적절한 리더십을 발휘해야 한다. 인간은 생존을 위해 디스토피아 상황 속에서도 관계를 맺어야 한다. 자연의 흐름을 이해하고 인간과 공존을 할 수 있는 최선의 방법을 계속 찾아내고 적용하고 발전시켜야 한다. 과거를 보아야 하고, 현재를 다양하게 살펴야 한다. 그리고 미래를 대비해 안전한 삶을 도모해야 한다. 이를 바탕으로 나 자신과 후손들에게 보다 나은 사회를 제공해야 하는 것이 현재 우리의 노력이자 의무인 것이다.

2024년 12월

한정수

차 례

| 2부 | 한국사 속 재해와 리더십 - 고대 편

1장 삼국통일 이전 사회와 재해

2장 삼국통일 이후 사회와 재해

3장 고중세 전환과 재해

| 3부 | 중세의 재해와 왕권

1장 고려 전기 재해와 왕권

2장 고려 후기 재해와 유언비어

3장 고려 말 재난 재해와 역성혁명

| 4부 | 근세의 재해와 리더십

1장 재해와 조선 전기 사회

2장 재해와 조선 후기 사회

| 5부 | 재해와 근현대

1장 재해와 근대 권력

2장 재해와 현대 공공리더십

| 1부 |

재해와 인간, 신앙

1장

한국사 속 재해와 리더십

1 | 한국사의 전개와 신성의식

한국사 속 한 왕조의 역사는 상당히 긴 편에 속한다. 국왕과 행정관료, 왕실제사와 군대, 외교 등을 행할 수 있는 국가체제를 갖춘 경우를 고려할 때 신라는 기원전 57~936년으로 근 1천 년이다. 고구려는 기원전 1세기경부터 668년까지이다. 백제는 부여계 온조에 의해 기원전 18년 건국된 이래 660년까지 존속했다. 고려는 918년부터 1392년까지 중세 왕조로서 역할을 했다. 조선은 1392년부터 대한제국 포함 1910년까지 518년간 이어졌다.

왕조의 역사가 이렇게 길다는 것은 무엇을 뜻할까? 우선 꼽을 수 있는 것은 군주를 비롯한 왕실 조정이 소위 정체성이라 할 집단의식을 형성했고, 이를 토대로 지배 합리화를 꾀하는 데 성공했다는 점이다. 이것이 가능할 수 있었던 데에는 건국신화를 만들고, 그에 따라 신성혈통의식을 형성하였음을 들 수 있다. 이어 왕실과 왕조를 위한 신성한 공간과 천지신명의 가호 등을 끊임없이 진행해 완성했다는 점이다.

이에 따라 고구려의 경우는 천제의 자손이라는 '천손의식(天孫意識)', 신라는 천손강림-난생, 천강 신화와 불교적 요소를 결합한 성골의식, 백제는 천지제사를 통한 부여계 신성의식, 고려왕조의 경우는 용손의식을, 조선왕조는 선리의식(仙李意識)을 갖고 있었다. 이들 신성의식은 결국 신성한 존재인 하늘이나 용, 신선 등과 통하는 혈통의식에 해당하며, 각 왕조에서는 이를 토대로 군주는 하늘이나 신격이 가호하는 존재로 인식하고 그 틀을 완성했다. 이에 그 천지신격에 대한 숭배 및 제사공간이 설정되었고, 정기적 제사 혹은 변고가 있을 때에 행하는 제사 등이 올려졌다.

두 번째로는 변란은 있었지만 왕실이 충성스러운 신민을 확보하는 데 성공했음을 들 수 있다. 물론 그 바탕에는 신성한 왕실에 대한 이해가 있었다. 삼국시대의 경우 대체로 세습적 귀족가문이 왕실을 옹위하는 형태로 전개되었다. 성골과 진골 및 6부 체제, 고구려의 왕족 계루집단과 왕비족 소노집단 및 5부체제, 백제의 부여씨 왕족과 5부체제, 고려의 용손혈통 왕씨 왕계와 재상지종 15가문, 조선의 선리왕실과 몇몇 왕비 배출가문 등이 그러했다. 여기서 고려와 조선의 경우는 앞선 시대와 달랐다. 재상 등 사대부 가문의 경우 과거 등을 통해 지위를 획득했기 때문이다.

그렇지만 세습귀족이든, 공훈과 문음 그리고 과거를 통해 지위를 획득하든 이들 신료는 민을 이끌고 교화하면서 신성한 왕실을 받들었다. 그 근본에는 왕실 혈통에 부여된 신성함이 있었다. 물론 유교의 수용이 이뤄지고 경학과 역사에 대한 이해가 넓어지고 심화되면서 신성함만 강조되지는 않았다. 소위 신성과 천명이라는 요소가 결합되었고, 천명은 건국신화와 연결되어 해석되기도 했다. 따라서 신성함과 천명을 받든다는 명분은 천하와 백성을 아우를 수 있는 논리가 될 수 있었다.

세 번째로 신성 공간을 다수 확보하고 있었다는 점이다. 고구려는 부여신과 고등신을 모시는 신묘(神廟)와 수신(隧神)을 모시는 국중대혈(國中大穴) 등이 있었고 매년 10월에 군주의 친제가 있었다. 신라는 시조묘, 나을신궁(奈乙神宮), 종묘, 3산 5악 이하 명산대천 등이 있었으며 때마다 제사를 올렸다. 백제는 국성(國城)에 모신 시조 구태묘에 대한 1년 4차례 제사, 하늘 및 오제 신에 대한 사중월 제사, 시조 동명묘 등이 있었다. 고려는 송악산을 중심으로 풍수지리로 왕실을 위한 명당론을 들어 신성화했으며, 특히 불교 사원만이 아니라 11월 중동팔관회를 열어 천령과 오악 · 명산 · 대천 · 용신을 섬기는 행사를 제사와 관악 등 축제를 통해 성대하게 베풀었다. 서경에서도 10월 팔관회를 열어 고구려계승 의식을 반영했다. 조선은 삼각산과 궁궐, 종묘 등이 있었다. 다만 신성한 왕실조상을 위한 종묘 등 이외에 신성공간 의식은 크지 않았다. 물론 시조묘에 대한 제향을 조상을 받드는 차원에서 올리기는 했다.

물론 역사는 왕실 신성화만으로 전개될 수 없다. 수많은 이해관계가 얽히고설켜 있기 때문이다. 하지만 그 중심에 왕실의 신성성이 존재하고 있음도 부인하기 어렵다. 그렇기에 왕조 역사의 유구성을 일차적으로는 왕실의 신성성에서 찾을 수 있다는 점, 그리고 그 신성성은 건국신화에서 찾아지며, 그 기원은 천지의 신격이라는 것을 긍정할 필요가 있겠다. 다만 이와 더불어 신성한 군주가 왕도(王道)를 지켜 애민을 위한 책기(責己)와 수기(修己) 그리고 수덕과 치인의 정치가 어느 정도 이뤄졌기에 왕조 지속성이 가능했다는 점을 부언할 수 있다.

2 | 재이와 재해는 하늘과 신의 뜻일까

인간의 역사는 사실 하늘 혹은 신, 혹은 자연의 이치를 이해하고 그 원인을 밝히는 한편 그에 대한 순응 혹은 해결 등을 꾀하는 과정의 흐름이라고도 할 수 있다. 그러면 하늘의 뜻 혹은 자연의 이치를 어떻게 이해했을까? 하나는 인격적 의지를 가진 하늘의 뜻, 다른 하나는 신의 뜻, 그리고 마지막으로는 의지를 가진 자연으로 보는 것이다. 순수하게 자연현상으로 보는 것은 근대 과학혁명 이후 이뤄진 것이었다. 순수 자연현상으로 본다 하더라도 지금까지의 역사에 보이듯 하늘과 신의 뜻이라는 기본 이해가 반영되곤 했다.

그렇다면 하늘 혹은 신의 뜻, 자연의 섭리는 왜 일상적 흐름 외에 이를 벗어나는 현상을 일으키는 것일까? 역사적으로 의지, 뜻이라는 표현에서 보이듯 이들은 인격 혹은 이성을 넘어선 무엇인가를 가진 무형의 존재로 설정되고 있다. 그것은 어떤 하늘이든, 어떤 신격이든 사실 마찬가지라 할 수 있다. 여기서 드는 하나의 의문이 있다. 일상적이지 않은 갑작스런 징후나 변괴는 결국 이를 해석하는 존재인 인간사회와 관련이 있는가이다. 이에 대한 대답은 우리가 인간이기 때문에 당연히 관련이 있다고 본다.

하늘과 인간, 신과 인간은 따로 떨어질 수 있는 주체와 대상이 아니다. 일체라고까지 표현을 할 수는 없지만 불가분의 관계인 것이다. 그러나 인간이 가진 힘과 하늘 및 신이 가진 힘은 다르다. 인간은 하늘과 신의 뜻에 순응하고 받들어야 한다. 반대로 하늘과 신의 경우 인간이 받들어 숭배하지 않는 이상 그 존재의미가 없다. 하늘과 신이 절대자의 위치에 있지만 인간이 없는 하늘과 신은 없다는 논리가 되는 것이다.

여기서 하늘과 신 그리고 인간은 감응하는 관계가 된다. 그런데 인간의 수만큼 하늘과 신은 다수일 수가 없다. 여러 신격 혹은 여러 하늘이라 하더라도 말이다. 따라서 하늘과 신은 자신의 의지를 가지고 인간이 행하는 바를 살피고 원하는 바를 들어준다. 반대의 경우 벌을 내려 경고를 한다. 다만 모든 인간 개개인에게 상벌을 내리기도 하지만 그보다는 집단에 대한 경고와 벌이 의미가 있다. 이러한 인간의 뜻을 대변하는 존재가 전근대 사회에서는 군주 혹은 종교지도자였다. 하늘과 신은 인간 개개인을 살피기도 하지만, 대표적으로 자신의 뜻을 받드는 군주와 종교지도자 등을 보다 더 주목했다. 그들이 하늘과 신의 뜻을 받들어 인간사회를 다스리고 지도하며 받든다고 보았기 때문이다.

하늘과 신의 뜻이 지배하는 사회는 과학문명 주도의 사회와 달랐다. 과학문명 사회는 자연의 모든 변화를 객관적 · 물리적으로 살펴 그 해석과 대응책을 제시하고자 했다. 하지만 그 전단계인 사회에서의 변화는 이처럼 하늘과 신이 군주와 종교 지도자 등에 대한 감응적 결과였다. 소위 군주의 선악에 대한 하늘과 신의 뜻이었다.

이를 중국 한나라 때 동중서(董仲舒)는 천인감응론이라는 정치사상으로 체계화했다. 그것은 다음과 같았다.

> 나라에서 장차 도를 잃어 패망하려 하면 ① 하늘이 이에 먼저 재이(災異)를 내려 꾸짖는다. ② 스스로 반성할 줄 모르면 다시 괴이(怪異)를 내려 경계하고 두렵게 한다. ③ 그래도 변할 줄 모르면 상패(傷敗)에 이르게 한다. 이는 하늘의 마음이 임금을 인애(仁愛)하여 그 어지러움을 그치고자 함을 보이는 것이다. 크게 무도한 세상이 아니라면 하늘은 전부 보살펴서 안전하게 하려고 한다. 임금이 위로 하늘의 꾸지람에 답하는 것은 힘써 노력해 진실로 응하지 않으면 할 수 없다.

즉, ①의 천견(天譴)으로서 재이(災異), ②의 괴이(怪異)로서 경구(驚懼), ③의 불변(不變)에 따른 상패(傷敗) 등으로 이어져 결국은 하늘의 뜻이라 할 천명(天命)을 군주와 왕실로부터 거둬들인다는 것이다. 하지만 기본적으로 천심이 군주를 인애(仁愛)함을 전제하고 있음이 확인된다.

한국 역사에서 이러한 천인감응론적 재이 또는 재변의 해석은 기본적으로는 조선왕조까지 이어졌지만 현대사회에서도 사람들의 인식 속에는 여전히 그 감성이 남아 있기도 하다. 이는 사실 한국사만의 문제는 아니다. 현재도 미래에도 천인감응론적 인과론, 수덕론 등은 어떠한 형태로든 남아 있을 것이라 생각된다.

이러한 관계로 일어난 일상적이지 않는 상황에 대한 개념을 보자. 먼저 '재이(災異)'가 있다. 이를 '재변(災變)'이라고도 한다. 이는 하늘과 땅, 물, 인간의 탄생 등 자연에서 일어나는 이상 현상을 말하는 것이지만 전근대사회에서는 '천견(天譴)'이라 하여 하늘이 인간사회에 일으키는 경고이자 꾸짖음이기도 했다. 비슷한 개념이 '천벌(天罰; Divine Punishment, Retribution)'이었다.

재이로 인하여 실제로 일어나는 피해 등과 관련해 재해(災害; Hazard), 재난(災難; Disaster), 재앙(災殃; Catastrophe) 등의 표현도 있다. 재해는 재변으로 인해 인명이나 재산 등 피해를 입은 사태를 말한다. 재난은 제한된 기간에 제한된 지역에서 일어난 재해를 뜻했다. 재앙은 특히 강도가 특별히 높은 재난을 뜻했다. 그리고 이로 인하여 멸망 상태에 이르는 것을 종말(終末)이라 했다. 대재앙(Apocalypse, 계시, 묵시)이라고도 했다.

이처럼 재이가 보이지 않는 존재이지만 절대자라 할 하늘과 신이 인간에게 보내는 경고라는 것이 천인감응론 혹은 천벌론이라는 관점에서의 시각이었다. 이러한 논리는 과학혁명 및 근대사회의 도래로 재변의 원인과 과정, 그 결과 등에 대한 전반적인 해석이 이뤄지면서 인간 노력의 중요성이 강조되자 점차 사라지게 되었다. 하지만 그럼에도 불구하고 과거의 유제인 천인감응론과 신이라는 종교적 열정은 오늘날에도 나타나고 있다. 그러면서도 과거에 그랬듯이 일어난 일보다는 현재와 미래를 위한 인간의 노력이 강조되고 있기도 하다. '전화위복(轉禍爲福)'이 강조되고 있는 것이다.

3 | 재해와 재난은 무엇일까?

인류사에서 흥미로운 점은 모든 인간에게 죽음은 공평하게 찾아온다는 것이다. 다만 그 죽음의 형태가 천수를 누리고 존엄한 죽음을 맞느냐는 것인가 하면 그렇지 않다. 불시에 사고와 병으로 죽는 일이 다반사로 일어나기 때문이다. 이는 선악과 상관없다. 선하게 살았다고 해서 축복을 받으며 죽음을 맞을 수만은 없다. 악하게 살았다 해도 천수를 누리며 호화롭게 죽을 수 있다. 물론 죽은 후에는 다르게 대우를 받을 수 있지만 죽기 직전까지는 예우를 받기도 한다.

그런데 하늘과 땅은 이러한 인간 군상의 의지와 상관없이 여러 형태로 변화를 일으킨다. 유성 낙하 및 혜성 출몰, 일식과 월식 등에 따른 변화, 별자리의 이탈, 추위로 인한 피해(冷害), 가뭄의 피해(旱魃), 대홍수, 오랫동안 내리는 비, 화산폭발과 지진, 갑작스런 땅꺼짐인 싱크홀, 쓰나미, 물의 색 변화나 우물물 등이 끓어오르는 현상, 황사 혹은 미세먼지 등이 그러하다. 눈에 보이는 위험요소 즉 맹수들도 인간을 위협하기는 마찬가지이다. 그러나 호랑이나 곰 등 맹수는 당장 눈앞의 대상에게만 피해를 입힌다. 문제는 작아질수록 위험이 커진다는 점이다. 지나치게 군집력이 강해진 조류에 의한 피해도 있으며, 메뚜기떼의 대규모 습격을 예로부터 황해(蝗害)라 했다. 갑자기 늘어난 송충이에 의한 충해(蟲害), 공기나 물 등을 통해 전파되는 감염 및 전염성 질병으로 인한 역병(疫病)은 때로 전 지구적 피해를 일으킨다.

여기에 인간이 공격적 혹은 방어적 차원에서 일으키는 약탈과 전쟁 등도 있으며, 대규모 공사로 인한 직접적 인명 피해도 있다. 대규모 벌채로 인한 홍수와 산사태 등도 확인된다. 사회경제적 수탈로 인한 전통적 피해도 있다. 지속되는 전쟁은 아무리 방어를 위한 것이라 해도 또 승리를 거둔다 해도 대규모 인적 · 물적 피해는 막을 수 없다.

최근에 들어와서는 전 지구를 하나로 묶어주기 시작한 교통혁명 부분에서도 큰 피해가 나타났다. 이미 풍랑이나 충돌에 의한 좌초 등으로 선박 이용은 대규모 피해를 남겨 왔었다. 그런데 선박의 규모가 점점 커지면서 그에 따른 위험도 대규모화되었다는 점이다. 1912년 4월 15일 타이타닉호의 침몰이나 1945년 1월 30일 나치독일 빌헬름 구스틀로프호에 대한 소련 잠수함 공격 및 침몰로 인한 9,000명의 죽음, 1945년 8월 22일 아오모리현 오미나토항을 출발한 우키시마마루호의 폭침으로 인한 최대 8,000여 명 승객의 몰살, 2014년 4월 16일 진도 인근 해상 침몰로 인한 304명의 희생 등이 확인된다.

선박사고도 그렇지만 철도 사고 역시도 빼놓을 수 없다. 1915년 5월 22일 열차 승무원의 신호 오류로 벌어진 스코틀랜드 퀸틴 실 철도 참사로 인한 200명 이상의 사망, 1995년 10월 28일 아제르바이잔 바쿠에서 일어난 지하철 화재 사건으로 인한 289명의 사망, 1999년 8월 2일 인도 우타르프라데시 주에서 발생한 고락푸르 철도 사고와 300명 이상의 사망, 2011년 7월 23일 저장성 윈저우시 발생 윈저우 고속열차 추돌사고와 40여 명의 사망 등 다수가 있다. 철도 추돌은 아니지만 관리 부실이나 테러로 인한 사고도 우리나라에서 대형 사건을 일으킨 바 있다. 1977년 11월 11일 폭발물을 싣고 이리역에서 대기 중이던 화차 폭발로 59명 사망이 사망하고 인근 주민 등 1,343명이 상해를 입은 이리역 폭발 사고가 있다. 2003년 2월 18일에는 대구 지하철 중앙로역에서 고의 화재 사고로 192명의 사망자가 발생했다.

항공사고 역시도 마찬가지이다. 난기류나 조류와의 충돌, 이착륙 시 정비 불량 및 신호 오류, 테러 등으로 인하여 폭발 혹은 추락하는 경우가 많다. 혹은 적국기로 오인한 공격에 따른 폭발 등도 있다. 예컨대 1977년 3월 27일 KLM 4805과 PanAm 1736편 항공기가 스페인 카나리아 군도

테네리프 공항에서 이륙 중 충돌하여 583명이 사망하는 사건이 일어난 바 있다. 관재탑과 해무라는 악천후, 운항승무원의 착오와 무리한 이륙, 본래의 라스팔마스 공항 일시 폐쇄 등이 겹쳐 일어났다. 1983년 9월 1일 소련 공군기가 케네디 공항을 출발하여 김포공항으로 운항하던 대한항공 007기를 격추하여 폭발 추락한 사건이 있었다. 이로 인해 269명의 탑승자 전원이 사망했다. 1985년 8월 12일 일본 B747 JAL-123편이 기체 수리 결함으로 하네다 공항 회항 중 산으로 떨어져 승객과 승무원 520명이 사망하는 사고가 발생했다.

대형 교통수단의 발달은 편의성과 신속성을 갖고 있지만 여러 가지 사유로 인한 사고는 결과적으로 대형 인명 피해를 가져온 것이다. 그런데 이외에도 거주의 밀집화로 인한 화재나 붕괴 등으로 대형 인명 피해가 일어나기도 한다. 1995년 6월 29일 서초동 삼풍백화점 붕괴로 502명이 숨진 사건이 대표적이다. 2001년 9월 11일 뉴욕 세계무역센터 건물 테러로 인한 인명피해는 2,800~3,500여 명에 달했다. 테러로 인한 인명피해로는 초대형에 해당했다. 여기에 2022년 10월 29일 이태원 참사로 대형 압사사고가 일어났는데, 2023년 기준 159명의 사망자가 집계되었다. 이외에도 종교나 스포츠, 콘서트 등에서 다중밀집으로 인한 사망사고도 끊임없이 있었다.

그런데 최근에는 인명피해는 적더라도 사회 전체에 영향을 미칠 수 있는 재해도 본격화하기 시작했다. 소위 시스템 재난이 이에 해당한다. 컴퓨터와 인터넷, 유무선통신 등을 통한 초연결 시스템으로 만들어진 네트워킹 사회가 관련 시스템의 오작동이나 조그마한 화재나 단선, 데이터오류, 해킹과 버그 등으로 일시 멈추거나 잘못된 정보를 내보내는 경우가 발생하는 것이다. 혹은 데이터 저장장소가 화재나 지진 등으로 폭발 혹은 중지되는 경우도 마찬가지이다. 더욱이 앞으로 닥쳐올 인류의 고민도 고려할 필요가 있다. AI 인공지능이 엄청난 정보량과 계산력, 그리고 추리력을 토대로 스스로 판단을 내려 인류를 노예화 혹은 집단 몰살시킬 수 있다는 우려가 그것이다. 혹은 인간이 가진 일자리의 상실도 이에 해당할 수 있겠다.

이러한 재해는 인간이 어찌할 수 없는 영역도 있고, 철저한 대비로 그 피해를 줄이거나 없앨 수 있는 부분도 있다. 소위 징조라는 것이 재해나 재난 발생 전 전조현상을 보여준다는 것이다. 자연에 있어서는 동식물의 이상현상, 예컨대 갑작스러운 출몰이나 집단이동, 죽음, 변색 등이 있다. 인간사회에 있어서는 대체로 과학기술력에 대한 지나친 과신이나 정비 불량, 실수로 인한 오작동 등이 이에 해당한다.

4 | 재난과 리더십의 상관관계

지진, 홍수, 가뭄, 냉해, 해일, 전염병, 전쟁 등 수많은 재난을 겪어오면서 인류사회는 긴 시간에 걸쳐 이를 극복해 왔다. 그 힘은 무엇일까?

인간은 크고 작은 집단사회를 이루고 산다. 그리고 국가를 만들었다. 국가에는 군주와 지배층, 지방관, 각종 직업의 일반 시민 등이 다양하게 섞여 있다. 국가에 속한 시민은 여러 종류의 세금과 공역, 군역 등의 책임을 진다. 군주와 행정관료 등은 이를 받아들여 다양한 분야에 배분한다. 동시에 국방을 위해서도 배분하며, 종교와 외교, 제사, 축제 등을 위해서도 마찬가지이다. 이러한 배분은 대체로 일반적인 것이다. 그런데 중요한 것은 비상시 쓸 재화의 축적이 필요하다는 점이다. 여기서의 비상시란 갑작스런 재난으로 국민이 예기치 않은 큰 피해를 입었을 경우를 말한다.

이러한 때 국가는 기양과 기복을 위해 하늘과 땅 그리고 제불과 제신 등에 제사와 기도를 올렸다. 또한 구휼 및 진휼 제도와 기구를 운영하고 세금감면과 각종 곡식과 농기구, 옷감 등의 지원을 통해 위기 극복을 돕는다. 하지만 이러한 제도적 지원은 상례적인 것에 해당한다. 좀 더 군주로서 혹은 리더로서 자기 역할을 수행하기 위해서는 다양한 조치가 함께 요구된다.

무엇보다 중요한 것은 '공감'과 '자기반성'이다. 예기치 않은 것이지만 재해가 일어남을 막지 못하였다는 점에 책임을 통감하고 백성들에게 재해 해결을 위해 아픔을 같이하며 해결하고자 하는 의지가 있어야 한다. 하늘의 자손 혹은 신성한 혈통으로서, 또는 천명을 받아 즉위한 군주인 만큼 하늘이 내리는 경고를 해석하고 경고의 뜻을 받들어 자기 자신과 주변, 그리고 천하를 올바르게 다스려야 했다. 이에 따른 큰 과정은 다음과 같다.

> 인간의 바람과 원망 → 하늘과 신, 혹은 신성한 존재 → 천견에 해당하는 재이현상 → 군주의 반성과 수덕의 정치 → 신민의 억울함 해소 및 올바른 교화 실현 → 하늘과 신, 혹은 신성한 존재 → 전화위복

이는 닥쳐온 재이를 해결하는 이상적인 과정을 보여준다. 특히 이를 위해 군주는 또한 육선을 줄이고, 음악을 철회하고, 시장을 중지시켰다. 또한 재해를 없애달라는 기도를 다양한 곳에서 올렸다. 이어서는 자기반성을 시도했다. '내 탓이오(mea culpa)' 혹은 '나에게 죄를 물어달라[罪己]' 혹은 '자신을 책해달라[責己]'고 하면서 백성들에게 고통을 내리지 말고 군주 자신에게 고통을 내리라 하였다. 이 같은 반성도 무작정 행한 것은 아니었다. 부덕이나 박덕을 언급하고 인사, 청탁, 형벌의 공정성, 인사의 적절성, 억울함이 있는가 등을 살펴볼 것을 동시에 언급했던 것이다.

그러고는 재해 극복을 위해 어떻게 할 것인지와 관련하여 각계각층에 구언(求言)을 요청했다. 그러면 신료들은 군주에게 글을 지어 올렸다. 기본적으로는 하늘 혹은 신이 왜 분노하여 천견 혹은 천벌을 내리고 있는지를

진단했다. 군주의 반성과 함께 시정 운영에 소홀함이나 게으름은 없었는지를 지적했다. 억울한 일이 있어 하늘이 노하게 된 일이 있는가를 살펴봐야 한다고 했다. 이어서는 재해를 입은 백성들을 위해 할 수 있는 각종 지원과 함께 이를 해결할 제도적 · 정치적 노력을 행해야 한다고 했다.

그런데 왕조사회에서 시민사회로 전환되자 재해 대응 및 해결 노력은 다른 양상을 띠었다. 아픔에 대해 시민사회가 공감하고 그 아픔을 나누고자 했다. 특히 우리나라의 경우 재해 극복을 위해 시민사회와 기업 등이 성심성의를 다하여 성금을 모아 기부하고 도움을 주고자 했다. 정치지도층 역시도 적극적으로 문제 해결을 위해 노력했다. 세금감면이나 금융지원, 재기를 위한 다양한 지원 등이 그것이다. 외상 후 스트레스 장애[PTSD]나 트라우마 극복을 위해 사회적 의료적 지원도 행하였다. 정상적 일상생활 복귀를 위한 지속적 지원이 이뤄진 것이다.

5 | 생각해 봅시다

첫째, 왜 고중세 사회에서는 자연재난을 하늘과 신의 징벌 혹은 경고로 여겼을까?

둘째, 재이를 하늘과 신의 뜻으로 여겼다면 그 해결책은 어떻게 행해졌을까?

셋째, 종교적 기양을 위한 제사 등에 대한 위정자들의 생각은 어떠했을까?

넷째, 과거와 오늘날의 재해에 대한 이해와 대처방식은 어떻게 달라졌을까?

2장

재이·재해·재난과 신앙, 그리고 과학

1 | 재이의 의미와 재해 유형

인류 역사가 지속되어 오는 동안 크고 작은 수많은 재해가 있었다. 이에 대해 인간사회는 하늘의 뜻으로만 생각하고 두려움과 경각심을 통해 반성 회개하는 등의 언행을 보여 왔다. 하지만 역사 상 일어난 재해를 보면 듣도 보도 못한 새로운 유형은 없었다. 시기나 규모 등의 차이가 있을 뿐이었다. 이 때문에 재해에 대해 명명하면서 이를 구분하기 시작했다.

『서경(書經)』 홍범(洪範) 편에서 홍범구주(洪範九疇)로 잘 알려진 기자(箕子)는 상서로운 징험이라는 차원에서의 자연현상을 휴징(休徵)이라 하였고, 그렇지 않은 오랜 비와 오랜 가뭄, 오랜 더위, 오랜 추위, 오랜 바람 등을 언급하면서 이를 나쁜 징험이라는 의미에서 '구징(咎徵)'이라 했다. 사계절 때에 맞춰 천지가 운행되면 휴징이 있으나 그렇지 않으면 구징이 있게 되어 흉년 등으로 편안치 못하게 될 것이라 한 것이다.

공자는 『춘추(春秋)』를 쓰면서 자연 현상에 대한 기록을 남겼다. 하나는

'이(異)'이고 다른 하나는 '재(災)'였다. '이'는 대체로 때에 맞지 않는 현상을 뜻했다. 예컨대 3월의 큰비나 우레와 번개, 큰눈 등에 대해 '이'이기 때문에 기록한다 했다. 이와 달리 심각한 피해를 야기하는 '이'에 대해서는 '재'라고 표현했다. 해충인 명(螟)이나 큰 피해를 가져온 대우(大雨)·대수(大水) 등이 해당했다. 말하자면 공자는 재이(災異) 현상을 기록하면서 때에 맞는 것과 그렇지 않은 것, 규모가 큰 것과 그렇지 않은 것을 구분했던 것이다.

이에 대하여 한나라 때 동중서는 『춘추번로(春秋繁露)』 권8에서 "천지 만물에 일상적이지 않은 변고를 일러 이(異)라 하며 작은 것은 일러 재(災)라 한다. 재가 항상 먼저 이르고 이가 이를 이어 나타난다. 재는 하늘의 견고이고 이는 하늘의 위엄이다. 견고했는데도 알지 못하면 위엄을 나타내어 외경하게 한다.[天地之物有不常之變者 謂之異 小者謂之災 災常先至而異乃隨之 災者天之譴也 異者 天之威也 譴之而不知 乃畏之以威]"라 했다. 재와 이를 나누면서 이것이 나타남은 국가와 정치의 잘못됨을 하늘이 견고하는 것이라 보았다.

재이를 구분하여 제시함으로써 자연에서 일어나는 정상적이지 않은 것들을 정리하기 시작한 것이다. 동서양에서는 재이를 크게 하늘에서 일어나는 일과 땅에서 일어나는 것들로 구분했다. 천변지이(天變地異)라는 표현이 이를 대변한다. 즉 천문을 살펴 그 변화를 읽고, 땅에서 일어나는 이상 현상을 정리한다는 의미가 된다. 따라서 적어도 우리 역사나 중국사에서는 역사서에 천문과 오행지를 두어 이를 기록으로 남겼다.

『주역(周易)』에서 "하늘이 징후(徵候)를 나타내어 길흉(吉凶)을 보이면, 성인(聖人)이 이를 해석하였다.[天垂象 見吉凶 聖人象之]"라 한 것은 천변의 기록이 갖는 의미를 보여준다. 성인이 천변의 징후를 해석하고 군주에게 이를 알려 책기수덕케 함이었다. 또한 수·화·목·금·토 오행(五行)의 순역에 따른 변이를 정리한 것이 오행에 따른 재이였다. 『고려사』 오행지 서문에서는 이와 관련해 오행이 각기 그 본성이 있는데 이를 잃거나 과하거나 부족하거나 때에 맞지 않거나 하면 재이현상이 다양하게 일어나는 것으로 정리하였다. 그리고 역사에서 이를 정리하는 목적에 대해 "공자(孔子)가 『춘추(春秋)』를 지을 때 재이(災異)는 반드시 기록하였으니, 하늘과 인간이 감응하는 이치를 어찌 쉽게 이야기할 수 있겠는가."라 한 바를 들어 재이 기록의 의미를 풀었다.

그런데 이 같은 재이는 군주가 리더십을 발휘해 백성을 이끌지 않으면 재앙과 재해가 된다. 다만 현대사회에서는 천인감응론적 혹은 종교적 관점에서의 재이라는 용어는 대체로 사용하지 않는다. 대신 이러한 재이 현상이 엄청난 인적 · 물적 피해를 입히는 재난 즉 인재(人災)와 결합되는 피해를 중심으로 정리하고 있다. 즉, 재이와 인재가 합하여 일어나는 것이 인신 및 사회경제적 수탈, 약탈과 전쟁, 대기근과 기아, 전염병의 창궐 등이다.

따라서 재이와 재난, 재해 등과 관련해 재이는 천인감응론적 이해가 반영된 개념이기에 피해 유형을 중심으로 구분할 필요가 있다. 이에 우선 자연환경 속에서 발생하느냐, 인간 사회에 의해서 발생하느냐에 따라 구분될 수 있다. 자연재난과 사회재난의 분류가 그것이다. 두 번째로는 자연재난, 인공재난, 지능화와 초연결화 등으로 인한 시스템재난 등이 있다.(송병건, 『재난인류』, 위즈덤하우스, 2022)

법률에서는 어떻게 정의하고 있을까? 이를 정의 구분하고 있는 법이 「재난 및 안전관리 기본법(약칭: 재난관리법으로 2024년 1월 16일 일부개정)」이다. 그 제3조 제1호에서 '재난'을 국민의 생명 · 신체 · 재산과 국가에 피해를 주거나 줄 수 있는 것으로 본다. 이에 크게 자연재난과 사회재난으로 구분하여 그 유형 등을 언급하고 있다.

> 자연재난: 태풍, 홍수, 호우(豪雨), 강풍, 풍랑, 해일(海溢), 대설, 낙뢰, 가뭄, 지진, 황사(黃砂), 조류(藻類) 대발생, 조수(潮水), 화산활동, 「우주개발

진흥법」에 따른 자연우주물체의 추락 · 충돌, 그 밖에 이에 준하는 자연현상으로 인하여 발생하는 재해

사회재난: 화재 · 붕괴 · 폭발 · 교통사고(항공사고 및 해상사고를 포함한다) · 화생방사고 · 환경오염사고 · 다중운집인파사고 등으로 인하여 발생하는 대통령령으로 정하는 규모 이상의 피해와 국가핵심기반의 마비, 「감염병의 예방 및 관리에 관한 법률」에 따른 감염병 또는 「가축전염병예방법」에 따른 가축전염병의 확산, 「미세먼지 저감 및 관리에 관한 특별법」에 따른 미세먼지, 「우주개발 진흥법」에 따른 인공우주물체의 추락 · 충돌 등으로 인한 피해

한편 최근에는 자연재난과 사회재난이 상호 영향하에 있음을 반영한 구분 명칭도 있다. 심한 정도로 인간에 의한 온난화가 진행되면서 일어나는 기후재난, 즉 극한 기후현상에 따른 폭염과 폭우, 폭풍과 화재 등의 재난을 말한다. 환경재난의 경우도 비슷하다. 인간의 활동에 의해 이뤄지는 사회적 · 경제적 · 환경적 결과물이 재난과 연결되는 것이다. 대규모 수질오염이나 산불, 대기오염 등이 이에 해당한다. 질병재난 즉 팬데믹(pandemic)도 있다. 세계적으로 인간에 의해 확산된 전염병 사태를 일컫는다. 감염병의 세계적 유행 혹은 전 세계적 유행병을 뜻한다.

2 | 재해를 대하는 인간

인류에게 있어 태초부터 기후로서 와닿는 큰 재해가 있다. 하나는 가뭄이고 다른 하나는 대홍수이다. 대홍수와 관련해서 보면 인간의 타락이 극에 달하자 하느님이 홍수로 인간사회를 심판한다는 내용이 보인다. 이에 올바로 살던 노아에게 홍수를 계시하여 엄청난 크기의 방주를 만들어 인류와

동식물의 보존을 꾀하게 하였다는 내용이다. 바로 '노아의 방주[Noah's ark]' 이야기이다. 인간의 타락과 하느님의 뜻이 보인다. 또한 중국에서도 상고시대에 대홍수가 있었음이 확인된다. 요임금 때 홍수로 인해 산과 언덕이 잠기고 물이 하늘에 닿을 듯하다는 표현이 나올 정도로 심각한 때가 있었다. 또 우임금 때 10년이나 수재(水災)가 있었다 하였다. 탕임금 때는 7년간이나 가뭄이 지속되었다.

이들 재해는 한 해에만 그치는 것이 아니라 2~3년 연속되는 등 장기간에 걸쳐 피해를 입히곤 했다. 이는 대규모 식량 부족 사태를 야기한다. 식량 등을 구하기 위한 약탈이 이뤄져 전쟁이 시작된다. 따라서 치자는 이때 가뭄과 홍수 등의 자연재해의 피해가 대규모화하기 전에 민심을 아우르면서 식량 공급을 재개해야 한다. 또한 저수지 건설이나 수로 정비 등을 통해 물관리 즉 치수(治水)에 나서야 했다.

대규모 재해를 당했을 때 개인으로서 인간이 할 수 있는 일은 제한적이다. 일차적으로 생명과 안전 확보이다. 두 번째는 식량과 식수의 확보이다. 세 번째는 안전한 공간의 확보와 생산활동이다. 그런데 사실 이 같은 과정을 밟기 위해서는 보다 필요한 것이 있다. 국가의 역할이다. 군주가 신하들에게 명을 내려 생명을 구하도록 하고 식량과 식수를 공급하며, 살 곳과 생업을 영위하게 하는 것이 그 역할인 것이다. 그러기 위해서는 평상시 재해 발생 등에 대비한 식량 저장 등이 있어야 한다. 이것이 갖춰지지 않으면 결국 대규모 폭동과 약탈로 이어지기 마련이었다.

중국만 아니라 한국사 속에서 회자되는 군주의 재이에 대한 죄기(罪己) 대응 노력이 있다. 앞서 언급한 탕임금의 이야기이다. 조선 17세기 인물인 갈암 이현일(李玄逸)이 쓴 『갈암집(葛庵集)』 권22를 보면 16폭의 병풍에 대한 서문이 있다. 여기서 탕임금이 비를 비는 장면에 대한 묘사가 있다.

걸(桀) 임금 폭정 여파가 / 曷喪餘烈
왕조가 바뀌어도 혹독하여 / 易世猶酷
가뭄이 푹푹 찌고 쪄서 / 旱魃炎炎
모질게도 칠 년이나 이어졌다네 / 七年爲虐
탕 임금이 모든 잘못을 자신에게 돌리니 / 成湯罪己
기약이나 한 듯이 큰 복이 내렸네 / 龐褫如幾
그 정성에 하늘이 감동한 것을 / 誠格之應
환히 다 알 수가 있는 것이지 / 昭哉可知

여기서 탕임금이 자기에게 죄를 달라 한 내용이 보인다. 이때 탕임금은 상림(桑林) 즉 뽕나무 숲에서 6가지 일로 자책하며 기도한 바 있었다. 이것이 가뭄 때 군주가 하늘에 올리는 죄기 혹은 책기의 전형적 모델이 되었다. 이때 『십팔사략(十八史略)』 권1에 전하는 탕임금의 6사는 다음과 같았다.

> 정치가 절도가 없어서입니까? 백성들이 생업을 잃어서입니까? 궁실이 높아서입니까? 여인들의 농간이 많아서입니까? 뇌물이 성행해서입니까? 참소하는 사람이 많아서입니까?[政不節歟 民失職歟 宮室崇歟 女謁盛歟 苞苴行歟 讒夫昌歟]

이렇게 탕임금이 진심을 다하여 죄기하면서 호소하자 말을 마치기도 전에 큰 비가 내렸다 한다. 이 같은 예는 『고려사』 권4, 현종 2년 4월 기록에도 보인다. 가뭄이 오래도록 지속되자 종묘에서 기우제를 올리는 한편 시장을 옮기고, 도축을 금하였다. 일산(日傘)과 부채를 사용하지 못하게 하였고, 억울한 옥사(獄事)를 심사하면서 궁핍한 이들을 구휼하였다. 그리고 12년 5월에는 남성(南省) 마당에 토룡을 만들고 무당을 모아 기우제를 지냈다. 15년 5월에는 "나에게 허물이 있다면 청컨대 즉시 벌을 내리시고, 백성에게 허물이 있다면 또한 내가 그 벌을 감당하겠습니다. 촉촉이 적시는 비를 내려서 백성을 구원해 주시기를 간청드립니다."라 하자 많은 비가 내렸다 하였다.

특히 『고려사』 권10에 나오는 선종 5년 4월의 기우제 때 6사 자책은 탕임금의 상림 6사와 거의 같았다. 당시 행한 일들을 보면 다음과 같다.

> 가뭄이 심하므로 왕이 문무백관을 거느리고 남교(南郊)에 나아가 다시 기우제를 지냈으며, 6사(六事)로 자책하여 말하기를, "정사가 간략하지 못하였던가, 백성이 일할 자리를 잃었던가, 궁실이 높았던가, 부녀자의 청탁이 매우 많았던가, 뇌물이 행하여졌던가, 아첨하는 무리가 많았던가? [政不一歟 民失職歟 宮室崇歟 婦謁盛歟 苞苴行歟 讒夫昌歟]"라고 하였다. 동남동녀(童男童女) 각각 8인으로 또 춤추며 비를 오라고 외치게 하였다. 정전(正殿)을 피하여 앉고 일상의 반찬 수를 줄였으며, 음악을 멀리하고 지붕 없는 곳에 앉아 정무를 처리하였다.

재해는 다양하게 일어났다. 『대학연의(大學衍義)』에 전하는 다음의 글을 보자.

> 경방(京房)이 이에 관모를 벗고 머리를 조아린 뒤 말하였다. "『춘추』에서는 242년 동안의 재이(災異)를 기록하여 만대의 후세 군주에게 보여주고 있습니다. 지금 폐하께서 즉위하신 이래 해와 달이 밝은 빛을 잃고 성신(星辰)이 거꾸로 운행하며, 산이 무너지고 샘이 용솟음치며, 지진이 나고 운석이 떨어지며, 여름에 서리가 내리고 겨울에 우레가 치며, 봄에 초목이 시들고 가을에 꽃이 피며, 서리가 내리는데도 풀이 죽지 않으며, 홍수와 가뭄이 발생하고 명충(螟蟲)이 생기며, 백성들이 굶주리고 역병에 걸리며, 도적을

막지 못하고 육형(肉刑)을 받은 자들이 저자에 넘쳐납니다. 그리하여 『춘추』에 기록된 재이가 모두 다 발생하였으니, 폐하께서 보시기에 지금은 치세입니까? 난세입니까?" 원제(元帝)가 말하였다. "지극히 난세이다."라고 하였다.

이를 보면 한나라 경방이란 인물과 당시의 황제 원제(元帝)의 대화 속에 각종 재해가 일어나고 있음이 나타난다. 경방은 전한(前漢) 때의 인물로 기원전 77년부터 기원전 37년까지 살았다. 재이가 일어나자 이로 인해 백성들이 굶주리고 역병에 걸리며 도적에 의해 어려움을 겪고 있음이 확인된다. 이에 대해 경방은 난세를 당하였으므로 황제 옆에서 나라를 어지럽히는 이들을 내칠 것을 아뢰었다. 환관 석현 등이 그들이었다. 하지만 황제는 그러지 못했다. 이미 석현 등의 권력이 조정을 좌우할 정도가 되어서였다.

조선시대 현종~숙종 대는 기후적으로 볼 때 소빙기에 속하는 때였다. 특히 이때는 가뭄이 지속되면서 기근으로 이어져 전국이 어려움에 처하게 되었다. 『국조보감』 권50에 실린 숙종 23년(1697)의 기록을 보면 숙종은 다음과 같이 당시의 현실을 보고 한탄했다. 즉,

아, 하늘이 재앙을 내려 기근이 계속 이어져, 길에 굶어 죽은 시체들이 널려 있으니 눈으로 보기에 참혹하고 마음 아프기가 그지없다. 아비로서 자식을 죽이고 사람으로서 사람을 잡아먹어, 사람이 용이나 뱀처럼 되어 곳곳에서 모여 난을 일으키고 있다. 이 백성으로 하여금 이런 너무나 차마 못할 일과 지극히 악한 일을 하기에 이르게 하였으니, 얼마나 통탄스러운가.

이외에 우박이나 이른 서리나 추위로 곡물이 큰 피해를 입는 경우도 있었다. 전염병인 역병(疫病)이나 대규모 해충의 출현도 마찬가지였다. 병원균 개념이 없었던 시절 역병에 대한 방책은 속수무책이었다. 이에

따라 할 수 있는 것은 시신을 묻거나 불태우는 것, 환자를 격리하거나 혹은 건강한 이들이 다른 안전한 곳으로 옮기는 것, 소위 역병에 유효한 약재를 찾아 이를 공급하는 것 등이 있었다.

이처럼 재해에 대한 대응은 여러 가지로 나타났다. 하늘과 땅, 산천, 조상 등 신격에 대한 제사가 있었다. 이를 재해를 없앤다 혹은 그를 위한 기도라는 의미에서 소재(消災) 혹은 기양(祈禳)이라 했다. 기도와 제사를 하는 주체는 시대에 따라 샤먼 혹은 제사장, 군장, 군주 등이었다. 이러한 기도와 제사는 점차 신격을 갖추고, 일정 때 제사를 올리는 신앙으로 진화했다. 그리고 그 주체는 무격 혹은 제사장 역할을 했다. 그 대상은 천지와 산천 등을 포함하여 유일신, 혹은 여러 신 등으로 진화했다. 이에 재해에 대한 인간의 이해와 대응은 신앙, 종교, 정치 등으로 확장되었고, 그 내용이 체계화되면서 재해 극복과 예방을 위한 다양한 노력이 시도되었다.

3 | 재해와 신앙·종교

재해는 언제 어디서 일어날지 모른다. 가까이로는 도로를 걷다가 갑자기 땅이 꺼지는 싱크홀 현상이 있을 수 있다. 혹은 건물 위 노후화된 광고판이 떨어질 수도 있으며, 옥상 혹은 높은 곳에서 누군가가 물건을 고의 혹은 실수로 떨어뜨릴 수 있다. 도로 위를 달리던 자동차가 갑자기 인도로 돌진할 수도 있다. 오토바이 등이 갑자기 치고 갈 수도 있다. 버스를 기다리다가 옆 사람을 통해 전염병이 옮겨질 수도 있다. 큰 재해가 아니더라도 일상에서 우리는 이처럼 수많은 위험에 노출되어 있는 것이다.

가뭄과 지진, 해일, 홍수, 갑작스러운 동물의 습격, 보이지 않는 세균에 의한 감염과 함께 도적이나 외적에 의한 약탈 등은 사회를 무너뜨리고 불안하게 한다. 그리고 이러한 일이 일어난 데 대해 신의 뜻으로 돌리고 반성과 기도를 올린다. 이를 주도한 이들은 신탁을 받은 무격 혹은 제사장이었다. 이들은 사람들로부터 제물을 받고 신에게 제사를 올려 재해를 물리쳐 달라고 기도했다. 또 풍년과 복을 내려달라 했다.

가장 오래된 신화 유형으로 홍수 신화가 있다. 수메르인의 홍수 신화 속 지우수드라는 안(아누), 엔릴(벨), 엔키와 여신 닌후르사그 등이 일으킨 홍수에서 살아남았고 태양신 우투(샤마시)에게 제물을 바쳤다. 『길가메시 서사시』에서는 홍수를 통해 인간을 멸망시키려 하자 지혜의 신 에아가 우투나피시팀에게 방주를 만들라 했다. 그 후 우투나피시팀이 신들에게 제물을 바쳤고 후에 신의 지위를 받았다. 『구약성서』 창세기 6~9장에서는 야훼가 사악해진 인간사회를 홍수로 멸망시키려 했는데, 죄가 없는 노아에게 방주를 만들어 피하게 했다. 홍수가 끝난 뒤 노아는 신에게 제물을 바쳤고 무지개를 증표로 홍수로 인한 인간 멸망은 없을 것이라고 야훼는 약속했다.(요시다 아츠히코 외 지음, 김수진 옮김, 『우리가 알아야 할 세계 신화 101』, 이손, 2002, 22-25쪽)

여기서 등장하는 지우수드라나 우투나피시팀, 노아 등에게는 공통점이 있다. 신으로부터 선택을 받고 살아남은 것이다. 그리고 신의 가호나 약속을 받았다. 이것이 의미하는 바는 이들이 신들과 통하는 능력을 가졌음을 말해 준다. 이들은 어떻게 해서 이러한 역할을 수행할 수 있었을까? 말 그대로 신과 소통할 수 있어서였을까? 아니면 신과 같은 혈통이어서였을까? 여기서는 알 수 없지만 적어도 신의 뜻을 받드는 존재였음은 분명하였을 것이다. 후에 제물을 바쳤다라는 표현이 이를 말해 준다.

이에 따라 제사를 주관하는 존재가 있게 되었으며, 신성한 공간이 생겨났다. 『삼국유사』 권1 기이1 고조선 왕검조선 조에서 환인의 서자 환웅이 인간세상을 구하고자 하였고, 천부인 세 개를 가지고 자리 잡은 곳이 태백산

정상 신단수 밑 신시(神市)였다. 그리고 풍백 · 우사 · 운사 등 360여 가지 일을 주관하는 이들을 거느리고 교화를 펼쳤다. 이어서는 웅녀와 혼인하여 아들을 낳아 '단군왕검(檀君王儉)'이라 했다. 후에 아사달의 산신이 되었다 하였다. 이를 보면 천신인 환인(桓因), 그 아들 환웅(桓雄), 신물인 천부인, 신성한 공간인 신시, 곰에서 사람이 된 웅녀(熊女), 환웅과 웅녀 사이 아들인 단군왕검, 아사달 산신 등의 요소가 보인다. 하늘과 혈통 혹은 영적으로 통하는 존재, 그리고 그를 상징하는 물건과 공간, 통과의례를 겪은 웅녀, 샤먼적 요소가 있는 단군의 표현, 여기에 군장의 의미가 있는 왕검의 명칭은 상고 사회에서의 재해와 풍년, 교화를 다스리고 행하는 신앙과 그 존재가 있음을 알려준다.

예컨대 『삼국지(三國志)』 위서 30 동이전 한(韓)조를 보면, "귀신을 믿기 때문에 국읍에 각 1인을 세워 천신(天神)에 대한 제사를 주관하게 하고 그를 일러 천군(天君)이라 한다."라 했다. 또한 여러 나라에는 별읍(別邑)으로서 소도(蘇塗)가 있는데 큰 나무를 세워 영고(鈴鼓)를 달아 귀신을 섬긴다고 하였다. 천군의 존재가 확인되는 것이다. 천신제를 주관했다는 것은 하늘의 뜻을 받는다는 것을 의미한다. 따라서 하늘의 뜻을 알리고, 사람들의 바람을 하늘에 말하는 역할을 한 것이다. 공식적으로 본다면 사회에서 인정한 신관이자 제사장에 해당한다.

이들 천군이나 신관, 제사장은 신과 통하는 글이나 주문 등을 알고 있었다. 고대 이집트 신왕국 시대(대략 기원전 1552~1070년)의 것으로 알려진 신관 아니의 파피루스인 '사자의 서'가 대표적이라 할 수 있다. 사람이 되고자 하는 곰과 호랑이에게 환웅이 신령스러운 쑥 한 타래와 마늘 스무 개를 주면서 "너희들이 이것을 먹고 백일(百日) 동안 햇빛을 보지 않으면 곧 사람의 모습이 될 것이니라."라 하였는데, 통과의례 속 일종의 주문이라 할 수 있다. 그리고 이들은 군장이 되거나 영적 혹은 정치적 지도자로서 성인(聖人)으로 불리기도 했다. 고구려 주몽의 모친 유화(柳花)나 이성(二聖)이 된 박혁거세와 부인 알영, 가락국의 수로왕과 허황옥 등이 그러했다.

그럼에도 하늘 혹은 신의 뜻으로 포장된 재해는 계속해서 일어났다. 특히 한반도의 경우는 봄가뭄이 자주 일어났다. 이 때문에 일찍부터 하늘이나 산천, 용신 등에 대한 기우제는 빈번하게 치러졌다. 『삼국사기』 권8 성덕왕 14년과 15년조 기록을 보면 흥미로운 내용이 확인된다. 14년 6월 가물자 하서주 용명학 거사 이효(理曉)를 불러 임천사 연못에서 비를 비니 곧 열흘간 비가 내렸다 하였다. 15년 6월에도 가물자 이효를 불러 기도하니 곧 비가 내렸다. 사실 성덕왕 대의 기록을 보면 가뭄이 자주 일어났다. 이 때문에 굶어 죽는 백성이 생기지 않도록 노력을 기울였다. 이효를 불러 기우를 행한 것도 이 차원이었는데, 다행히도 그의 법명 '이효(理曉)'처럼 만물의 이치에 밝은 탓이었는지 영험함이 보인다. 이러한 사례는 사람들에게 불교와 이효와 같은 이들에 대한 믿음을 줄 수 있었다.

불교에서는 재난을 크게 소삼재(小三災)와 대삼재(大三災)로 나누기도 했다. 소삼재는 도병재(刀兵災)·역병재(疫病災)·기근재(饑饉災)를 말하고 대삼재는 화재(火災)·수재(水災)·풍재(風災)를 뜻한다. 이들 재난을 겪을 때 신라나 고려왕조에서는 국가차원에서 많은 '소재도량(消災道場)'을 열어 재액을 없애고자 했다. 신라에서는 백좌법회 등을 열었고, 고려에서는 이때 호국과 함께 비가 오기를 기원하는 혹은 병재나 충재 등이 없게 하기를 비는 불경을 읽으면서 그 소재를 바랐다. 백좌인왕도량(百座仁王道場), 반야경도량(般若經道場), 문두루도량(文豆婁道場), 마리지천도량(摩利支天道場), 운우도량(雲雨道場) 등이 그것이었다.

구징에 대한 이해를 토대로 도량 개설을 요구하는 일도 있었다. 예를 들면 고려 숙종 6년 4월의 기록에 "벌레가 소나무를 갉아먹는 일이 크게 확산되고 있다."라고 썼다. 고려왕조는 개경의 송악산을 진산으로 여겼다. 그리고 소나무를 심도록 권장하여 소위 지기를 비보토록 하여 국운을 연장하고자 했다. 왕업 비보의 의미를 갖는 소재인 소나무가 해를 입는다는 것은 당시 사람들에게 국운의 쇠약을 의미했다. 따라서 이를 보호하여야 한다는 당위성과 두려움이 상존하고 있었다. 당시 국가기구라 할 사천대의 태사(太史)가 보인 이해를 보면 확인된다.

> "벌레가 소나무를 갉아먹으니, 이는 병란(兵亂)이 일어날 징조입니다. 마땅히 관정도량(灌頂道場), 문두루도량(文豆婁道場), 보성도량(寶星道場) 등의 도량과 노군(老君)의 부법(符法)을 실행하여 재앙을 물리치도록 기원[禳]해야 합니다."라고 하였다. '왕이' 이를 따랐다.(『고려사』 권54, 지8 오행2 목)

그런데 이를 보면 도량과 더불어 노군 부법도 나온다. 도교적 술법이라 할 수 있었다. 불교에서의 소재도량처럼 별이나 천신, 산천신에 대해 도교적 제사의식인 초제(醮祭)를 국왕이 직접 올렸다. 이처럼 고려왕조의 경우는 불교와 도교, 여기에 대하여 산천 및 용신, 성황 등 온갖 신에게 국가와 민을 위해 재해를 물리치기 위한 노력을 기울였던 것이다.

이는 조선시대에서도 마찬가지였다. 기우를 위한 노력이 대표적이다. 다만 불교나 도교 관련 소재의식은 줄어들었다. 국가적 차원에서 행해지는 사례가 압도적으로 많아졌다. 종묘 · 사직 · 백악 · 목멱 · 한강 · 북교, 원구, 명산대천, 성황, 토룡(土龍) · 석척(蜥蜴), 양진에서의 화룡제(畫龍祭) 등을 행하였다. 물론 이때 기우 등의 소재의식을 주도하는 것은 관원이었다. 축문 등을 가지고 해당 장소에서 제사를 올리는 것이었다.

그런데 흥미로운 것은 이때 불우에서의 기우(祈雨)는 효험이 없다 하여 금하면서 명산대천에 대한 기우에는 무당을 동원했다는 점이다. 국무당(國

巫堂)과 무녀가 동원되었다. 심한 경우에는 무당과 중들을 모아서 기우를 올리도록 하기도 했다. 또한 도마뱀을 병 속에 잡아넣고 올리는 석척기우제(蜥蜴祈雨祭) 때에는 동자(童子)를 쓰기도 했다. 청의를 걸친 동자는 순양(純陽)으로서 정성을 표하는 의미가 있다 하여 그 아이를 석척동자라 하고는 그로 하여금 도마뱀을 잡은 항아리를 버들가지로 두드려 비를 빌었다.

가뭄, 홍수, 태풍, 전란 등이 겹치게 되면 이는 국토 황폐화, 국가의 구휼정책 시스템 붕괴, 기근으로 이어졌다. 이는 많은 사람들이 아사하거나 병사하거나 역병의 창궐을 야기했다. 조선왕조에서는 이에 대해 불교나 도교적 소재에 의존하기보다는 보다 실질적 시스템을 갖추고 해결하고자 했다. 유교 성리학을 중요 통치원리로 제시하고 있던 만큼 그 실효성은 고려왕조 때보다는 진전된 면이 있었다. 그렇지만 종묘, 사직 제사, 산천제사, 용신제사, 무격 활용 제사 등등은 그대로 이어지기도 했다.

4 | 재해와 기록 그리고 과학

인간은 언어와 문자를 쓸 줄 안다. 이를 체계화하여 소통할 수 있는 것이다. 동시에 언어와 문자를 기록으로 남길 도구를 만들었다. 붓이나 종이 등이 이에 해당한다. 재해 상항을 파악하는 데 기록이 갖는 의미는 매우 크다.

그리스 문화 영향권 속에 살았던 할리카르나소스 출신 헤로도투스는 『역사』를 저술하는 목적에 대해 다음과 같이 언급했다.

> 이 글은 할리카르낫소스 출신 헤로도투스가 제출하는 탐사보고서다. 그 목적은 인간들의 행적들이 시간이 지나면서 망각되고, 헬라스인들과

비헬라스인들의 위대하고도 놀라운 업적들이 사라지는 것을 막고, 무엇보다도 헬라스인들과 비헬라스인들이 서로 전쟁을 하게 된 원인을 밝히는 데 있다.(헤로도투스 지음, 천병희 옮김, 『역사』, 도서출판 숲, 2009, 24쪽)

시간이 지나면서 행적이 망각되고 업적이 사라지며, 전쟁의 원인을 밝히는 데 『역사』 저술의 목적이 있음을 밝히고 있는 것이다. 즉, 기록이 갖는 힘과 그 목적을 분명히 나타내고 있다. 공자의 경우도 비슷하다. 『춘추』를 지으면서 기록할 것은 기록하고 추려낼 것은 추려냈다. 이에 그 제자들은 한 글자도 더하거나 뺄 수 없었다. 공자는 『춘추』에 대해 다음과 같은 말을 남겼다.

후세에 나를 알아주는 사람이 있다면 『춘추』 때문일 것이며, 나를 비난하는 사람이 있다 해도 이 또한 『춘추』 때문일 것이다.(사마천 지음, 김원중 옮김, 『사기』 공자세가, 2010)

공자는 이 『춘추』를 지으면서 대의가 행해지면 천하에서 난을 일으키는 신하나 못된 자식들이 두려워하게 될 것이라 보았다. 『춘추』에서는 춘추필법이라는 독특한 문체를 통해 노나라 은공부터 애공까지 12명의 군주의 역사를 다루면서 다양한 메시지를 남겼다.

이 가운데 정통과 비정통, 난신적자 등의 출현과 권세 등을 표현하면서 당시 일어났던 재이를 반드시 기록했다. 소위 재이 기록을 통해 정치의 흥망성쇠를 반영하고자 한 것이었다. 이러한 재이를 음양오행을 통해 해석하여 제시한 것이 『춘추좌씨전』·『춘추곡량전』·『춘추공양전』이었다. 『춘추』에 천문과 기후, 인요 관련 휴징과 구징이 기록되고, 이후 좌구명이나 곡량, 공양자 등이 이를 해석한 측면이 있는 것이다. 진나라 여불위(呂不韋)는 천하의 문객을 모아 『여씨춘추』를 저술케 하여 한 해의 천문과 시후,

자연 등에 대한 종합 정리를 남겼다. 그리고 이러한 기록을 하늘과 군주, 그리고 인간의 다양한 욕구 등과 관련해 정리한 이가 한나라 동중서였다. 『춘추번로(春秋繁露)』에서는 이를 천인감응론(天人感應論)으로 정리하였다.

결과적으로 본다면 재이 기록이 상세하게 남을 수 있었던 것은 바로 이러한 인식 때문이었다. 자연의 변화가 인간사회와 연결되어 있다는 동기감응의 논리 기반이 있었던 것이다. 물론 여기에는 자연의 변화를 해석하는 방식 중 하나인 음양오행사상이 있었기에 가능했다. 어쨌든 이후 중국이나 우리 역사에서는 역사 기록을 중시하였으며, 그 기록을 남길 때 천변지이를 작은 것이라도 세밀하고 정확하게 살폈다. 이는 『삼국사기』나 『고려사』, 『고려사절요』, 조선왕조실록 등에 고스란히 정리되어 과거 재이 변화를 살피는 데 절대적 기여를 하게 되었다.

물론 재해는 문자로만 기록된 것은 아니었다. 자연 속에 남아 있는 경우도 많다. 지질의 퇴적양상, 나무의 나이테 양상, 우연히 남겨진 그림 속 동식물, 산호 기록, 얼음 및 심해 표본 자료, 고고학 관련 인골 및 동식물 화석, 곡물 화석 등이 이에 해당한다. 위에서 언급한 문헌사료와 수많은 기후 관련 자료를 활용하면서 거시적 관점에서 지구의 기온 변화와 일어났던 재해 양상에 대한 파악이 가능해졌다. 이러한 토대에서 봤을 때 현대는 중세온난기와 소빙기를 넘어 근 1000년간 어느 때보다 평균 지표면 온도가 높은 시기이다.(브라이언 페이건 지음, 남경태 옮김, 『뜨거운 지구, 역사를 흔들다』, 예 · 지, 2011, 41쪽)

세계문명사에 있어 중대한 변화가 있었던 때는 중세 르네상스 시기이다. 14~16세기 이탈리아와 서유럽을 중심으로 일어난 인간을 다시 성찰하려는 이 움직임은 인류사의 지적 변화를 가져왔다. 고대 그리스, 고대 로마 문예부흥의 의미가 있지만 그간의 신 중심 즉 신본주의에서 인본주의적 세계관 전환이 이뤄진 것이다. 특히 14세기 소빙기의 도래와 흑사병의 창궐은 갑작스런 인구감소를 야기했다. 유럽 인구 중 3분의 1이 죽었다. 교회는 흑사병 창궐에 있어 그 극복을 위한 어떤 효과적인 조치를 내놓지 못했다. 그런 과정에서 이탈리아 피렌체를 중심으로 한 메디치가의 역할은 상징성이 있었다. 예술가와 장인들에 대한 후원을 통해 르네상스 예술을 독점한 것이다.

특히 레오나르도 다 빈치, 미켈란젤로, 라파엘로 등 르네상스 3대 거장이 등장하면서 인본주의를 반영한 작품이 확산되었다. 특히 레오나르도 다 빈치의 〈비트루비우스적 인간〉, 미켈란젤로의 〈피에타〉·〈다비드〉·〈시스티나 성당 천장화〉, 라파엘로의 〈성 베드로 대성당〉·〈레오 10세 초상화〉·〈악마를 무찌르는 성 미카엘〉 등이 그러했다.

이는 '신의 뜻'이라는 세계관을 반영하고 있었다. 하지만 더 중요한 것은 인간의 호기심과 탐구정신, 창의성 등이 그 바탕에 있었다. 이는 자연을 과학적으로 살펴 탐구정신을 발휘해 바꿀 수 있다는 이해를 낳았다.

과학혁명은 확고하고 객관적인 사고체계로서 소위 '과학적 방법'에 따라 이뤄졌다. 이는 『천구의 회전에 대하여』를 쓴 코페르니쿠스의 지동설, 『2개의 주된 우주체계 — 프톨레마이오스와 코페리니쿠스 — 에 관한 대화』를 쓴 갈릴레오 갈릴레이의 지동설 증명, 타원궤도·면적속도 일정·조화의 법칙 등 행성운동 법칙을 발표한 요하네스 케플러, 인체의 혈액순환과 심장의 펌프작용을 밝힌 윌리엄 하비 등이 등장하면서 더욱 심화 발전되었고, 그 영향력은 각 분야로 확산되었다.

중요한 것은 인본주의와 과학혁명이 인간과 자연, 천문과 우주에 대한 새로운 이해를 만들었다는 점이다. 이는 노동력의 가치가 상승하던 시기 대규모 생산을 가능케 하는 산업혁명으로 이어지는 계기를 제공했다. 결과적으로 본다면 종교와 과학은 많은 충돌을 거치면서 공존의 길을 열었고, 종교관과 세계관 면에서도 마찬가지였다.

고려에서 조선으로의 역사 전환은 불교나 도교 등 종교의 기복 중심 사회에서 백성에 대한 인식 재고라는 유교 · 성리학의 적용이라는 점을 의미하기도 했다. 비록 옛 이상시대인 하 · 은 · 주 삼대와 요순시대를 이상시대로 설정하고 그 재현을 목표로 하는 한계가 있었지만 적어도 백성을 통치나 수탈의 대상으로서가 아니라 하나의 주체로 인식하기 시작했다는 점에서 달라진 면이 있었다. 따라서 백성의 삶에 대해 주목했고, 그 개선을 위해 노력하기 시작했다. 조선시대 세종은 의서와 농서, 천문역학서, 지리서, 역사서 등을 편찬토록 했다. 혼천의나 자격루, 앙부일구, 측우기나 거리측정이 가능한 수레[安輿] 등이 만들어졌다. 세종시대는 그간의 역사와 비교할 때 인간과 과학이 접목이 된 새로운 혁명이 이뤄진 때라 할 수 있었다.

하지만 이는 유능한 군주의 적극적이고 지속적 지원에 따라 성공할 수 있었던 결과였다. 조선왕조 역사에서 세종과 같이 인간과 과학에 대한 관심을 결합한 군주 혹은 메디치가문과 같은 이들은 이후 등장하지 않았다. 노비라는 수많은 값싼 노동력이 존재하던 사회에서 갑작스러운 전쟁과 기근 · 전염병으로 인한 감소가 아닌 상황, 노동력을 줄이면서 대량 생산을 추구하는 노력, 자연에 대하여 과학적으로 접근하고 측정하여 개선하면서 새롭게 보려는 시도 등은 굳이 필요하지 않았다. 그러면서 사대부 · 사림 중심 소강(小康)의 안정된 도덕 사회가 주장되었다. 이는 소중화 및 조선중화주의의 나라라는 의미를 띠기도 했다.

재해 등에 대해 그 원인 및 방제 등과 관련해 호기심을 갖고 과학적으로 접근하여 해명 및 해결하려는 노력은 의서 편찬 등에 국한되었다. 자연 징후나 속설 등 경험 혹은 미신적 영향이 보다 큰 면이 있었다. 따라서 조선에서의 과학은 성리학적 인본주의와 사림 중심의 사대부 소강사회 건설에 막혔다. 재해 발생 시 할 수 있는 일은 결국 진휼과 구황 정책에 국한되었다. 그렇지만 근대 세계와의 만남이 이뤄지면서 천연두와 같은 질병에 대한 치료가 이뤄지기 시작했듯이 조선 사회는 근대 과학 및 산업혁명의 결과물을 접하게 되었다. 그것은 조선이 새로운 길로 나아갈 수 있는 기회였다. 하지만 일제강점기가 시작되면서 이러한 노력은 일제에 의해 대체되었다. 그것도 식민지배라는 강제성과 제국주의 권위의 확보를 위해서 전개된 것이다.

5. 생각해 봅시다

첫째, 재이 · 재난 · 재해 등은 왜 일어나는 것일까?
둘째, 이들 재이에 대해 사람들은 어떻게 이해했을까?
셋째, 재이에 대한 인식 후 사람들은 어떻게 대응하고자 했을까?
넷째, 재이를 막기 위한 노력은 어떠했을까?

| 2부 |

한국사 속 재해와 리더십 - 고대 편

1장

삼국통일 이전 사회와 재해

1 | 고대인이 본 재해

『삼국사기』를 보면 많은 천문상의 이변, 가뭄, 홍수, 지진, 산사태, 땅꺼짐, 메뚜기떼에 의한 황해(蝗害), 물이 끓어오르거나 변색 등의 기록이 많다. 기근이 닥치고 전염병이 창궐하기도 했다. 이들 재해는 어찌할 수 없는 하늘의 뜻이라 보았다. 그리고 재해가 계속되는 중 산천에 두루 제사 지내거나 혹은 재해가 끝난 뒤 창고를 열어 곡식을 나눠주는 등 진휼하는 데 집중했다. 혹은 군주는 미리 재해나 전쟁 등에 대비할 것을 명하기도 했다. 다음의 자료를 보자.

가-1) 남해거서간(南解居西干)은 차차웅(次次雄)이라고도 하는데, 이것은 존장(尊長)의 칭호로 오직 이 왕만을 이렇게 불렀다. (중략) 『삼국사』에는 이렇게 기록되어 있다. "신라는 왕을 거서간(居西干)이라고 불렀는데, 이것은 진한(辰韓)의 말로 왕이라는 뜻이다. 혹자는 '귀인을 부르는 칭호'라고도 한다. 혹은 차차웅(次次雄)이라고도 하고 자충(慈充)이라고도 한다." 김대문

(金大問)은 이렇게 말하였다. "차차웅은 우리말로 무당을 말한다. 세상 사람들이 무당이 귀신을 섬기고 제사를 숭상하기 때문에 그들을 두려워하고 공경하게 되어서 마침내 존장을 자충이라 하였다."

가-2) 파사이사금 3년(서기 82) 봄 정월, 명령을 내렸다. "지금 나라 창고가 비었고 병기는 무디어졌다. 혹시라도 홍수나 가뭄이 생기거나 변방에 변고가 생기면 어떻게 막아내겠는가? 마땅히 관리들에게 농사와 양잠을 권장하도록 하고 병장기를 벼리어 의외의 일에 대비하도록 하라."

가-3) 파사이사금 30년(서기 109) 가을 7월, 메뚜기떼가 곡식을 해쳤다. 임금이 산천에 두루 제사를 지내어 기원하자 메뚜기떼가 없어지고 풍년이 들었다.

가-4) 첨해이사금 7년(253) 5월부터 7월까지 비가 오지 않았으므로 조상의 묘와 명산에 제사 지내어 빌었더니 비가 왔다. 이 해에 흉년이 들어, 도적이 많았다.

가-1)은 거서간과 차차웅 호칭에 대한 『삼국사기』와 후대 김대문의 견해가 제시된 것이다. 『삼국사기』에서 거서간은 왕이나 귀인을 뜻하는 의미이고 이는 차차웅이나 자충도 마찬가지라 풀이하였다. 그런데 김대문은 다른 견해를 밝혔다. 차차웅에 대해 귀신을 섬기고 제사를 숭상하는 존재로서의 차차웅을 말하면서 그 존장은 자충이라 한 것이다.

가-2)의 자료는 신라 파사이사금이 홍수나 가뭄, 변방의 일 등에 대비해 농사와 양잠을 권장하고 무기를 정비하라는 내용의 명을 내린 것이다. 가-3)과 가-4)의 경우는 각기 메뚜기 떼로 인한 피해와 기우를 행한 자료이다. 파사이사금 30년(109) 7월 황해에 대해 산천에 두루 제사하니 메뚜기떼가 없어져 풍년이 들었다는 내용이 보인다. 첨해이사금 때에는 5월부터 7월까지 조묘(祖廟)와 명산에 기우하니 비가 왔다 하였다.

가-3)와 가-4) 두 자료만 본다면 파사이사금과 첨해이사금의 경우 군주이긴 하지만 하늘과 통하는 영험함이 보인다. 산천제, 그리고 조묘 및 명산 제사에 이들이 기도하니 곧 해당 재해가 없어졌다는 것이 이를 말해 준다. 이 같은 역할을 한 데에는 가-1)에서의 차차웅과 자충이라는 표현을 주목할 필요가 있다. 신라 상대의 군주들에게 무당으로서의 제사 주관이라는 능력이 요구되었을 가능성이 있기 때문이다.

이러한 면은 두 성인[二聖]으로 존숭 받은 혁거세와 알영부인의 신성함이 자녀에게 전해지면서 계승되었던 듯하다. 남해차차웅의 호칭이나 그 누이로 제시되는 아로(阿老)에게도 나타나는데 아로는 시조 혁거세의 제사를 담당하였다 하고 있기 때문이다. 동시에 이 호칭은 후대에도 이어진 면이 나타난다. 남해차차웅의 맏딸로서 탈해이사금의 왕비가 된 아효(阿孝) 부인은 아로 또는 아니(阿尼) 부인으로도 불렸다. 실성이사금의 딸이자 눌지마립간의 왕비의 호칭은 아로 부인이었다. 혹은 차로(次老) 부인이라고도 했다. 이처럼 제사장으로서의 능력이 호칭으로 볼 때 왕비 계열로 연결된 면이 있었다. 『삼국사기』 등에서 여러 차례 통찰력을 발휘하는 노구(老嫗)의 존재도 이와 연결되며, 진흥왕 때의 원화(源花 · 原花) 역시도 그러한 면이 있었을 것이다. 한편 탈해이사금은 토함산 동악신이 되었다 한다.

그러나 사실 이들이 이러한 역할을 했다고 해서 매년 풍년이 들 수는 없었다. 다만 당시 군주라면 재해와 관련해 정성을 들여 기도를 올려야 하고, 나아가 그 영험함을 보여야 한다는 이해 정도를 읽을 수 있다 하겠다. 이러한 내용은 재해 등과 관련해 영험함을 가진 군주와 제사장 성격을 갖는 노구, 아로 부인 등과 같은 이들이 제사 행위를 통해 소재할 수 있다는 당시의 이해를 보여준다.

그런데 김유신 열전을 보면 재변에 대한 다른 이해를 살펴볼 수 있다. 선덕왕 16년(647) 대신 비담(毗曇)과 염종(廉宗)이 여왕이 실정하고 있다

하여 폐위시키려 모반을 꾀했다. 이들이 왕군과 싸우는 도중 월성에 별이 떨어지는 일이 발생했다. 이를 이용하여 비담은 군사들에게 다음과 같이 말했다.

> 별이 떨어진 아래에는 반드시 유혈(流血)이 있다고 들었다. 이것은 반드시 여주(女主)가 패전할 징조이다.

이 소리를 들은 비담의 군사들은 승리의 기대에 함성을 질렀다. 반대로 왕군의 입장에서는 사기가 떨어질 수 있는 일이었다. 이 문제에 대해 김유신은 선덕왕에게 다음과 같이 말함으로써 위기를 기회로 바꿨다.

> 길흉은 무상하니 오직 사람이 부르는 것입니다. 그러므로 적작(赤雀)이 모여들었지만 주(紂)는 망하였고, 기린을 얻었어도 노(魯)나라가 쇠퇴했으며, 꿩의 울음으로 인해 고종(高宗)이 흥기했고, 용투(龍鬪)로 인하여 정공(鄭公)이 창성해졌습니다. 이로써 덕은 요사함을 이긴다는 것을 알 수 있으니 성신의 변이는 두려워할 것이 없습니다. 왕께서는 근심하지 마소서.

라 하였다. 길흉은 사람하기 나름이며, 덕이 요사함을 이긴다는 것이 요지였다. 그럼에도 병사들의 동요를 막고 왕군 측 사기를 높이고자 김유신은 전략을 바꿨다. 하나는 허수아비를 만들어 불씨를 넣어 별이 하늘로 올라가는 것처럼 연에 실어 하늘로 날렸다. 다음날 사람을 시켜서는 "어젯밤에 떨어진 별이 다시 하늘로 올라갔다."고 말을 퍼뜨려 적군들이 의심하게 하였다. 이어 실제 별이 떨어진 곳에는 백마를 잡아 제사를 지냈다. 그 축문의 내용은 다음과 같았다.

> 천도(天道)는 양(陽)이 굳세고 음(陰)이 부드러우며, 인도(人道)는 임금이

> 높고 신하가 낮습니다. 만약에 이것이 바뀌는 경우에는 대란(大亂)이 일어나는 것입니다. 지금 비담 등이 신하로서 임금을 도모하고, 아래에서 위를 범하려 합니다. 이는 이른바 난신적자(亂臣賊子)로서 사람과 신령이 모두 미워하는 바요, 하늘과 땅이 용납하지 못할 일입니다. 지금 하늘이 이 일에 무심하시어 도리어 왕성에 별의 변괴를 보인 것이라면, 신은 의혹됨이 있어 깨우치지 못하겠습니다. 오직 하늘의 위엄으로 백성들의 바람을 좇아 선(善)을 선하게 여기고 악(惡)을 미워하시어 신령의 부끄러움이 없게 하소서.

그러고는 장졸들을 독려하여 비담 세력을 치니 승리를 거뒀고, 비담의 목을 벤 뒤 구족(九族)을 멸하기에 이르렀다. 이 사례는 재변을 천위(天威)로 보면서도 떨어진 별을 하늘로 다시 올라가는 모습을 연출해 승리를 거뒀음을 보여준다. 그런데 위의 축문을 보면 천도와 음양, 인도와 군신의 관계를 언급하고 있다. 하늘이 인도에 관여하고 있어 악을 미워하는 신의 모습을 보여달라 했다. 천견론적인 인식이자 천인감응론 그리고 길흉에 따른 위기보다는 덕치에 따른 극복을 언급하고 있다. 이는 결국 막연한 두려움, 그리고 결과가 일어난 후 대책을 마련하는 이전의 상황에서 진일보한 것이라 할 수 있었다.

따라서 고대인이 본 재해는 그 일어남을 막을 수는 없는 것으로서 무당 혹은 제사장적 역할을 하는 이들로 하여금 기도토록 해 기양(祈禳)할 수 있다는 면을 우선 보였다. 동시에 군주가 미리 진휼관련 제도 정비를 하는 한편 소재를 위한 산천제사를 행해야 한다 했다. 이어서는 음양과 길흉에 따른 두려움보다는 천인감응론적 천견론에 입각해 덕을 행하여 극복할 수 있다는 견해가 나오기도 했다. 이러한 이해가 공존하면서도 결과적으로 본다면 재해에 대해서는 하늘의 뜻이 나타난 것으로 천도를 읽고 천위(天威)를 두려워하며 덕을 행해 그 극복을 꾀하여야 한다고 본 면이 드러나기 시작했다고 할 수 있겠다.

2 | 고대의 재해와 왕권

『삼국사기』를 보면, 재해는 앞서 언급한 바처럼 다양한 곳에서 다양하게 일어났다. 하늘에서 일어난 일식과 월식, 성변, 혜성(彗星) 및 운성(隕星) 등이 있었다. 일식의 경우 신라는 혁거세거서간 4년(기원전 54)부터 첨해이사금 10년(256)까지 모두 19회가 기록되고 있다. 고구려는 태조대왕 62년(114)부터 양원왕 10년(554) 12월까지 11회, 백제는 온조왕 6년(기원전 13)부터 위덕왕 39년(592)까지 26회가 보인다. 일식 관련 사례는 이들 내용을 보면 정확하게 기록되었다 보기는 어렵다. 특히 신라의 경우는 첨해이사금 10년 이후부터 원성왕 3년(787) 8월까지는 일식 기록이 없다. 이는 백제나 고구려의 경우도 마찬가지로 공백이 많다.

다만 『삼국사기』에는 월식 관련 기록이 보이지 않는다. 일식만큼의 중요도가 없다 생각한 것인지는 분명치 않으나 보름에 대한 인식이 강했던 점을 고려하면 의아하다 하겠다. 그렇지만 삼국시대에서의 해와 달에 대한 인식은 신화적 면이 있었다. 아달라왕 13년(166) 정월 신해 삭(1) 때의 일로 추정되는 연오랑 · 세오녀의 사례는 이를 보여준다. 당시 신라에서 해와 달이 광채를 잃자 일관(日官)이 해와 달의 정기가 일본으로 가 이러한 괴변이 일어났다 했다. 이에 사신을 보내니 연오랑이 말하길 "내가 이 나라에 온 것은 하늘이 시킨 일입니다. 지금 어찌 돌아갈 수 있겠소. 그러므로 나의 비(妃)가 짠 고운 명주가 있으니 이것을 가지고 하늘에 제사를 지내면 될 것입니다."라 했다. 과연 이 비단을 가지고 제사를 지내니 해와 달이 그 전과 같이 되었다 한다. 이 비단은 신라의 국보가 되었고, 이를 보관한 창고는 귀비고(貴妃庫), 제천을 한 곳은 영일현(迎日縣) 또는 도기야(都祈野)라 했다.

이는 비단을 제물로 하여 제천을 함으로써 광채를 잃은 해와 달의 빛을 회복하게 되었다는 이야기 구조를 갖고 있다. 일월의 신성한 존재라 할 연오랑 · 세오녀가 일본으로 가 왕과 귀비가 되고, 신라에서는 한동안 일월이 빛을 잃었다는 내용인 것이다. 또한 여기서 아달라왕이 일관의 말을 듣고 사신을 보낸 뒤 해법을 찾아 제천하였다는 점도 중요한 요소이다. 군주가 재변 해결을 위해 적극 나섰다는 점, 전문가라 할 일관의 말을 경청했다는 점, 사신을 보내 노력을 기울인 점, 비단을 제물로 하여 영일현 도기야에서 제천을 했다는 점이 그러하다. 군주 자신의 신성함은 약화된 면이 있지만 반대로 군주가 신하의 말을 듣고 해결하면서 제천하였다는 점은 신성함에 의존하던 단계에서 점차 신라 사회가 다른 단계로 변화하고 있음을 알려준다.

사실 이 이야기는 다른 관점에서 볼 필요가 있다. 일식과 월식이 동시에 일어날 수는 없다는 점, 사라졌다는 표현이 아닌 광채를 잃었다고 한 점 등을 고려하면 166년 이전 어디에선가 발생한 화산재 구름이 퍼지면서 일어난 것으로 여겨진다. 다만 일본에 대한 언급이 있는 점을 고려하면 일본 인근에서의 폭발 가능성이 크다 하겠다.

기상과 관련하여서는 가뭄의 피해인 한해(旱害) 혹은 한발(旱魃) 등이 대표적이다. 현대적 관점에서 볼 때 가뭄의 기준은 대체로 2mm 미만 강우량이 14일 이상 지속되는 경우이다. 그런데 역사 기록에서 가뭄이라 했을 경우는 대체로 14일 이상인 경우가 더 많았을 것이다. 어쨌든 『삼국사기』에서 675년 이전 가뭄 피해기록을 보면 백제 온조왕 4년(기원전 15), 신라 남해차차웅 8년(15), 고구려 태조왕 20년(72)부터 총 80회가 남아 있다. 삼국시대의 경우는 주로 3월부터 7월 사이 평균 9.1년마다 1회 발생한 셈이 된다. 다만 이 수치는 사실 정확한 기록에 따른 것이라 보기 어렵다. 기록 자체에 누락이 많이 있다 여겨지기 때문이다.(전덕재, 「삼국과 통일신라시대 가뭄 발생 현황과 정부의 대책」, 『韓國史研究』 160, 韓國史研究會, 2013)

가뭄과 서리, 우박, 홍수 등이 연속될 경우 굶주리는 백성이 나오게 되며, 영양 상태가 좋지 않게 되면서 질병 감염에 노출된다. 그리고 이는 전염병이 되기도 한다. 이른바 악순환이 시작되는 양상을 띠게 된다. 그리고 심할 경우 이는 굶주린 백성이 자손을 팔아 연명하거나 도적 떼가 되거나 서로 잡아먹는 사태까지 나오게 된다. 따라서 삼국의 경우 이러한 극한 상황에 달하지 않도록 최대한 진휼 정책을 마련해야 했다.

가뭄으로 인한 피해 관련 몇몇 사례는 비교적 상세하게 표현되어 있다. 백제 온조왕 33년(15) 봄과 여름에 크게 가물자 백성이 굶주려 서로 잡아먹었고, 도적이 크게 일어났다. 사루왕 32년(1108) 봄과 여름 크게 가물어 기민들이 서로 잡아먹었다. 비류왕 28년(331)에는 특히 심했는데 봄과 여름에 크게 가물어 강물이 말라버렸고 7월에야 비가 내렸지만 기근으로 굶주린 백성이 서로 잡아먹었다. 동성왕 21년(499) 여름에 크게 가물어 백성들이 굶주리자 서로 잡아먹었다. 고구려 봉상왕 9년(300) 정월에 지진이 일어나고 2월부터 7월까지 비가 내리지 않아 굶주린 백성[饑民]이 서로 잡아먹었다. 소수림왕 8년(378) 가뭄으로 백성이 굶주리게 되자 서로 잡아먹었다. 고국양왕 6년(389) 굶주린 사람들이 서로 잡아먹었다. 한 해 전인 5년 4월 크게 가물었고, 8월에는 메뚜기 떼로 인한 재해가 있었다. 그 연속선상에서 기근이 들어 이러한 사태에 이른 것이었다. 소위 '기인상식(饑人相食)'에 해당하는 사료들로 백제 4건, 고구려 3건 등이 확인된다. 신라에서의 관련 사태는 기록에 보이지 않는다.

사실 이러한 대한(大旱)과 '기인상식'의 상황은 국가적 위기를 가져온다. 기록에 보이듯 유랑민과 도적이 일어나고 약탈이 시작되거나 아니면 식량을 얻을 수 있는 다른 나라로 도망할 수 있기 때문이다. 왕권의 역할은 이를 방지하거나 혹은 관련 사태 발생 후 신속한 조치를 해야 했다. 재해대책의 핵심은 여기에 있었다.

삼국의 왕들은 이러한 재해 상황에 대해 취한 정책적 노력을 보면 다음과 같다. 첫째, 피해를 입은 백성에 대해 창고를 열어 구제하는 것, 둘째, 백성의 어려움에 대해 자신의 죄임을 탓하면서 환과고독 등에 대한 급양(給養)을 행하는 것, 셋째, 죄수들을 풀어주는 것, 넷째, 조조(租調)를 면제해 주는 것, 다섯째, 친히 신료에게 시정득실을 묻고 백성의 어려움을 살피도록 하는 것, 여섯째, 인재를 천거토록 하는 것, 일곱째, 산천에 두루 제사토록 한 것, 여덟째, 시장을 옮기고 화룡기우(畵龍祈雨)토록 한 것, 아홉째, 수덕(修德)하면 전화위복된다고 한 것, 열째, 3월부터 7월까지 관곡을 내어 빌려주었다가 10월에 상환토록 하는 진대법(賑貸法)을 시행한 것 등이 확인된다.

이 가운데 군주가 책기 혹은 죄기하고 수덕을 하며, 제도로서 진대법을 시행한 것은 큰 의미가 있었다. 신라 벌휴이사금의 경우 그에 대한 설명을 보면, 바람과 구름[風雲]을 보고 점을 쳐 홍수와 가뭄, 그리고 그해의 풍년과 흉년을 미리 알았으며, 또한 사람됨이 사악한지 정직한지를 알았으므로 사람들이 그를 성인이라 일컬었다고 하였다. 또한 벌휴이사금의 손자 내해이사금이 즉위 전 4개월간 비가 오지 않다가 즉위하는 날 큰비가 내렸다. 두 사례를 본다면 신라의 군주는 일종의 점술사이자 제사장으로서의 의미가 있었다.

하지만 점차 군주의 경우 타고난 능력이나 혈통으로서 신이한 힘을 발휘하는 것보다는 제도적 차원에서 재해를 입은 백성을 위한 정치를 행하는 것이 보다 중요하게 여겨지기 시작했다. 특히 고구려 고국천왕 16년(194) 행하게 된 진대법은 큰 의미가 있었다. 삼국시대 최초로 곡식을 빌려주었다가 돌려받는 제도였기 때문이다.

고구려 봉상왕 9년(300)에 있었던 창조리의 간언은 의미심장하다. 정월에는 지진이 났으며, 2~7월까지는 비가 오지 않았다. 기근이 들어 사람들이 서로 잡아먹을 지경에 이르렀음에도 봉상왕이 오히려 남녀 15세 이상을 징발해 궁실 수리를 맡겼다. 백성들은 이로 인해 도망치고 흩어졌었다. 창조리는 이러한 상황에 대해 직간했다.

> 하늘의 재앙이 거듭되어 곡식이 자라지 않고, 백성들은 살 곳을 잃었습니다. 그래서 장정들은 사방으로 흩어지고, 노인과 어린아이들이 계곡과 구덩이에서 헤매고 있습니다. 지금은 진실로 하늘을 두려워하고 백성들을 염려하여 몹시 조심하고 반성해야 할 때입니다. 그런데도 대왕은 이러한 것을 생각하지 않고 배고픈 백성들을 몰고 가서 토목공사의 부역에 시달리게 하고 있습니다. 이것은 임금이 백성의 부모 된 뜻에 매우 어긋나는 일입니다. 하물며 가까운 곳에 강한 적이 있는데, 만약 그들이 우리가 피폐한 때를 타서 쳐들어온다면 사직과 백성들은 어떻게 되겠습니까? 대왕께서는 이점을 깊이 헤아리기 바랍니다.

이러한 간언에 대해 봉상왕은 오히려 국상인 창조리가 백성의 칭송을 들으려는 것이라 치부했다. 군주로서의 책임을 방기하고 있던 것이다. 창조리는 국상이기 때문에 임금에게 간언하는 것이라 했으나 봉상왕은 받아들이지 않았다. 결국 창조리는 "임금이 백성을 구휼하지 않으면 어진 것이 아니고, 신하가 임금에게 간하지 않으면 충성하는 것이 아닙니다."라 하고 이윽고 봉상왕이 오히려 자신을 처벌한 뒤 임금 뜻대로 하다 나라를 망치리라 보았다. 즉, 천재(天災)로 경고하였음에도 고치지 않으면 상패가 이르고 결국 유덕자에게 천명이 돌아간다는 논리가 여기서 찾아졌다. 이에 결국 창조리는 신하들과 함께 봉상왕을 폐위했고, 서천왕의 손자로서 봉상왕의 조카인 을불을 찾았다.

그간 을불은 봉상왕에 의해 아버지 고추가 돌고(咄固)가 죽은 뒤 도망쳐 각지로 돌아다녔다. 남의 집에서 품팔이를 했으며, 소금장수를 하다가 그에게 원한을 품은 노파로 인하여 고발되기도 하였다. 결국 을불을 찾아 왕위에 올리려는 창조리의 노력으로 을불은 왕위에 오르게 된다. 바로 미천왕(美川王)이 그였다.

이러한 사례가 말해주는 것은 극단적이지만 삼국시대 군주의 리더십이 신성한 혈통과 왕권이라는 측면이 이제는 어진 군주 즉 '인군(仁君)'과 어진 재상의 정치가 요구되고 있다는 점이다. 남해차차웅이나 벌휴이사금, 내해이사금과 같은 신통력은 이제 부수적 군주의 능력이 되고 있었다. 굶주리고 고생하는 백성의 어려움을 이해하고, 자책하면서 덕을 쌓아 어진 정치를 하는 이상적인 군주상이 자리 잡기 시작한 것이다. 물론 그렇다고 해서 모든 군주들이 이를 수용했다고 하기는 힘들다. 신앙과 종교는 이러한 군주의 위기를 신앙 차원으로 사면해 주기도 했기 때문이다. 공생이 이뤄진 측면이 있는 것이다.

3 | 고대의 재해와 신앙·종교

신라 제23대 법흥왕(재위 514~540)의 이름은 원종(原宗)이다. 지증왕의 큰 아들이고 어머니는 연제부인(延帝夫人)이다. 그의 키는 7척이나 되고, 너그럽고 후하여 사람들을 사랑하였으며, 신령스럽고 거룩하여 온 백성들이 밝게 믿었다 한다. 어머니 연제부인은 박씨인데 키가 7척 5촌이나 되었다. 기록을 그대로 믿는다면 2m 내외가 되는 것이다. 어쨌든 이러한 기록을 보면 법흥왕은 신성한 존재였었다. 후일 법흥왕은 불교에 귀의하여 법명을 '법공(法空)'이라 했다.

법흥왕은 불교를 일으키고자 했다. 신하들은 기존의 산천 및 용신 신앙 등으로 인해 이를 반대했다. 사찰을 세우고 불상을 만들려 하자 대신 공알(恭

謁)은 다음과 같이 말하였다.

> 근자에 흉년이 들어 백성들이 평안하지 못한 데다가 이웃 나라의 군사들이 국경을 침범하여 전쟁이 쉬지 않고 있는데, 어느 여가에 백성을 괴롭히는 공사를 일으켜 쓸데없는 집을 지으려 하십니까?

라고 한 것이다. 흉년과 전쟁, 공역이 이어지면서 백성들이 평안치 못한데 왜 쓸데없는 집이라 할 사찰을 만들려고 하느냐는 것이다. 언뜻 이 논조만 보면 후대 유교적 관점에서 간언한 글이라고도 여겨진다. 실제로도 공알의 이 견해는 유교 이해에 기반했을 가능성이 크다. 이때 법흥왕은 좌우가 믿음이 없음을 안타깝게 여겨 다시 말하였다.

> 과인이 부덕한 사람으로서 외람되이 왕위를 이어받으니 음양이 고르지 못하고 백성들이 편하지 못한 것 같다. 그러므로 신하들이 내 뜻을 거슬러 따르지 않으니, 누가 능히 묘법의 방편으로써 어리석은 사람들을 깨우쳐 줄 수 있겠는가?

음양불순으로 백성이 편안치 않음에 대해 부덕한 자신이 왕위를 이은 때문이라는 이해가 우선 보인다. 이는 소위 자책 혹은 죄기적인 소위 '내 탓이요'라는 표현에 해당한다. 그리고 이어서는 묘법 즉 불법으로서 효유해 깨우침을 주고자 하였다. 이를 안 박염촉(朴厭髑) 즉 이차돈이 순교를 결심하였다. 당시 법흥왕에게 그는 다음과 같이 말했다.

> 대성(大聖)의 가르침은 천신(天神)이 받드는 바이오니, 만약 소신을 베시면 마땅히 천지의 이변이 있을 것입니다. 과연 이변이 있다면 누가 감히 오만스럽게 거역하겠습니까?

여기서 대성의 가르침은 부처의 말씀 즉 불법(佛法)을 뜻했다. 그런데 이러한 대성의 가르침을 천신(天神)이 받든다 했다. 그리고 자신을 베면 천지의 이변이 생기게 되어 믿음을 갖게 되리라는 말이었다. 천지 이변이란 이적(異蹟)을 의미했다. 불교를 위한 순교 의지를 보여준다.

이차돈은 조정의 신하들에게 왕이 천경림(天鏡林)에 절을 짓고자 한다고 전했다. 이를 들은 신하들은 왕에게 간쟁하였고, 왕은 이들에게 다른 신료들과 다른 말을 하는 이차돈의 목을 베라 하였다. 이때 이차돈은 하늘에 맹세하길[天誓],

> 나는 불법을 위해 형에 나아가지만 부디 정의와 이익이 일어나기를 바랍니다. 부처님께서 만약 신령함이 있다면 신이 죽을 때에는 반드시 이상한 일이 있을 것입니다.

라 했다. 마침내 형을 집행하자 이차돈의 머리는 금강산 꼭대기로 날아가 떨어지고 목에서는 흰 젖이 용솟음쳤으며, 햇빛은 어두워지고 하늘에서는 아름다운 꽃이 떨어지면서 땅은 크게 진동했다. 기적이 연출된 것이다. 임금과 신민은 천변(天變)을 두려워하였다. 이후 마침내 법흥왕과 신료들은 다음과 같이 맹세하였다.

> 지금부터는 부처님을 받들고 승려에게 귀의하겠습니다. 이 맹세를 어긴다면 밝으신 신령은 우리를 죽이소서.

이로써 신라에는 불교가 흥성하게 되었다는 내용이 된다. 그런데 이 과정에서 보면 중요한 대목이 눈에 띈다. 대성(大聖), 천신(天神), 흉년, 음양불순, 사찰, 천경림, 천서(天誓), 군신맹서 봉불귀승(奉佛歸僧), 밝으신 신령 등이 그것이다. 이 중 천경림은 신라 때 흥륜사가 세워지기 전 성지 혹은 성소로서의 의미가 컸었다. 그러한 곳에 절을 세운다고 했으므로 신료들이 반대한 것은 일견 당연했었다. 신라 토착호국신앙의 상징성이 큰 천경림을 들먹이면서 절을 짓겠다 한 것이 당시 사람들에게는 큰 충격이었을 것이다.

어쨌든 이들 대화에서 나오는 중요 요소들을 본다면 신라가 불교를 받아들이면서 기존의 신앙을 넘어 혹은 기존 신앙과 습합하면서 부처를 봉숭하고 승려에게 귀의하는 것이 공식적으로 가능해졌다. 그것은 음양불순이나 흉년, 전쟁 등을 불식시키는 신성한 힘이 있다고도 믿어지기 시작했다.

다음의 사례를 보자. 진지왕 대 흥륜사 진자(眞慈)라는 승려는 미륵상 앞에서 대성(大聖) 즉 미륵불이 화랑으로 화해 출현하길 바라는 발원을 했다. 그러자 꿈에 한 승려가 나타나 미륵선화(彌勒仙化)를 웅천(熊川) 수원사에서 볼 수 있으리라 했다. 절에 이르자 곱게 생긴 도령이 그를 잘 대접했다. 다만 그 도령은 스스로 경사인(京師人)이라 했다. 진자는 그가 미륵선화였는데 알아차리지 못했다. 이후 남쪽 천산(千山)으로 가 미륵선화를 만나고자 했는데, 이번에는 노인이 나와 맞았다. 산령(山靈) 즉 산신이 변신한 것이었다. 돌아와 진지왕에게 아뢰니 도령이 스스로 경사인이라 했으니 성내를 찾아보라 하였다. 이윽고 영묘사 동북쪽 길가 나무 밑에서 한 소년을 보고는 "이분이 미륵선화다."라 하였다. 진지왕은 그 소년을 존경하면서 국선(國仙)으로 삼았다. 이후 사람들은 신선을 미륵선화라 하였다.(『삼국유사』 권3, 제4 탑상 미륵선화 미시랑 진자사)

진평왕 대에는 진흥왕 대를 이어 이미 화랑도가 전통이 되었다. 제5 거열랑(居烈郎), 제6 실처랑(實處郎), 제7 보동랑(寶同郎) 등의 낭도들이 금강산(金剛山)에 유람을 가려 했다. 이때 혜성이 심대성(心大星)을 범하는 이변이 생겼다. 낭도들은 괴이하게 생각하여 그 유람을 그만두려고 하였다. 이때 융천사(融天師)가 노래를 지어서 부르니 별의 변괴[星恠]는 사라지고,

일본 군사도 자기 나라로 돌아가니 도리어 복스러운 경사가 되었다 한다. (『삼국유사』 권5, 제7 감통 융천사 혜성가)

선덕여왕 때 당에서 귀국한 자장은 영험 신이했다. 예컨대 어느 여름 왕은 궁궐로 자장을 청하였다. 그리고는 불경 속 대승론(大乘論)을 강의하게 하고 또 황룡사에서 『보살계본(菩薩戒本)』을 7일 밤낮으로 강연하게 했다. 그러자 하늘에서 단비가 내리고 구름과 안개가 자욱하게 강당을 덮으니 당시 사람들이 그의 신이함에 탄복하였다. 승려 개인의 신이함을 언급하고 있지만 단비를 내릴 정도였다는 대목은 그와 불교가 재해를 물리칠 힘이 있음을 보여준다.(『삼국유사』 권4, 제5 의해, 자장정률)

위의 세 가지 사례를 보면 미륵이 인간으로 화한 미륵선화 즉 국선이 등장하며, 이어서는 별의 변괴를 물리치는 융천사라는 승려가 있었다. 자장의 강론은 하늘에서 단비가 내리게 할 정도였다. 이들 사례는 산신 혹은 천신이 불교 혹은 승려에 의해 감통하는 모습을 보여준다. 그만큼 이제 고대사회에서는 신과 불교가 통하고, 그에 따라 불교와 승려의 힘이 재해를 물리치는 힘을 가지게 되었다.

4 | 생각해 봅시다.

첫째, 삼국시대의 재해는 어떠한 것이 있었을까?

둘째, 삼국은 재해에 대해 어떻게 이해하였을까?

셋째, 삼국은 재해에 대해 어떤 대응책을 세웠을까?

넷째, 재해에 대해 군주는 어떤 리더십을 보였을까?

다섯째, 불교는 어떻게 천신과 산천신 등을 습합할 수 있었을까?

2장

삼국통일 이후 사회와 재해

1 | 삼국통일 이후 재해

삼국시대의 재해 유형이나 통일 후 재해 내용은 크게 다르지 않다. 다만 정도 차이가 있었다.

통일 후 비가 오지 않았다는 기록이나 가뭄의 경우 30회가 확인된다. 주로 4~7월에 집중되어 있었다. 특히 한 달만 표시된 경우가 있으나 대한(大旱)이나 봄부터 여름까지 가물었다는 기록도 보인다. 대한은 4차례, 봄부터 여름까지 가뭄도 4차례가 있었다.

성덕왕 13년(714) 여름 기록을 보면 여름에 가물었으며, 사람들이 역질(疫疾)에 많이 걸렸다는 내용이 있다. 가뭄과 명충(螟蟲)의 해가 같이 오는 경우도 있었다. 경덕왕 13년(754) 8월을 보면 가물었으며 황해(蝗害)가 있었다라 하였다. 이는 혜공왕 5년(769) 5월에도 마찬가지였다. 또한 심한 경우 여기에 더해 도적이 발행하였다. 원성왕 4년(788) 가을 나라 서쪽에 가물었으며 누리가 생겨났다. 이어 도적이 많이 일어났으므로 왕이 사신을 보내 그 지역을 안무하기에 이르렀다. 특히 가뭄이 매우 심하면서 다른 재해 즉 누리나 우박, 서리, 태풍 등과 함께 연이어 일어날 경우 이는 기근으로 연결되었다. 헌덕왕 12년(820) 봄과 여름 가물었으며, 겨울에는 기근이 들었다는 내용이 이를 보여준다. 가뭄으로 인해 흉년과 기근, 도적 출몰이 이어지는 패턴을 보인 것이다.

대체로 700~800년 초까지의 가뭄 상황은 당나라나 일본에서도 마찬가지였다. 원인은 불분명하지만 당시 동아시아 기온을 살펴본 결과 그 이전 2000년간의 기온보다 약 1도 내지 2도 이상 높았고, 이로 인해 가뭄이 많아지는 전반적인 건조화 현상이 있게 되었다.(전덕재, 「삼국과 통일신라시대 가뭄 발생 현황과 정부의 대책」, 『韓國史硏究』 160, 韓國史硏究會, 2013; 전덕재, 「통일신라」, 『서울災害史』, 경인문화사, 2013, 105-106쪽)

이와 반대로 홍수로 인해 피해가 있었던 때는 7회가 기록되었다. 이는 대수(大水)로 기록되었는데, 때로 산사태를 동반하기도 했다. 5월부터 9월에 걸쳐 일어났다. 기록상 신라에서 홍수로 인한 가장 큰 피해는 진평왕 11년(589) 7월이었다. 당시 나라 서쪽에 홍수로 인해 표몰된 인호가 3만 3백6십 호였고 죽은 자가 200여 명에 달했었다. 태종 무열왕 4년(657) 7월에도 일선군에 홍수로 익사자가 300여 명이 있었다.

큰바람으로 인해 나무가 뽑히거나 부러지는 풍재가 9차례 보인다. 2월부터 8월에 걸쳐 있었다. 우박도 9차례가 있었다. 3월과 4월, 6월에 일어났는데, 4월에만 7차례 있었다. 3월, 4월, 5월에 서리가 내리는 현상은 10차례가 확인된다.

겨울이 아닌 때 큰눈이 온 경우가 8차례 있었다. 2월부터 8월까지 사례가 보인다. 선덕왕 4년(783) 2월에는 서울에만 눈이 3척이 왔었다. 눈이 오지 않는 경우도 있었다. 이는 무설(無雪)이라 하고 있었다. 7차례의 사례가 보인다. 경문왕 10년(870)의 경우 겨울에 눈이 오지 않아 국인이 역병에 걸린 자가 많았다 하였다.

때가 아닌데도 복숭아나 오얏 등이 개화하는 경우도 기록되었다. 경덕왕 22년(763) 8월 도리(桃李) 재화(再花)나 흥덕왕 8년(833) 10월 도리가 다시 피었다고 한 것, 경문왕 3년(863) 10월 도리가 핀 내용이 보인다. 이는 전염병과도 연결되고 있다.

한편 기상재해는 아니지만 지진에 대한 기록도 다수 확인된다. 31차례가 있었다. 이미 신라의 경우 통일 전에 23차례가 있었다. 삼국과 통일신라기까지 기록에 확인되는 지진이 88건이라는 점을 고려하면 신라 특히 경주 지역은 지진 다발 지역에 해당한다. 신라에서만 54차례로서 절대다수를 차지하고 있는 것이다. 통일신라에서는 경도 즉 서울에서만 9차례가 지진이 있었다. 혜공왕 4년 6월의 경우는 큰 별이 황룡사 남쪽에 떨어지자 지진이 있었고, 그로 인해 우물이 모두 말라버렸으며 호랑이가 궁중에 들어왔다 하였다. 이어진 피해 기록이 없었던 점을 본다면 일시적 사태였다 여겨진다.

대체로 800년 혹은 900년경부터 1250년까지의 기후를 중세기후이변 혹은 중세온난기라 한다. 그 이전 시기는 화산활동이 활발했던 점이 눈에 띄었지만 이후는 감소했던 부분, 해양대기계의 변동이 언급된다.(피터 프랭코판 지음, 이재황 옮김, 『기후변화 세계사』, 책과함께, 2023) 어쨌든 이러한 중세온난기로 접어들기 전 기상 및 자연재해 등은 적어도 통일신라 사회나 당 제국에 그 이전 시기보다도 보다 큰 변동으로 다가왔고, 특히 한해와 냉해, 그리고 이어지는 기근과 도적 발생 등은 왕조변동의 한 요인으로 지적되었다.

전염병은 삽시간에 많은 인구를 죽음으로 몰고 간다는 점에서 유의해야 할 재해이다. 7세기 이후 중국에서는 선페스트가 광둥성에 널리 퍼지기 시작했다. 선페스트는 곰쥐 같은 작은 동물에 기생하는 감염된 벼룩에 의해 전염된다. 이는 14세기에 대규모로 발병했지만 이미 7세기 무렵에도 본격적으로 나타난 면이 있는 것이다. 기록에 따르면 762년에는 산둥성 주민의 반 이상이 사망했다라 하고 있으며, 이후 저장성에서도 그러했다 한다. 교류와 전쟁이 이뤄지면서 이 같은 전염병은 한반도나 일본에도 영향을 주었을 것이다. 실제 일본의 경우 808년 무렵 일본 전 인구의 절반 이상이 죽었다 한다.(윌리엄 맥닐 지음, 김우영 옮김, 『전염병의 세계사』, 이산, 2005)

이를 본다면 재해로 인한 영양 체계의 붕괴, 교류와 전쟁 등으로 인한 인구 이동은 전염병의 확산을 낳은 면이 있었다. 때문에 8, 9세기 무렵은 전염병의 유행이 있었던 시기라고도 한다. 신라의 경우도 경덕왕 16년(757)의 군현에 비해 애장왕 9년(808)의 경우 2군 7현이 감소했다. 분명한 연관 관계를 찾을 수는 없으나 당과 일본처럼 신라도 급성 전염병의 유행이 급격한 인구감소를 가져왔을 것이다. 당으로부터 신라, 그리고 일본으로 이어지는 전염병의 유행 양상과 속도는 무역교류나 전쟁 참전, 승려 및 유학생의 교류 등으로 인하여 점점 빨라졌고, 그 범위는 더 넓어지기도 했다.(이현숙, 「신라 통일기 전염병의 유행과 대응책」, 『한국고대사연구』 31, 한국고대사학회, 2003)

2 | 재해와 인식의 변화

신문왕은 문무왕의 맏아들이다. 신문왕 7년(687) 2월 기록을 보면 원자가 태어났는데 이날 날씨가 음침하고 어두웠으며, 우레와 번개가 심하게 쳤다 하였다. 대기 불안이 있었던 것이다. 물론 그 원인이 무엇인가는 알 수 없었다. 그런데 같은 해 4월 대신을 조묘(祖廟)에 보내 치제(致祭)토록 하였는데, 그 제문에 쓰인 내용이 주목된다.

왕 아무개는 머리를 조아리고 재배(再拜)하며 삼가 태조대왕(太祖大王)·진지대왕(眞智大王)·문흥대왕(文興大王)·태종대왕(太宗大王)·문무대왕(文武大王) 영전에 아룁니다. 저는 재주와 덕이 부족한 데도 숭고한 유업을 이었기에, 자나 깨나 걱정하고 애쓰느라 편안하게 지낼 겨를이 없었습니다. (중략) ① 요즈음 군주의 도리를 잃어서 정의가 하늘의 뜻에 어긋났는지, ② 별의 형상이 괴이하고 화수(火宿)는 빛을 잃어가니, 두려워 몸이 벌벌 떨려옴이 마치 깊은 못과 골짜기에 떨어지는 듯하옵니다. 모모 관직에 있는 아무개를 보내 변변치 못한 제물을 차려 놓고 살아 계신 듯한 신령 앞에 정성을 들이며 엎드려 바라옵나이다. 자그마한 정성을 밝게 살피시고 하찮은 몸을 가련히 여기시어, ③ 사시의 기후를 순조롭게 하시고 오사(五事)의 징험에 허물이 없게 하소서. 풍년이 들고 질병이 없어지며 의식(衣食)이 넉넉하고 예의가 갖추어지며 안팎이 편안하고 도적이 사라지며 후손에게 넉넉히 남겨 오래도록 많은 복을 누리게 하여 주시옵소서. 삼가 아뢰옵니다. (『삼국사기』 권8, 신라본기 8, 신문왕 7년 4월)

사실 신문왕 7년의 경우 2월 날이 음침하고 어둑어둑하였으며 크게 뇌전이 있었다는 이변 외에는 다른 재해 내용은 없었다. 그럼에도 불구하고 4월에 올린 제문에 ① 군주의 도리를 잃어 하늘의 뜻에 어긋난 것은 아닌지라는 표현을 보면 신문왕이 스스로를 책망하는 것이라 볼 수 있다. 이어 재이 현상에 대해서는 ②에서처럼 별의 형상이 괴이하고 화수의 별이 빛을 잃었다고 했다. 이를 신문왕은 자신의 부덕 혹은 도리를 잃어서 일어난 것이라 보고 있는 것이다. 그리고 정성을 올림을 조상들께서 받아들여 ③에서 언급한 바처럼 사시 기후와 다섯 가지 인사(人事)에 문제가 없도록 하여 풍년 등이 있게 해달라 하였다.

이러한 제문의 내용이 의미하는 바는 무엇일까? 첫 번째는 성변 등의 변괴가 있음을 밝히고 있다. 두 번째는 성변이 자신의 탓이라 보고 있다는 점이 확인된다. 세 번째는 하늘과 조상의 신령에게 사시 기후의 순조로움과 풍년 등을 기원하고 있다. 이러한 내용은 곧 천재지변 등을 군주의 탓으로 여기고 군주 자신의 책기와 수덕을 통해 재변을 없애려는 인식을 보여준다. 이는 흥덕왕 7년(832) 사례에서 보이듯 죄수들에 대한 사면, 그리고 정전을 피하고 상선(常膳)을 줄이는 행위로 나타났다. 물론 자신의 부덕을 책망 반성하면서 이어지는 조치였다. 이는 앞서 소지왕 14년(492)이나 진평왕 7년(583)에도 있었던 내용이기도 했다.

한편 다음의 재해 기사와 그에 이어지는 인사조치를 보자. 무엇인가 공통되는 패턴이 보일 수 있다. 경덕왕 13년(754) 4월의 경우 우박이 있었고, 8월에는 가뭄과 누리의 피해가 일어났다. 그리고 이달 시중 조량(朝良)이 물러났다. 경덕왕 22년(763) 7월 서울에 큰 바람이 불어 기와가 날아가고 나무가 뽑히는 사태가 있었다. 8월에는 복숭아와 오얏 꽃이 다시 피는 이변이 발생했다. 그리고 같은 달 상대등 신충(信忠)과 시중 김옹(金邕)이 물러났다. 원성왕 7년(791) 10월 서울에 눈이 3척이나 왔으며 동사하는 사람들이 나왔다. 시중 종기(宗基)를 물러나게 하고 대아찬 준옹(俊邕)을 시중으로 삼았다. 또한 11월 서울에 지진이 있자 내성시랑 김언(金言)을 삼중아찬으로 삼았다. 원성왕 13년(797) 9월 나라의 동쪽에 누리가 곡식을 먹어치우고 홍수로 산이 무너졌다. 시중 지원(智源)을 물러나게 하고 아찬 김삼조(金三朝)를 시중으로 삼았다. 흥덕왕 2년(827) 8월 태백성이 낮에 나타나고 서울에 큰 가뭄이 들었다. 시중 영공(永恭)이 물러났다.

이러한 일련의 상황을 보면 재해에 대하여 시중이 일종의 책임을 지고 물러나거나 교체되는 것을 알 수 있다. 왜 그럴까? 이는 천인감응론에 따른 인식의 결과였다. 즉 군주의 실정에는 재상이 잘못 보좌한 탓도 있다는 것이다. 군주가 물러날 수는 없는 상황이므로 재상이 책임을 지고 물러남으로써 하늘에 반성의 노력을 알리려 한 것이었다.(박미선, 「신라 재해 대응책의 내용과 특징－유교적 천인감응설의 비판적 검토－」, 『韓國思想史學』 73, 韓國思想史學會, 2023) 다만 이러한 내용이 재해 발생－시중 교체라는 논리로 정형화되지는 않았다. 재해 때마다 일어난 처리 방식은 아니기 때문이다.

이 같은 이해와 대응이 유교적 성격을 강하게 띠었다면 통일신라기 들어오면서는 불교적 이해와 대응책도 행해졌다. 이는 불교의 대중화라는 면과도 연결되어 있었다. 즉 왕실과 귀족, 그리고 민에게 있어 공통된 바람은 풍요와 이를 누리는 것이었다. 그런데 이러한 바람에 어려움을 주는 요소가 재해의 발생이었다. 이 때문에 불교가 재해에 대한 새로운 이해를 제시하고 그에 따른 대응책을 내어 효험을 볼 수 있다면 불교나 승려는 사회적 존경과 숭배를 받을 수 있었다.(박미선, 「불교 수용 후 신라의 자연재해와 불교적 대응」, 『역사와 경계』 120, 부산경남사학회, 2021)

성덕왕 신룡 2년 병오(706)의 『삼국유사』의 기록을 보면 흉년으로 백성들이 굶주리게 되었고, 이듬해에 왕은 정월 초하루부터 7월 30일까지 백성을 구제하고자 곡식을 나눠주도록 했다. 이어 태종대왕을 위해 봉덕사를 창건하고 인왕도량(仁王道場)을 7일간 열고 사면했다고 한다. 혜공왕 15년(779) 3월의 기록을 보면 지진으로 인해 백성의 집이 무너지고 죽은 사람이 1백여 명에 달했다 하였다. 그리고 백좌법회를 열었다 했다. 경덕왕 천보 12년(753) 계사년 여름에 조서로 승려 대현(大賢)을 입궁케 하고 『금강경』을 강론해 단비가 내리기를 기도토록 하였다. 이듬해 여름 또 대덕 법해(法海)를 황룡사에 청하여 『화엄경』을 강론케 하니 다음날 감은사에서 아뢰길, 바닷물이 넘쳐 불전 섬돌까지 왔다가 물러갔다 하였다. 도량과 강론을 통해 재해를 물리치는 대목이 확인되고 있다.

또 다른 『삼국유사』의 기록에 나오는 내용도 주목할 필요가 있다. 즉,

명주 경계에 흉년이 들자 백성이 굶주려 진표(眞表)가 그들을 위해 계법을 설하니 사람마다 받들어 지켜 삼보를 지극히 공경했다 한다. 그러자 갑자기 고성 해변에서 많은 물고기가 스스로 죽어서 나오니 백성들이 이를 팔아 식량을 마련해 죽음을 면했다는 일종의 기적이 서술되어 있다.

3 | 재해와 분열, 리더십

다음의 재해 관련 그래프를 보자. 대체로 이는 『삼국사기』에 기록된 재해 양상(가뭄 · 흉년 · 역질 · 홍수 · 메뚜기 · 지진)을 토대로 그래프화한 것이다. 특징적인 점은 그래프상 15~19 사이 시기에 각종 재해가 겹쳐 있는 데다가 거의 정점에 달해 있는 것을 볼 수 있다. 이것은 무엇을 말해주는 것일까? 중세온난기가 시작되는 지점에서 기후 변동이 본격화되었음이 극명하게 나타나고 있다 여겨진다. 이는 사실 세계적 현상이기도 했다.

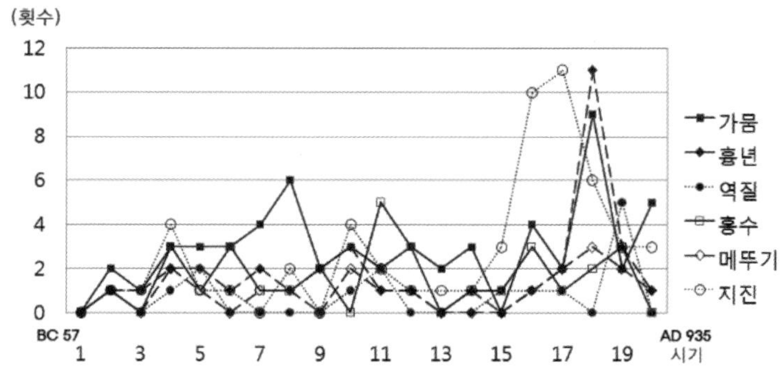

한반도 고대 자연재해 빈도

자료: 윤순옥 · 황상일, 「삼국사기를 통해 본 한국 고대의 자연재해와 가뭄주기」, 『대한지리학회지』 44-4, 2009, 500쪽.

신라에서는 천인감응론이나 불교적 자연관에 입각한 대응책 등이 마련되고 시행되었다. 하지만 군주와 지배층의 '죄기'의 반성, 덕정을 펴는 '수덕'이 우선 있어야 했다. 정전을 피하고 상선을 줄이며 사면을 행하여야 했다. 이어서는 농업 및 농민안정책으로서 농상장려나 저수지 중수, 조세 감면, 곡식 배분, 농기구 대여 등이 있었다. 사찰을 짓고, 도량과 강경 등을 열어 제불의 가호를 빌었다. 고승대덕도 백성과 왕실, 국가를 위해 소재노력을 기울였다. 하지만 잇따라 계속되는 재해에 정치 및 사회질서는 균열이 가기 시작했고, 사회는 대혼란에 빠지게 되었다.

> 무릇 석가불이 그림자를 감추고 진여(眞如)로 돌아감에 거동을 옮겨 세간을 넘어가니, (중략) 부처님이 멸도(滅度)하여 삼천대천세계에 빛을 비추지 않고 돌아가신 지 1806년이다. 이를 슬퍼하고 기이하게 여겨 이 불상[金容]을 조각하고 (중략) 인하여 서원(誓願)을 세웠다. 오직 원컨대 비천한 사람들이 마침내 창과 방망이로 스스로를 쳐서 ▨▨ 오랜 어리석음을 깨우치고, 변변치 못하고 비루한 뜻을 바꾸어 진리의 근원[眞源]에 부합하여, 색(형상)으로 …… 하지 않음을 깨닫기 바란다.(「철원 도피안사 철조비로자나불좌상 조상기」)

이 기록은 철원 도피안사 대적광전에 모셔져 있는 철조비로자나불좌상의 등쪽에 새겨져 있는 불상 조상 관련 배경과 참여자 등을 보여준다. 불상이 만들어진 시기는 당 함통 6년(865) 신라 경문왕 5년으로 신라 철원군 도피안사에서 조성되었다. 특히 그 내용 중에는 불상조상기와 관련해 거의 쓰여지지 않는 부분이 있다. "오직 원컨대 비천한 사람들이[卑姓室] 마침내 창과 방망이[槊椎]로 스스로를 쳐서 오랜 어리석음을 깨우치고, 변변치 못하고 비루한 뜻을 바꾸어 진리의 근원[眞源]에 부합하여"라고 한 부분이 그것이다. 비천한 사람들이 창과 방망이로 스스로 친다는 표현은 불도를 수양하면서 행하는 고행의 한 종류로도 여겨질 법하다. 하지만 실제로는 불상 조성에 참여한 1,500명의 향도들이 지방사회의 주인공이 되어 자신들의 바람을 서원하는 것이자 새로운 사회를 기원하는 상징행위라고도 여길 수 있다. 신라 하대사회가 그만큼 혼란스러웠기 때문이다.

불과 얼마 뒤 실제로 신라 사회에서는 각종 재해가 잇따른 데다 정치지배구조가 무너지면서 급속도로 사회지배력이 약화되었다. 이는 진성여왕 2년(888)부터 본격화했다. 2월에 소양리 돌이 저절로 움직인 일, 위홍이 죽자 왕이 미소년을 가까이해 음란하게 지낸 데다 요직을 준 일, 뇌물이 행해지고 상벌이 공정하지 못한 상황의 연속, 정치 비방 벽보와 대야주 사람 은거인물인 왕거인 체포, 왕거인의 분노와 뇌전 및 우박 현상 발생, 5월 가뭄 등이 있었다. 여기에 3년에는 주군에서 공부(貢賦)를 서울로 보내지 않아 국용이 궁핍해졌고, 도적의 봉기가 본격화되었다. 대표적으로 사벌주에서 일어난 원종과 애노의 난이 있었고, 적고적의 봉기도 일어났다.

이 과정에서 산사이자 왕실사찰로 자리 잡았던 합천 가야산 해인사에도 그 불똥이 튀었다. 최치원은 당시 상황을 간단하지만 명료한 글로써 전하였는데 이 당시 상황 이해에 도움이 된다.

> 당나라 19대 소종황제가 중흥(中興)을 펼칠 즈음에, ① 전쟁과 흉년 두 재앙이 서쪽에서 멈추고 동쪽으로 왔다. ② 악(惡) 중의 악이 벌어지지 않은 곳이 없어 굶어 죽거나 싸우다 죽은 시체가 들판에 별처럼 즐비하게 널려 있었다. 해인사의 별대덕(別大德)인 승훈(僧訓)이 이를 몹시 애통해하더니, 이에 ③ 도사(導師)의 힘을 베풀어 미혹한 중생의 마음을 이끌어 각자 벼 한 줌을 내게 하여 함께 옥돌로 삼층탑을 이루었다. 원하는 법륜(法輪)의 계도는 대개 호국을 으뜸으로 삼는데, 그 가운데서도 특별히 원통하게 횡사하여 고해에 빠진 영혼을 구제하고, 간소한 제사로 '저들이' 명복을 받아 영원토록 썩지 않고 여기[3층탑]에 있는 것이다. 건녕(乾寧) 2년(895)

7월 16일에 기록한다.(「해인사 묘길상탑기」)

진성여왕 9년(895)에 기록된 이 조상기를 보면 ① 당에서 이미 전쟁과 흉년이 일어나 혼란이 있었고, ②에 보이듯 관련 상황은 신라로 이어져 수많은 도적이 일어나 싸우다 죽어 시체가 즐비하게 되었다. 이에 해인사 승려 및 속인도 삼보(三寶)를 지키려 도적 떼와 싸우다가 죽었고, 그 명단은 해인사 호국삼보 전망치소옥자로 전하게 되었다. 이어 ③에서는 삼층탑을 조성하여 고해에 빠진 영혼을 구제하고 명복을 받들고자 함이 나타나고 있다.

결과적으로 본다면 이 시기 도적의 봉기는 신라 지배세력 간의 정치적 갈등, 자연재해의 연속, 중앙 및 지방 지배 구조의 약화, 진휼 정책의 안정 시행 실패 등으로 인한 면이 컸다. 다만 이는 신라에서만 국한된 상황이 아니었다. 당의 경우도 이로 인해 5대 10국으로 분열되었던 것이다. 신라는 후삼국시대가 열려 자연재해만이 아니라 전쟁도 일상이 되는 사회가 되었다.

4 | 생각해 봅시다

첫째, 왜 통일 이후 신라 사회에는 자연재해가 유독 심했을까?
둘째, 통일 이후 신라 사회에서의 자연재해에 대한 인식 변화는 무엇일까?
셋째, 이 시기 자연재해 대한 인식과 대응노력의 특징은 무엇일까?
넷째, 신라 말 왕조 말적 현상이 일어난 주요 요인은 무엇일까?

3장

고중세 전환과 재해

1 | 신라 사회의 몰락과 후삼국시대의 개막

통일신라의 왕권 강화와 한화 정책의 시행은 왕실 이외 진골 귀족 세력의 도전을 막으려는 시도였다. 또한 도당유학 및 국학과 독서삼품과 등을 통한 6두품 이하 지식인층의 양성, 관료 육성, 백성 정전 지급이나 관료전 지급, 재해 시 굶주린 백성에 대한 적극적 구휼은 통일 이후 신라의 정치에 필요했다. 그러나 결과적으로 이 같은 시도는 실패했고 진성여왕 대에 이르러 초적과 적고적, 견훤, 궁예 등과 같은 이들이 등장하기에 이르렀다. 여기서 짚고 넘어갈 부분이 있다. 왜 신라의 개혁은 실패하였는가와 당시 사람들이 생각한 시대 과제와 미래는 어떠한 것이었는가 하는 부분이다.

우선 실패 요인들을 보자. 왕조 사회의 특성으로 직계혈족 중심 왕위 계승은 당연했다. 하지만 생각보다 이를 유지하는 데는 어려움이 따른다. 부자 계승이라는 원칙은 일면 의미가 있는 것이지만 원하는 만큼 아들의 출산이 쉬운 것은 아니기 때문이다. 따라서 부자 계승을 고집하는 한 왕실 중심 정치는 언제든지 한계에 부닥칠 수밖에 없다. 이러한 측면을 극복하는 하나의 방식이 형제 계승이었지만 그조차 때로는 어려운 면이 있었다. 진성여왕의 즉위는 이를 말해 준다. 고대사회에서 여성의 즉위는 터부시된 면이 있었다. 선덕여왕 대 비담의 난은 좋은 사례이다.

더구나 왕실 직계가 아니더라도 진골 귀족 세력들의 경우 몇몇이 합세하면 언제든 모반할 수 있었다. 혜공왕 대 96각간이 서로 싸웠다는 언급을 보면 그 숫자만 보더라도 정국 운영에는 이들의 협조가 필수였다. 결국 왕실은 압도적 왕권을 구축해 진골 귀족을 해체하든지 혹은 진골 귀족과 연합해야 했다. 반대로 진골 귀족은 자신들에 대한 대우나 지위 불안 등을 해결하고자 했다. 상당수의 경우 그것이 모반으로 이어졌다는 것은 신라 왕실의 정치력 부재라 할 수도 있다.

두 번째로는 골품제 사회 구조에서 오는 개혁의 경직성이다. 설총이나 왕거인, 최치원 등은 유교 지식인이자 문장가, 개혁가였다. 그러나 그들의 신분이 6두품 혹은 그 이하인 관계로 주도적 개혁이 거의 불가능했다. 아무리 국왕의 지지를 받더라도 진골 귀족의 지위를 넘을 수 없었으며, 결국 문장을 짓거나 행정, 학문 전수 등에 종사해야 했다. 그렇다면 이들 6두품 지식인층과 진골 귀족을 왕실과 함께 정치개혁을 추진할 수 있는 세력으로 양성할 필요가 있었다. 예컨대 경문왕이 되는 김응렴에 대해 헌안왕이 사위로 삼은 것이나 경문왕의 동생 김위홍이 경문왕 대 이후 잇따라 왕위에 오른 헌강왕-정강왕-진성왕을 보필한 것이 이 사례에 해당한다.

세 번째로는 어떠한 왕조 혹은 신라 천하를 만들 것인가와 관련한 비전 제시가 필요했다. 선덕여왕은 황룡사 9층탑을 지어 통일을 염원했다. 여기에는 신라를 불국토로 만들겠다는 신앙적 발원이 들어가 있었다. 그러면서 이를 통해 민심을 하나로 모았다. 신문왕 대 이후 신라 사회에는 사실상

외적의 침입이 거의 없었다. 통일을 이룬 뒤 목표는 왕권의 안정을 이루는 것이었다. 불교 신앙과 관련해서는 대규모 사찰과 신종(神鐘) 등을 세워 불국토를 갖추고자 했다. 통일 이후 불국사나 성덕대왕신종, 석굴암, 토함산 대숭복사, 보령 성주사 등 경주와 지방에 많은 사찰이 건립되었다. 불교국가를 만들겠다는 신앙심의 발로였으며, 이는 법흥왕 대 이후 지속되어온 것이었다.

유교 정치사상을 수용하여 왕도정치를 행하겠다는 개혁 노력이 일부 표방되었다. 국학 운영과 국왕에 대한 유교 경전 강론 등이 대표적이었다. 도당유학생층의 증가와 귀국, 국학설립에 따른 지식인층 양성, 지방에서의 지식인층 증가, 신라-당-일본을 잇는 무역 증가와 국제적 감각을 갖춘 이들의 증가 등이 있었다. 그렇지만 이들이 개혁의 중심이 된 바가 없었다. 경덕왕 대 풍악을 좋아하는 국왕에 대해 이를 고치도록 했던 대나마 이순(李純)은 세상을 피해 산으로 들어가 승려가 되었다. 진성왕 대 실정에 대해 비판하였던 대야주 은사 왕거인은 감옥에 갇히기도 했다.

대당 유학생 출신 일부는 귀국해 지방관이 되었다. 원성왕 대에 대당학생이었던 자옥(子玉)을 양근현 소수(小守)로 삼은 것, 애장왕 대 대당학생 양열(梁悅)을 두힐소수(豆肹小守)로 삼은 것이 보인다. 최치원 또한 귀국 후 뜻을 펼치려 했으나 의심과 시기가 많아 대산군 태수(太守)가 되었고, 후에는 가야산에 들어가 신선이 되었다 하였다. 이들 사례는 신라 사회에서 유교가 정치이념으로 자리 잡는 데에 한계가 있음을 알려준다. 골품제적 정치권력 구조가 올바른 개혁의 추진을 불가능하게 한 것이다. 따라서 이 시기 신라는 개혁 추진-실패-혼란-개혁 추구 등이 반복되면서 허약해질 수밖에 없었다.

네 번째로는 자연재해에 대한 대비 실패였다. 천재지변의 경우 미리 대비하기 어려운 것이 사실이다. 가뭄, 홍수, 서리와 냉해 등이 이어지면 전염병이 돌고 기근이 이어져 사회 혼란으로 이어지기 마련이다. 이에 대해 왕실과 국가는 재정을 아끼고 저축하여 비상시에 이를 활용해야 했다. 특히 이들 자연재해는 한두 번으로 그치는 것으로 보이지만 장기적 관점에서 본다면 왕조 운영에 중요한 핵심 변수 역할을 한다. 때문에 상시 구휼정책의 마련 및 그 운영을 위한 재정 마련이 필요한 것이다. 그런데 신라 하대에는 이러한 자연재해가 계속 일어나는 중에도 진골 귀족들의 왕권 경쟁이 계속되었다. 조세 수입은 줄고 백성은 굶주리는 악순환이 일어났다. 이는 결국 백성들의 유리걸식으로 이어졌고 초적이나 적고적의 발생, 지방 군진세력의 독립 등을 야기했다.

유교나 불교적 차원의 재해관과 재해대책이 적절하게 조화를 이뤄야 했다. 천인감응론적 재해관에 따라 신라 군주는 책기와 수덕을 일부 행하였다. 불교관에 따라 부처의 가호를 바라면서 도량과 강경의 자리를 만들었다. 하지만 유교적 차원에서는 재해대책을 위한 제도적 대응 노력이 아닌 구휼 등에 초점을 맞춰 한계가 있었다. 다른 형태의 조치가 필요했다. 물가 안정, 유통, 진대법, 저수지 건설 확대 등이 그것이었다. 하지만 이러한 제도적 조처보다는 일시적 구휼을 선호했다. 불국토사상을 토대로 부처의 가호를 바라는 재해대책이나 승려들의 구휼 노력이 있었지만 보다 현실적 부분이 요구되었다. 신앙의 차원을 넘어 승려들이 직접 백성을 위로하고 안정시키는 데 보다 노력할 필요가 있었다.

다섯 번째는 민심 수습의 실패였다. 한화정책에 기반한 군현 개편과 개명, 관직 개편을 행하고, 백성 정전의 지급, 구휼 정책 등을 시행했으나 백성의 사회경제적 안정과 민심을 보살피는 데 한계가 있었다. 백성이 안심하고 안정적으로 생업에 종사하면서 미래를 생각할 수 있어야 하나 지배층은 이러한 백성의 바람에 전혀 부응하지 못했다. 그 배경에는 녹읍이나 식읍에 기반한 과도한 수취, 사찰에 집중된 거대한 전장(田莊), 잦은 사찰 건설에 따른 부역, 불안한 정치 경제구조를 덮친 자연재해와 기근 등이 있었기 때문이다.

더구나 철원 도피안사비로자나불상 조상기에서의 비루한 사람들이 떨쳐 일어나 진원(眞源)으로 돌아가야 한다라고 한 것, 지방민 왕거인이 지었다는 다라니 은어나 최치원이 신라의 몰락과 태조 왕건의 등장을 예언했다는 '계림황엽 곡령청송[鷄林黃葉 鵠嶺靑松]' 등이 나올 정도로 도참 요소가 강해지고 있었다. 여기에 풍수지리가 유행하기 시작해 왕릉과 사찰을 정하는 데 활용되었고, 명당에 조성할 경우 성불이나 복을 받는다는 이해가 나왔다. 이는 때로 민심을 다독이는 데도 활용되었지만 거꾸로 새로운 시대를 이끄는 존재의 탄생을 기대하는 장치로도 쓰이게 된다.

2 | 패왕 견훤, 미륵 궁예, 보살 왕건의 대결

견훤은 진성여왕 6년(892) 기강이 문란해진 데다가 기근이 겹쳐 유망하던 많은 백성이 군도(群盜)가 되어 봉기할 때 무리를 모았는데 그 규모가 5천 명에 달했다. 그리고 무진주를 습격하고는 '신라서면도통지휘병마제치지절도독전무공등주군사행전주자사겸어사중승상주국한남군개국공식읍이천호(新羅西面都統指揮兵馬制置持節都督全武公等州軍事行全州刺史兼御史中丞上柱國漢南郡開國公食邑二千戶)'라고 스스로 칭했다. 그리고 효공왕 4년(900) 후백제 왕을 자칭하고 관부를 설치했다. 후백제의 왕이 된 견훤은 신라의 비장 출신이었다. 무략에는 뛰어났지만 신라 경애왕을 죽이고 경순왕을 세우는 등 혼란의 시대를 마무리할 덕이 부족했다.

특히 장자인 신검은 견훤을 금산의 사찰에 유폐하고는 대왕을 자처했다. 그리고 죄수를 사면하면서 교서를 내렸다. 그 가운데 명분상 표현이기는 하지만 다음과 같은 말이 있었다. "다행히 상제께서 진실한 마음을 내려주셔서 군자께서 허물을 바로잡고 장자인 나에게 이 나라를 맡기셨다."라는 것이다. 이는 곧 천명에 따라 견훤이 장자에게 왕권을 전했다는 표현이다. 견훤은 후에 왕건에게 귀부한 뒤 신병(神兵)을 빌려 나라를 어지럽힌 자들을 치겠다 하였다. 아들 신검 세력 제거를 노린 것이다.

사실 견훤은 궁예의 태봉 시절에는 특히 왕건과 나주전투 등 많은 곳에서 부딪쳤었고, 대구 팔공산전투에서는 왕건을 거의 죽음 직전까지 몰고 가기도 했다. 가히 전투로 전장에서 생을 다한 셈이었다. 그런 만큼 그간 기근과 홍수, 전염병, 전쟁에 시달린 백성을 위무하고 생업에 안정토록 할 정치리더십은 증명되지 못했다.

이와 달리 궁예의 경우를 보자. 그가 태어난 날은 중오일인 5월 5일이었고, 이날 지붕 위에 흰빛이 긴 무지개처럼 위로 하늘에 닿아 있었다 한다. 그는 나면서부터 이가 나 있었다. 일관이 나라에 이롭지 못할 것이라 아뢰자 왕이 그를 죽이도록 하였다. 왕명을 받은 사자는 아이를 죽이지 않고 포대기 속에 넣어 탈출시켰다. 이러한 탄생 과정은 한편으로 신이하였지만 왕실 입장에서는 후궁 출신 아이가 가진 비범함은 오히려 왕실을 해칠 수 있다고 보았다.

이후 궁예는 비장 출신의 견훤과 달리 세달사에서 승려가 되고는 스스로 '선종(善宗)'이라 했다. 재를 올리러 갈 때 까마귀가 '王'자가 쓰여진 아첨을 바리떼에 떨어뜨리자 마음을 달리 먹었다 한다. 도적의 봉기가 계속 이어지자 선종 또한 무리를 모아 왕이 되려 했다. 그러고는 진성여왕 6년(892)에 원주 양길에게 투신했고, 상당한 공적을 세웠다. 명주로 진출할 때는 그 무리가 3,500명이나 될 정도로 세력이 커졌다. 장졸들과 고락을 같이하며 공평함을 지키자 사람들이 그를 존경하며 장군으로 추대했다. 이어 패서 지역민들 특히 왕건의 아버지 왕융이 귀부하자 그 아들 왕건을 철원군 태수로 삼았다.

898년 11월에는 처음으로 팔관회를 열었으며, 901년에 스스로 왕이라 일컬었다. 904년에는 국호를 마진, 연호를 무태라 했다. 장졸과 고락을 같이하던 선종은 스스로 '미륵불(彌勒佛)'을 칭하고 맏아들을 청광보살, 막내를 신광보살이라 하였다. 불경 20여 권도 저술했다. 미륵불로서 신통력이 있다 하여 소위 관심법을 발휘하기도 했다. 궁예는 관심을 통해 부인 강씨와 두 아들까지 죽이는 등 이상행동을 벌였다. 왕건도 그에 의해 희생될 뻔했다.

한편 왕건은 송악군 사람인 왕융의 맏아들이었다. 송악 남쪽에서 태어날 때 신령스러운 빛과 자주색 기운이 방을 비추는 등 교룡과 같은 모습을 띠기도 했다. 용안일각의 제왕의 상이 있었다. 20살 때 궁예의 휘하에 들어가 발어참성을 쌓고 그 성주가 되었다. 이후 왕건은 수군을 비롯한 군대를 이끌면서 많은 승리를 거뒀다. 특히 나주로 갔을 때는 기근으로 초적도 일어났었다. 결국 군졸들조차 기근 때문에 콩이 반 섞인 밥을 먹었는데 왕건이 그들을 모두 구휼했다. 그리고 30세 때에는 꿈에서 바다 가운데 서있는 9층의 금탑에 스스로 올랐었다.

이러한 왕건의 성장 과정과 장수로서 행한 업적 등은 민심을 얻기에 충분했다. 하지만 거꾸로 이는 궁예의 견제를 받을 수 있는 요인이었다. 이에 궁예는 미륵관심법으로 왕건에게 모반하고 있지 않느냐라고 물었다. 장주(掌奏) 최응이 복종하라 조언하자 "신이 반역을 꾀했으니 죄가 죽어 마땅합니다."라고 하였다. 그리고 궁예는 왕건에게 정직하다 하면서 자신을 속이지 말라 했다. 실제로는 왕건에 대한 조정과 백성의 지지가 높고 군사면에서도 왕건을 의지할 수밖에 없었던 점이 반영되었을 것이다. 또 왕건을 불시에 제거했다면 궁예정권의 기반도 무너질 수 있었다.

그런데 미륵불을 자처하고 미륵관심법에 달통한 궁예가 축출되기 전기이한 징조가 나타났다. 그것은 당 상객 왕창근이 쌀을 주고 산 고경에 쓰인 147자의 비기 때문이었다. 요지는 왕건이 임금이 되어 신라를 얻고 후백제를 통합한 뒤 압록강까지 진출한다는 것이었다. 결국 918년 왕건은 홍유 · 배현경 · 신숭겸 · 복지겸 등 여러 장수들의 추대를 받아 즉위하게 되었다.

왕건은 미륵불을 자처하던 궁예와 달리 보살을 자처했다. 즉 보살로서 불도를 닦아 자비를 행한다는 의지를 갖고 있었다. 그리고 왕건은 견훤이나 궁예와 달리 즉위 조서를 내렸다. 그 내용 중에 다음 구절은 왕건이 불교 혹은 전쟁 중심의 군주가 아님을 나타내 주었다.

> 함부로 연호(年號)를 정하고 황제라 일컬었으며[稱尊] 처자를 살육하였으니 하늘과 땅이 용납하지 않았다. 귀신과 사람이 함께 원한을 품어 왕업의 기반을 송두리째 추락시켰으니[荒墜厥緖] 경계하지 않을 수 있으랴? 나는 여러 공(公)의 추대하는 마음에 힘입어 가장 높은 자리[九五]에서 관할하는 궁극에 올랐으니, 나쁜 풍속을 좋게 고치고 모든 것을 다함께 새롭게 만들려 한다[咸與惟新].

이러한 왕건의 선언은 지금까지의 혼란을 종식시켜 태평시대를 맞으려는 의지의 표현이기도 하였다. 또 다른 조서에서도 태조는 "짐이 외람되게 천명을 받아[叨膺景命] 큰 계획을 세우고 제어하는 위치에 올랐다."라고 하였다. 그리고 절검에 힘써 창고를 넉넉히 하고 홍수나 가뭄으로 인한 기근에 대비하려 했다. 기근과 역질에 걸려 유리걸식하던 백성 중 자신과 자식을 팔아 노비가 된 이들을 찾아 속량하여 원래 신분으로 돌아가게 했다.

이렇게 본다면 멸망해 가는 신라나, 전쟁을 일삼은 견훤, 미륵불을 자처한 궁예, 덕치를 행하려는 왕건을 비교할 때 후삼국시대의 주인공이 누가 될지는 사실 명약관화했다.

3 | 천명과 부처·신의 도움을 받는 군주

태조 왕건의 자연재해에 대한 인식 즉 자연관은 천인감응론적 인식과 맞닿아 있다. 또한 산천신앙과도 연결되어 있었다. 당시 상황에서 가장 중요하다 할 불교적 자연관은 "살생하지 말라"고 하는 데 상징적으로 드러나 있는데, 태조는 보살계를 수계하면서 이러한 인식을 자연스레 체득하였다. 자연과 인간은 상생해야 함을 이해한 것이다.

결과적으로 이들 내용을 고려한다면 태조 왕건은 천명이든 신령이든 혹은 부처의 가호이든 자연과 인간의 상관관계에 토대를 두고 이를 수용했다 하겠다. 몇 가지 사례를 보면서 이를 확인하면 다음과 같다.

일단은 태조 원년 6월의 기록을 보면 절검을 중요시하고 백성들의 풍족과 창고 저축을 강조하여 홍수나 가뭄, 기근을 대비해야 함을 언급했다. 재해나 기근으로 인해 어려움을 겪는 백성에게 곡식을 나눠주었다. 특히 원년(918) 8월 철원 도성에 흑창(黑倉)을 두어 곤궁한 백성에게 곡식을 빌려주고 돌려받는 제도를 만들었다. 고구려의 진대법과 같은 개념이었다. 송악 즉 개경으로 도읍을 옮긴 뒤에도 이 제도는 유지되었을 것이다. 이는 성종대에 이르러서는 의창(義倉)이라 이름이 다시 정해져 모든 주와 부에 설치되었다.

다음은 궁예가 도참설을 믿고 철원에 궁궐을 세우는 과정에 동원된 농민들이 농사철을 놓친 데다가 기근과 역병이 이어져 결국 유랑하다 굶어 죽은 일들이 속출했다고 지적했다. 이들에 대한 구제 정책을 폄과 함께 때에 맞춰 공역을 실시하여야 한다는 이해를 가지기 시작했다.

태조 15년(932) 5월의 기사에는 흥미로운 내용이 보인다. 갑신일(3)에 다음과 같은 재해가 벌어진 것이다. 즉,

> 서경(西京)에 바람이 몹시 세차게 불어 관사(官舍)가 무너지고 지붕의 기와가 모두 날아갔다.(『고려사』 권55, 지9 오행3 토 태조 15년 5월 갑신)

그런데 이와 연결된 태조의 조치와 유지(諭旨)를 보면 상이한 내용이 있다. 먼저 같은 기사 내용에 대해 태조는 상서롭지 않다 하여 승려를 모아 불경을 외며 재해를 없애고자 했다. 불교적 소재 노력을 기울인 것이 확인된다. 같은 날의 다른 기사 내용은 보다 상세하다. 이를 보면 다음과 같다.

> 근래에 서경(西京)의 보수를 완료하고 백성을 옮겨 그곳을 채운 것은 땅의 기운을 빌려 삼한(三韓)을 평정(平定)하고 장차 그곳에 도읍하기를 바랐기 때문이다. 요즈음 ① 민가의 암탉이 변하여 수탉이 되고 ② 큰바람이 불어 관아가 무너져버리니 대저 어찌 재변(災變)이 이에 이르렀는가? ㉮ 옛날 진(晋)의 어떤 간신이 몰래 반역을 도모하였는데 그 집의 암탉이 수탉으로 변하였다. 점괘에 이르기를, "누군가가 분수에 넘치는 생각을 하기 때문에 하늘이 경계(警戒)를 내린 것이다."라고 하였다. '그럼에도' 그가 나쁜 마음을 뉘우치지 않았다가 결국 처형되고 말았다. ㉯ 오왕(吳王) 유비(劉濞) 때에 큰바람이 불어 문이 무너지고 나무가 뽑혔다. 그 점괘도 또한 같았으나 유비가 경계할 줄 모르다가 결국 패망하는 데 이르렀다. 또 ㉰ 『상서지(祥瑞志)』에 이르기를, "부역이 공평하지 못하며 공부(貢賦)가 번거롭고 무거워서 아래의 백성이 윗사람을 원망하면 이런 응답이 나타난다."고 하였으니 옛날 사실로 지금의 일을 증명하면 어찌 '원인을' 부를 바가 없겠는가? 지금 온 사방에 노역이 끊이지 않고 '백성들이' 바치는 비용이 이미 많은데도 공부가 줄지 않고 있다. 이런 연유로 하늘이 견책을 내리는 데 이를까 두려워 이른 아침부터 밤늦게까지 근심하고 두려워하여 감히 한가하거나 편안하지 못하다. 전쟁 중에 군사를 위한 공부도 줄이거나 덜기는 어렵다. 오히려 여러 신하가 공정한 도리를 행하지 않아 백성들로 하여금 원망하고 탄식하게 하거나 혹은 분수에 넘치는 마음을 품게 해 이러한 변이(變異)에

이른 것인지 걱정된다. 각자 마땅히 마음을 뉘우치고 재앙에 이르지 않도록 하라.(『고려사』 권2, 태조 15년 5월 갑신)

이를 보면 ① 민가의 암탉이 수탉이 되는 변고, ② 태풍으로 관아가 무너진 사태가 당시 발생했음을 알 수 있다. 그리고 그 이유와 관련해 ㉮~㉰ 세 가지 사례를 들어 이러한 징조가 의미하는 무엇인가를 제시했다. 첫 번째는 옛날 진(晋)나라 간신이 반역을 도모해 하늘이 경계를 내렸고 반성하지 않자 결국 처형된 일, 둘째는 오왕 유비 때에도 하늘이 같은 경계를 내렸는데, 유비가 이를 경계하지 않다가 결국 패망에 이르게 된 일, 셋째는 『상서지』를 인용하여 부역이 공평하지 않고 공부가 번거롭고 무거워 백성이 윗사람을 원망하여 나타나는 것 등을 그 원인과 관련해 언급했다. 이들은 모두 하늘이 천견을 내리는 것은 경계를 삼고자 함이라는 천인감응론과 그 이해가 통하는 것이었다.

태조는 이러한 천견으로 나타난 징후에 대해 우선 자신은 질책에 대한 두려움으로 한가하거나 편안하지 않다고 자책하면서 군국(軍國)으로 인한 공부(貢賦)는 줄이거나 면제하기는 어렵지만, 신하들이 공정한 도리를 행하여 백성들을 위해야 함을 밝혔다. 그래야 천견이 천화(天禍)가 되지 않을 것이라는 이해였다.

태조 17년(934) 5월에 예산진에 행차하여 내린 조서에서 백성들이 도적들에게도 왕실 인척이나 권세가 등에게도 침탈을 당하여 하늘에 대고 그 고통을 울부짖고 있다면서 그 아픔을 공감한 바 있다. 이 때문에 태조는 공경장상들이 태조 자신처럼 애민하고 백성을 긍휼히 여기면서 봉사를 다하라 훈시하기도 했다. 결국 군주와 공경장상들로 인해 백성들의 원한이 쌓여 하늘에 닿으면 천견이 내리고 그래도 위에서 반성하고 고치지 않으면 화와 함께 상패 즉 패망에 이르게 할 것이라 본 것이었다.

태조는 처음에는 음양과 불교에 마음을 두고 있었다 한다. 이를 통해 보살로서 혹은 음양술에 기반한 풍수도참으로 왕실과 왕권 신성화를 꾀하고자 한 것이다. 하지만 태조를 보좌하던 최응이 그 잘못됨을 지적했다. 문덕을 닦음이 중요하지 불교나 음양에 의지해서는 천하를 얻을 수 없다 한 것이었다. 이 간언에 대한 태조의 응답은 태조의 정치나 자연관, 종교관 등과 관련해 매우 중요한 면을 띤다.

> 그 말을 짐이 어찌 모르겠는가? 그러나 우리나라는 산수가 영험하고 기이하며 황량하고 편벽된 곳에 끼어 있어 토성(土性)이 부처와 신을 좋아하고 '그들에게서' 복과 이로움을 얻고자 한다. 아직까지 전쟁이 그치지 않고 안위가 결정되지 않아 아침저녁으로 두려워하며 마음 둘 곳을 알지 못하니, 다만 부처와 신의 도움[佛神陰助]과 산수의 영험한 감응[山水靈應]이 혹시나 잠시의 안식에 효험이 있지 않을까 생각할 뿐이다. 어찌 이로서 나라를 다스리고 민심을 얻는 큰 줄기로 삼겠는가? 난을 평정하고 편안한 곳에서 살 수 있기를 기다려야 확실히 풍속을 바꾸고 교화를 아름답게 할 수 있을 것이다.(『보한집』 卷上)

이를 보면 태조는 산수가 영험 기이한 풍토, 부처와 신을 좋아하는 토성으로 사람들이 불교와 산천신앙을 갖고 있다는 이해를 갖고 있다. 그리고 그러한 풍토와 토성을 일률적인 유교적 문덕으로 억누르기보다는 문덕을 염두에 두면서 부처와 신의 음조, 산수의 영험한 감에 의지해야 함을 말한 것이다.

결과적으로 본다면 태조는 통일 전 유교적 천명과 천견론에 따른 천인감응설을 따랐다. 이에 맞춰 책기와 수덕의 정치를 행했다. 불교의 가호와 산천신앙, 그리고 음양설에 따른 풍수지리 등을 통해서도 인과응보적인 자연관을 가졌다. 이러한 통합적인 자연관과 정치에 대한 이해는 그간의 신라 사회, 견훤이나 궁예 등에게서 찾아볼 수 없는 것이었다. 비록 신성왕권을 지향한 면이 있지만 백성을 위한다는 덕치의 표방은 태조가 고려를 중심으로 후삼국을 통일할 수 있는 힘이 되었다.

4 | 생각해 봅시다

첫째, 신라의 멸망과 자연재해는 상관관계가 있을까?
둘째, 견훤은 왜 통일군주로 성장하지 못했을까?
셋째, 궁예는 왜 미륵불을 자처하고 미륵관심법을 행했을까?
넷째, 왕건은 어떻게 천인감응론, 부처와 신, 풍수지리 등을 알게 되었을까?
다섯째, 자연재해와 관련해 후삼국시대를 통일한 왕건의 저력은 무엇이었을까?

3부

중세의 재해와 왕권

1장

고려 전기 재해와 왕권

1 | 재해 양상과 특징

고려 전기는 대체로 태조 원년(918)부터 마지막 무신정권인 임연(林衍)·임유무(林惟茂) 집정이 끝나는 1270년 5월까지라 할 수 있다. 혹은 의종 24년(1170) 무신정변이 있기 전까지로 보기도 한다. 재해와 관련해서는 사실 국왕이나 집정세력을 중심으로 구분하기보다는 10년 혹은 50년 단위 등 유의미한 구분을 하는 것이 보다 수월하다. 여기서는 대략 10년 단위로 하여 1250년 전후까지를 대상으로 재해 양상과 특징을 보도록 하겠다.

앞서도 언급했듯이 세계기후사를 보면 800년, 900년부터 1250년까지를 중세온난기로 분류한다. 그만큼 전 지구적으로 그전 시기와 달리 따뜻했다는 것이다. 물론 그렇다고 해서 기후가 일정하게 온난했다는 얘기는 아니다. 이 시기 동안에도 기후는 상대적으로 온난 혹은 한랭한 때도 있었음을 염두에 둘 필요가 있다.

자연재해의 유형은 사실 비슷하다. 가뭄, 홍수와 산사태, 우박과 서리,

태풍, 대설 혹은 무설, 지진과 지함, 전염병, 기근 등이 그러하다. 여기에 재해로 분류하기는 어려운 주기적 현상인 일식과 월식이 있으며, 혜성 혹은 유성의 출현과 이들이 낙하하는 일, 송충이나 누리 떼의 피해, 이상개화, 바다나 우물 색깔의 변화, 지하수가 끓어오른 현상, 야생동물의 도시 공간 침입, 갑작스러운 물고기의 폐사, 동식물의 색깔이나 모양 등 변화 등도 있었다.

다만 재해와 관련해서는 매년 불규칙하게 일어나기 때문에 정확한 기록을 통해 그 정도를 기록할 필요가 있다. 그래야 원인 혹은 배경과 규모, 그로 인한 피해 정도가 파악 가능하다. 하지만 전근대 사회에서는 도량형에 대한 규정과 적용은 있었지만 비나 눈이 내린 정도, 추위, 바람의 세기, 홍수 피해 규모 정도를 파악하는 데 어려움이 있었다. 그 이유로는 이를 측량 기록하고 구분하여 적용하는 단계에 이르지 못했기 때문이다.

예컨대 홍수 피해와 관련해 가장 대규모로 일어난 사태를 보자. 시기적으로는 명종 18년(1188) 6~8월에 걸쳐 일어난 대홍수이다. 6월에는 황해도 동주와 봉주, 7월에는 현 함경남도 정주와 장주, 선주, 예주, 화주에서 홍수로 인해 성곽이 무너지고 많은 민가가 유실 혹은 수몰되었다. 8월에는 강원도 등주와 문주, 의주 세 주와 진명 · 용진 · 영인 등 성에 홍수가 나서 많은 인명피해가 있었다. 이를 보면 대규모 폭우가 특정 지역에 집중적으로 움직이며 쏟아져 홍수가 되었고, 그 피해가 심각했음을 알 수 있다. 다만 어느 정도 수준으로 내렸을지는 알 수 없다. 단지 인종 9년(1131) 9월 경우처럼 평지가 1척 정도 물에 잠겼다는 경험치 수준의 기록이 있을 뿐이었다.

가뭄의 경우도 마찬가지이다. 때맞춰 내려야 할 비가 오지 않았다, 가물었다, 기우했다 등의 기록으로 나오고 있다. 그런데 그 정도의 지속을 알 수 있는 표현 등이 있다. 문종 원년(1047) 4월의 기록을 보면 봄부터 비가 내리지 않았다라 했다. 여기서 봄부터라는 것은 음력 1월부터라는 것이다. 그러니까 3개월 이상 비가 오지 않았다는 양상의 표현에 해당한다. 심한 경우에는 이처럼 봄부터 혹은 초여름부터 비가 오지 않는다고 한 것으로 보인다. 가뭄 피해가 있는 지역에 대한 표현도 사실 그리 명확하지 않다.

그러나 어쨌든 고려 전기는 시기적으로 중세온난기에 있던 때였다. 그러한 관계로 그 이전의 시기보다는 다소 안정적인 기후변화 덕에 상대적으로 안정을 유지한 면이 있었다. 더 중요한 것은 고려가 후삼국을 통일함으로써 국가가 재해에 체계적으로 대응할 수 있는 체제가 들어섰다는 점이다. 이러한 고려 왕실과 각종 행정기구가 들어서고 통치체제가 갖춰져 미흡하나마 재해에 대한 기록도 이전 시기보다는 보다 구체적이고 상대적으로 정확한 양상을 보여주었다.

이에 따라 다양한 천문현상과 주요 기상, 기후와 관계되는 재해를 보면 다음과 같았다.

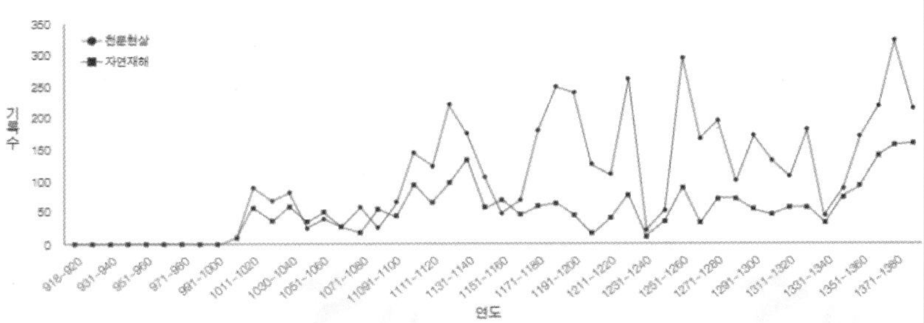

고려시대 천문현상과 자연재해의 비교

자료: 이정호, 「고려시대」, 『서울 災害史』, 서울역사편찬원, 경인문화사, 2013, 143쪽 인용

위의 그림은 고려시대 천문현상과 자연재해 발생 추이를 도표로 표시한 것이다. 918년부터 1000년까지의 상황은 실제 기록이 없는 데서 추이 변화가 없다. 태조부터 목종 대까지의 실록이 거란 성종의 고려 침공과 개경 함락으로 소실되어 다시 정리되는 과정에서 복원되지 못한 결과이다. 따라서 이 시기의 경우 천변과 재해 추이는 사실상 의미가 없다. 하지만 이후 상황을 보면 천변에 속하는 양상과 재해에 속하는 부분이 유의미한 동일 양상을 보여주고 있다. 특히 금 왕조가 일어나는 시기와 1111~1120년의 상승곡선, 금과 송이 쇠락하고 몽골이 일어나는 시기인 1220~1271년의 변화 폭은 매우 크다. 그만큼 불안정했다는 면을 보여준다.

이 가운데 가뭄의 지속과 그 사이에 전쟁이나 홍수, 태풍, 서리 등이 연결되는 경우 심각한 피해가 생겼다. 현종부터 고종 대까지의 사례를 보면 현종 대에는 7년간, 정종 대에는 5년간, 문종 대에는 4년간, 선종 대에는 7년간, 숙종 대에는 4년간, 예종 대에는 4년간 두 번, 명종 대에는 3년간, 고종 대에는 4년간과 3년간 연속되었다. 인종 10년(1132)에는 개경에 기근이 들어 곡물가가 뛰었으며, 거리마다 굶주려 죽은 시체가 많았다고 하였다. 고종 17년(1230) 정월에는 큰 기근으로 굶어 죽은 시체가 길바닥에 즐비했다는 기록이 보인다.

명종 3년(113) 4월 병자일의 기록을 보면 가뭄과 기근, 전염병으로 인한 참상이 잘 기록되어 있어 참조할 수 있다. 당시 "기우를 위해 무당을 모아 비를 빌게 하는 한편 근신(近臣)을 나누어 보내 여러 산천의 신령들에게[群望] 비를 빌게 하였다. 정월부터 비가 내리지 않아 시내와 우물이 다 마르고 벼와 보리가 말랐다. 전염병까지 창궐해 많은 사람들이 굶어 죽었으며 심지어 인육(人肉)을 매매하는 자까지 생겨났고 또 화재가 많이 발생했다."고 하였다.

한편 삼국 및 통일신라 시기에는 거의 기록에 없었던 재해가 있다.

바로 송충이 문제였다. 고려왕조는 송악산을 진산으로 하고 있었으며, 송악산에 소나무를 심어 바윗돌이 드러나지 않게 해야 한다는 풍수설을 믿고 있었다. 따라서 송충이로 인하여 소나무가 손상을 받는 것과 고려왕실에 피해가 있게 된다를 연관시켰다. 또한 이는 병란이 일어날 조짐으로 인식하기도 했다.

2 | 재해 인식의 변화와 대책

천재지변으로 인한 재해는 불시에 일어났다. 사천대의 일관들은 다만 고려에서는 징후를 통해 이에 대한 대비를 하기도 했지만 이는 적중률이 그리 높지 않았다. 다만 문종 대에 활동했던 태사감후 이신황(李神貺)은 좀 달랐던 듯하다. 문종이 직접 제서를 내려 "태사감후 이신황이 풍·운·수·한(風雲水旱)의 징후를 관찰함에 틀림없으니, 고과성적에 구애됨이 없이 8품으로 발탁해 제수하라."라 하고 있기 때문이다. 풍운수한의 징후 관찰이 정확하여 정사에 도움이 된다는 점을 강조한 것이었다. 이에 이신황의 세계(世系)를 알지 못하고 기후 관찰 자체가 그의 임무일 뿐이라는 중서문하성의 반대에도 불구하고 문종은 이신황을 8품으로 임명했다.

이신황의 사례는 사실 특별한 일이었다. 풍운수한의 징후를 살필 수 있고, 그것이 정밀하여 도움이 된다는 것은 달리 본다면 이신황의 능력을 밑의 관원 등에게 가르쳐 후학 양성을 행하고, 이를 통해 농사에 대비할 수 있음을 의미했다. 다만 문종 12년에 있었던 이 기록 이후 이신황의 존재는 사서에서 사라졌다. 수없이 많은 사례도 그러하지만 특히 문종 이후 풍운수한의 문제가 여전히 나타나고 그로 인한 피해가 커 군주가 책기하고 수덕하면서 신하들에게도 대책상서를 올리도록 한 점이 계속해서 나타났다. 따라서 이신황이 체득하고 있었던 학문 혹은 능력 등은 체계화되어 교육으로 전수되지 못했다 하겠다. 그렇기에 이신황의 경우는 어쩌다 한 번 나타나는 특별한 일로 치부될 수밖에 없다.

다만 이신황이 풍운수한이 일어남을 여러 조짐을 관찰해 파악하는 능력이 있었음을 주목할 필요가 있겠다. 그 전수 여부야 알 수 없지만 적어도 풍운수한을 미리 파악하고 대비할 수 있다는 점은 문종 대에 재해 이해 방식에 변화가 있었음을 보여준다. 하지만 이는 더 확대되어 고려의 재해와 그 대책 등에 어떤 변화를 야기하지는 못했다.

다음 사례를 보자.

> 가-1) (현종 16년) 6월 기미(9) 교서를 내려 말하길, "하늘을 본받고 때에 순응[法天順時]한 연후에야 재앙을 막고 화평함을 누릴 수 있다. 지금 내사문하성(內史門下省)과 여러 관사(官司)에서 아뢰거나 시행한 일은 때에 맞는 정령[時政]에 어긋난 것이 많으므로, 음양이 고르고 화합하기를 바라지만 어찌 잘못되지 않을 수 있겠는가." 마땅히 각자 온 마음으로 월령(月令)을 부지런히 준수하여 나의 뜻에 부합하도록 하라."(『고려사』 권5, 현종 16년 6월 기미(9))

이 글은 현종이 법천순시를 위해 때에 맞는 정령으로서 월령을 주목하고 춘하추동의 사시와 12월 월령을 준수하여 행정을 펴라는 내용을 담고 있다. 삼국 및 통일신라 시기와 다르게 고려에서 주목한 것이 월령이었다. 공자가 펴낸 『시경』이나 여불위에 의해 편찬된 『여씨춘추』 등이 계기가 되어 한나라 때에 『예기』 월령 편이 정리되었다. 이후 월령은 제왕이 명당을 중심으로 천하를 일원적으로 지배할 수 있는 법천순시의 상징으로 여겨진 면이 있었다.

이는 달리 보자면 아직 충분하지는 않으나 자연 즉 어찌할 수 없는 천시(天時)의 흐름이 있음을 제시함으로써 그에 대해 때에 맞는 정령으로 해결하고자 하는 내용이었다. 말하자면 자연을 천의나 군주의 선악, 민의 원망 등에 의해 변하는 것이 아니라는 점을 얘기한 것이었다. 어쨌든 군주와 신료, 그리고 백성 등이 장기간에 걸쳐 경험을 통해 혹은 음양오행 등을 통해 파악한 자연에 대한 대응 노력을 정리한 것이 월령이었다.

고려에서 월령의 직접적 언급은 사실 현종 대보다는 유교적 제도와 의례 등을 정비한 성종 대에 확인된다. 성종 7년(988) 2월에 좌보궐 겸 지기거주 이양(李陽)이 "월령을 상고하면, '정월의 우수(雨水)[中氣] 이후에는 희생(犧牲)으로 암컷을 쓰지 말고 나무 베는 것을 금지하며, 어린 들짐승을 잡거나 알을 채취하지 말고 많은 사람을 모으지 말며 길에 드러난 해골을 묻어주라.'고 하였습니다."라 하면서 성종에게 춘령(春令)을 행하고 때에 맞지 않는 정령을 행함을 금지해야 한다고 청했다. 이로써 천상(天常)을 이해토록 해야 한다고 아뢰었다. 성종은 이를 받아들였고, 개경과 서경, 그리고 12목의 관원들에게 이를 반포하여 행하게 하였다.

월령의 이해와 준수는 자연에 대한 객관적 이해를 넓히는 계기가 될 수 있었지만 현실은 그렇지 않았다. 고려는 이미 태조가 언급했듯이 부처와 신령, 음양에 미혹된 면이 많았기 때문에 자연현상을 자연현상 그대로 받아들이지 않았다. 음양과 천견론에 따른 경고와 감응이라 본 것이다.

문종 9년(1055) 10월 제서에 보면, 흥미로운 내용이 확인된다. 문종은 자신의 원찰인 흥왕사를 짓고자 하는 마음이 컸다. 그 명분을 만들기 위해 선왕들이 불교를 존숭하여 복과 경사를 얻었는데 자신이 왕통을 이은 뒤 이를 행하지 않아 재난과 변괴가 누차 나타나게 되었으므로 법력을 빌어 국가를 이롭게 할 필요가 있다는 것이었다. 하지만 이때 문하성에서는 문종의 논리에 대해 반박하였다. 그 내용은 다음과 같았다.

가-2) "예로부터 성스럽고 현명한 제왕들은 절과 탑을 세워 태평성대에 이른 적이 없었습니다. 오로지 법문(法門)을 존숭하고 정교(政敎)를 신중하게 살펴 민의 힘을 손상시키지 않는다면 자연히 종묘와 사직이 장구하게 이어질 것입니다. 옛날에 달마(達摩)는 양(梁)의 무제(武帝)에게 대답하기를, "절과 탑을 짓는 일에는 절대로 공덕이 없습니다."라고 하였습니다. 이는 무위(無爲)의 공덕을 숭상하고 유위(有爲)의 공덕은 숭상하지 않은 것입니다. 나아가 성조께서 절을 창건하셨던 것은 한편으로는 통합에 대한 뜻과 염원에 부응하기 위함이었고 또 한편으로는 산천의 위배되는 힘을 누르기 위함이었을 따름입니다. 지금 새로운 절을 증설하려 하는 것은 급하지 않은 부역으로 민(民)을 고생시키는 일로, 원망이 교차하여 산천의 기맥을 손상시킬 것이고 재해가 반드시 발생하여 신과 인간이 함께 분노하게 될 것이니, 태평성대에 이르는 길이 아닙니다."라고 하였다. 받아들이지 않았다.(『고려사절요』 권4, 문종 9년 10월)

문하성에서 아뢴 바도 사실은 그 유형이 다를 뿐 문종의 인식과 비슷했다. 태조의 사찰 창건은 통합의 염원을 위한 것이었고 산천 비보를 위한 것이라 했다. 이어 문종의 사찰 창건 시도는 결국 백성의 고통과 원망이 쌓여 산천 기맥을 손상시키고 이로 인해 재해가 발생해 신과 인간이 함께 분노할 것이라 진언했다. 신과 인간이 함께 분노한다는 것은 천견이 이를 것이라는 이해와 같았다. 어쨌든 천인감응론적 이해와 연결되는 면이 있는 것이다.

천인감응론적 이해는 이전 시기보다 세련되게 나타났다. 문종 12년(1058) 7월에는 비와 가뭄이 고르지 못하고 재변이 자주 나타난 것에 대해 형벌의 잘못으로 인한 것이기에 천견에 답하고 백성의 바람을 위로하기 위해서는 형벌을 완화하고 스스로를 반성하면서 수덕해야 한다고 했다. 이어서는 중외 관료로서 죄를 범해 강직 혹은 퇴출된 자들의 경우 경중을 참작해 서용하라 했다. 물론 아첨하고 간사하여 죄를 범한 자는 제외토록 하라 했다. 형정의 완화와 정상 참작 등이 천견에 대한 대응책 중의 하나였던 것이다.

선종 3년(1086) 6월의 기록에서도 변괴가 자주 일어나고 한발이 재앙이 되었다 하면서 그 원인으로 자신의 부덕, 신하들이 의로움에 합당하지 않은 것, 어진 인재가 쓰이지 못한 것 등을 꼽으면서 문무 상참의 관료 및 치사한 원로와 산임 3품 이상 관원에게 구언하는 조서를 내렸다. 선종 5년(1088) 4월의 가뭄에 대한 선종의 대책은 천인감응론에 따른 대표적인 대응 노력으로 꼽혔다. 가뭄이 심하자 남교에서 기우제를 올리면서 6가지 일로 자책하였고, 동남동녀 각 8인으로 하여금 춤을 추며 비를 빌게 했다. 정전을 피하고 어선(御膳)을 줄였으며, 음악을 물리치고 뙤약볕에 앉아 정사를 듣고 모자를 쓰거나 부채를 부치는 것을 금지했다. 종묘와 사직, 산천에도 기우를 위해 기도를 올렸다.

숙종 대에는 벌레가 소나무를 갉아 먹는 현상이 있자 태사는 이를 병란이 일어날 징조라 하면서 관정도량(灌頂道場), 문두루도량(文豆婁道場), 보성도량(寶星道場) 등의 도량과 노군(老君)의 부법(符法)을 실행하여 재앙을 물리치도록 기원[禳]해야 한다 했다. 숙종 6년(1101) 4월 왕은 이를 허락했다. 태사의 이 보고는 사실 천인감응론적인 재해현상과 정치의 연관 관계 등을 정리한 책 등을 통해 언급한 것이었다. 그리고 이에 대해 불교 특히 진언 등을 행하는 밀교적 기양의식을 행하고 나아가 도교의 노군 부법을 언급하고 있는 점은 태사가 가진 불교 및 도교 관련 음양비술에 대한 이해 정도를 보여준다.

예종이나 인종 대에도 가뭄이나 황충, 천변 등의 일에 대해 비슷한 이해를 보였다. 예종 원년 7월에는 문무관료가 공도 없이 녹만 받아먹음으로써 가뭄과 황해가 자주 일어난다 했다. 인종 대 임완은 불탑이 타거나 유성이 떨어지고, 말이 놀라는 등의 재앙에도 인종이 묘청을 아껴 천견에 대한 반성과 수덕을 하지 않는다고 지적했다. 묘청의 머리를 베어 하늘의 경계에 답하고 민심을 위로해야 한다고 했다.

전반적으로 본다면 천재지변과 재해에 대한 인식은 군주의 부덕과 신하의 잘못, 인사의 적체나 공정하지 못한 상벌과 형정, 백성의 노역 동원으로 인한 고통과 원망 등이 쌓여 하늘이 그 잘못을 경고하는 것이라는 면을 보여주었다. 따라서 대책의 경우 태조대의 흑창, 광종대 제위보(濟危寶), 성종 대 의창(義倉)과 상평창(常平倉), 정종 대 전후 동서대비원(東西大悲院), 예종 대 혜민국(惠民局)과 구제도감(救濟都監), 고종대의 구급도감(救急都監) 등을 두어 재해에 대비하는 기구 설치를 한 것과 월령에 따른 정령의 시행과 농시를 잃지 않도록 명하는 것 등이 그나마 합리적인 대책에 해당하였다. 이외 고려에서는 음양과 비보, 혹은 제불과 산천의 가호를 바라는 기양의 도량과 기우제 설행 등이 많았다. 혹은 지기쇠왕론에 따른 천도론 등이 강해지기도 했다.

또한 정전을 옮기고 반찬 가짓수를 줄이기[減尙膳], 술과 음악을 금하기, 시장을 옮기고 도살을 금하는 조치, 우산과 부채를 사용하지 못하도록 하는 명령, 유골을 수습해 매장하기 등을 시행했다.

3 | 재해와 왕권

전화위복(轉禍爲福)이란 말은 재앙이 될 만한 화근을 노력 등을 통해 복으로 바꾼다는 말이다. 처음에 이 말이 나올 때는 외교관계나 정치 등에서 활용된 측면이 크지만 천인감응론적 재이관이 나오면서는 천견이라는 화에 대해 군주가 반성과 정치적 노력을 더해 복으로 바꾼다는 의미로 쓰인 사례가 많았다. 천견이라는 말처럼 재해는 왕권의 약화나 정치지배질서의 혼란, 백성들의 생계 곤란 및 유랑걸식, 혹은 기근으로 인한 전염병과 죽음, 전쟁의 발발 등을 야기한다. 따라서 재해가 있을 때 왕권 및 조정의 안정, 농민과 농업 안정을 도모하고 민생과 건강을 지키고자 하는 것은 당연히 시행해야 할 조치였다.

물론 이는 제도화하여 평상시에도 대비해야 했다. 태조는 『훈요십조』에서 "백성들이 때에 따라 일을 하고 요역(徭役)과 부세(賦稅)를 가볍게 하며 농사일의 어려움을 알면, 저절로 백성의 마음을 얻게 되어 나라는 부강하고 백성은 편안해질 것이다.", "상벌(賞罰)이 공정하면 음양(陰陽)도 순조로워질 것이다.", "관료(官僚)의 녹봉(祿俸)은 나라의 규모를 보아 정한 제도이기 때문에 늘리거나 줄여서는 안 된다.", "나라를 가진 자나 집을 가진 자는 근심이 없더라도 경계를 늦추지 말고, 경사(經史)를 널리 읽어 옛일을 거울삼아 지금을 경계해야 한다." 등의 후대 왕들을 위한 경계의 말을 남겼다. 물론 태조는 여기에 더해 제불의 가호나 천령 및 산천신기, 용신 등에 대한 섬김을 언급했다. 고려 전기 사회에서 재해가 있을 때 혹은 풍년을 기원할 때 이들 제불과 신기에 대해 풍년을 바라는 기곡과 재해를 없애달라는 기양의 제사와 도량 등을 올린 것은 태조의 언급에서 비롯된 면도 많았다.

그렇더라도 태조의 이 같은 이해와 조치는 유교적 수덕의 정치를 강조하는 선상에서 신앙과 종교, 음양비보술 등으로 보완하는 측면이 강했다. 재해라는 천견에 대해 적절한 조치를 취하여 실질적인 재해로 인한 피해를 구제하고자 했고, 불교나 산천 신기 등을 활용해 민심을 어루만져 고려왕조의 기반을 닦았다.

특히 성종은 유교 의례와 제도 등을 정비했다. 여기에 월령을 수용하여 중외의 관원들이 지키도록 했다. 다만 유교 의제가 지나치게 강조됨에 따라 오랫동안 내려오던 토속을 상대적으로 멀리하게 되었다. 이는 태조가 강조했던 민심 수습과 관련되었다. 따라서 민심을 아우를 수 있는 노력이 필요하게 되었다. 나름 자신의 부덕을 책망하고 사면과 피정전, 감상선을 행하였으며, 사원과 산천에도 제사를 올렸다. 그리고 노인을 봉양하는 의례를 시행했다. 또한 의창을 설치하고, 서경과 동경에 행차하면서 산천에 대한 제사와 여정에 있던 고을의 민들을 위로했다. 성종의 왕권은 제도 정비와 함께 재해에 따른 백성의 아픔에 공감하면서 자신을 반성하고 덕치를 펴고자 한 데서 여요전쟁과 가뭄 등 재해에도 불구하고 안정적 왕권을 유지할 수 있었다.

한편 현종 즉위년(1009) 12월의 하교를 보면 주목할 내용이 보인다. 가을에 안개가 걷히지 않고, 기후가 불순했는데, 정무를 성실히 행하고 통절하게 자책하면서 정전을 피하고 상선을 줄이고 빌었더니 하늘이 감응해 날씨가 맑고 화창해졌다고 한 것이다. 이어서는 성심을 다하고 두려워함으로써 재앙을 물리치고 재난을 복으로 바꿀 수 있다 하였다. 이 기록만 본다면 재해 극복을 위해 책기와 함께 정사를 성실히 행하는 것이 전화위복의 길이라 한 것을 알 수 있다. 또 이때만 하더라도 불교나 도교, 산천신 등에 대한 언급은 없었다. 그렇다고 관련 기양 행위가 없었다는 것은 아니다.

현종이 말한 성심을 다하고 두려워하면서 정무를 성실히 한다는 것은 어떠한 것이었을까? 이에 대한 대답으로는 정종 2년(1036) 6월 재상들이 올린 말에 드러나 있다.

> 정종 2년(1036) 6월 병인(19) 재상[輔臣]들이 말하기를, "옛날 성스럽고 현명한 제왕(帝王)도 모두 재이(災異)를 피할 수는 없었으나, 오직 덕을 닦아 정사(政事)를 행함으로써 재이를 복으로 변화시켰습니다. 올해 봄부터 가뭄이 점점 심하여 성상(聖上)께서 정전(正殿)을 피하고 반찬 수를 줄이며 밤낮으로 수고롭게 자신을 꾸짖고 스스로 반성하시니, 때마침 비가 내려 기운에 순응하고 밭과 들을 촉촉이 적셔서 풍년이 기대됩니다. 엎드려 청하건대 정전으로 옮기고 일상의 반찬 수를 원래대로 하며 정사 돌보기를

예전처럼 해주십시오."라고 하였다.

이 말은 군주의 성심을 다한 책기와 수성(修省), 그리고 수덕에 따른 정치가 행해지니 심한 가뭄 속에 고대하던 비가 내렸다는 것이다. 이는 달리 말하면 군주가 불교나 도교, 혹은 산천 신기, 풍수도참, 무격 등에 기대어 기양을 하기보다는 책기와 수덕의 정치가 중요함을 지적한 것이었다.

이에 선종 5년(1088) 4월 가뭄이 심하자 친히 백료와 남교에 나아가 기우제를 올리면서 6가지 일로 자책하였다. 이를 통해 아래로는 신하들과 백성에게, 위로는 하늘에 대해 간절히 호소한 바 있었다. 당시 선종이 언급한 6가지 일은

> 정치가 한결같지 못했는가. 민(民)들이 생업을 잃었는가. 궁실(宮室)이 높아졌는가. 궁궐 여인들을 통한 청탁[婦謁]이 성행하였는가. 뇌물[苞苴]이 횡행하였는가. 참소하는 자가 창궐하였는가.[政不一歟 民失職歟 宮室崇歟 婦謁盛歟 苞苴行歟 讒夫昌歟](『고려사절요』 권6, 선종 5년 4월)

라는 것이었다. 선종은 6사자책(六事自責)으로 자신의 정치에 대해 이 같은 반성을 하면서 하늘에 호소를 했지만 5월 말까지도 비가 오지 않은 듯하였다. 그러다가 5월 29일에 이르러서야 밤에 풍우가 갑자기 쏟아져 홍수가 나기도 했다. 어쨌든 선종의 6사자책 자체는 그 절절함에도 불구하고 효험은 없었다. 하지만 그만큼 군주가 직접 신민들 앞에 나아가 재해에 대해 진심으로 걱정하고 있으며, 수신과 덕정을 다하고자 하는 진심을 이를 통해 전할 수 있었을 것이다.

특히 고려왕실을 연 태조는 후대 왕들에게 신성한 성조로 받들어졌다. 이 때문에 시호도 '신성대왕(神聖大王)'이라 하였다. 태조는 때로 천제와 짝하여 제사를 받는 위상으로 올려졌다. 원구제사 때 배위(配位)로 모셔졌기

때문이다. 여기에 더해 고대사회부터의 이성(二聖) 설정 방식을 계승해 태조와 그의 아버지 세조는 신성한 존재가 되었다. 이에 태조와 세조의 능, 태조의 어진과 이를 모신 진전 등은 성스러운 공간이 되었다. 이에 가뭄이나 국난 등이 있을 때 국왕이 직접 왕릉과 진전 등에 나아가 기양을 위한 제사를 올렸고, 그렇지 못할 경우 대신을 보내 치제를 하였다.

인종 12년(1134) 5월 가뭄이 심하였을 때의 사례를 보면 여러 왕릉과 종묘사직(宗廟社稷), 산천에 비를 빈 바 있었다. 왕이 태조 진전(眞殿)을 알현하고 눈물을 흘리며 자신이 부덕해 선왕의 규범을 따르지 못하고 정치도 천지와 음양을 조화하는 데 부족했다고 자인했다. 그리고 이로 인하여 재이(災異)로서 3월에 눈이 오고, 4월에는 서리가 내렸으며, 이에 더해 사람과 물건에 벼락이 친 곳이 40여 곳이나 되었다 하였다. 또한 한 달이 넘도록 비가 내리지 않아 메마른 땅이 천 리나 되니 백성들은 삶을 잇지 못하고 굶어 죽는 자들은 서로를 베개로 베고 누웠다고 실상을 언급했다. 인종은 이 같은 일이 일어나게 된 죄는 실로 자신에게 있다 하였다. 그러고는 성조 즉 태조가 왕실과 나라를 자애롭게 보살펴 신령을 고무해 비를 내려달라 하였다.[『고려사』 권16, 인종 12년 5월 무진(19)]

하지만 인종의 이 같은 책기와 태조에 대한 기도는 군주와 신하가 모두 힘을 합쳐 덕정을 행함으로써 수행될 수 있는 것이었다. 인종 조정에 가장 큰 문제는 인사였다. 묘청 등이 조정을 장악한 면이 컸기 때문이다. 임완은 천재지변의 소재와 관련해 묘청의 제거를 청한 바 있었다.

그런데 그 해당 시무책의 내용 중 주목할 내용이 있다. 하늘이 내리는 재이에 대해 도량이나 재초와 같은 것으로 응할 것이 아니라 덕을 닦아 응해야 한다는 것이었다. 덕은 다른 데 있는 것이 아니라 인군의 마음씀[用心]과 일을 행함[行事]에 있을 따름이라 했다. 그리고는 태조의 유훈(遺訓)을 따르고 문종의 구전(舊典)을 거행함에 있다 하였다. 요체는 절검과 인재 등용, 인사와 상벌의 공정함, 환관 및 내시 수 축소, 쓸데없는 관원 감축 등이라 하였다. 임완은 태조의 유훈을 받들고 문종의 구전을 행함이 곧 덕을 닦는 것이라 본 것이고, 특히 현재 모든 일의 원인은 좌우에서 인종을 속이고 가로막는 간신과 음양의 설로 간교하게 기망하는 묘청 등에 있다 본 것이다. 그를 제거해야 인종의 총명함과 덕이 회복되고, 이후 인종이 절검과 덕정을 행함으로써 하늘이 그에 응하여 천견을 없애고 상서로움을 내려 태평시대를 누리도록 할 것이라 보았다.(『고려사절요』 권10, 인종 12년 5월) 전형적인 천인감응론적 재해관과 대책론이라 볼 수 있는 대목이다.

이때 인종이 행한 일이 명종 24년(1194)의 기록에 보인다. 태사의 청을 받아들여 일곱가지 일로 자신을 반성했다는 것이 그것이었다. 7사수성(七事修省)이었다. ① 억울한 송사를 처리할 것, ② 홀아비 · 과부 · 고아 · 자식 없는 노인을 구제할 것, ③ 요역과 조세를 가볍게 할 것, ④ 어진 사람[賢良]을 등용할 것, ⑤ 탐관오리를 내쫓을 것, ⑥ 홀어미와 홀아비를 돌보는 것, ⑦ 임금 식사의 반찬 가짓수를 줄이는 것을 꼽았던 것이다. 새로울 것이 없는 수성 관련 내용이었지만 이것이 재언급된 것은 그만큼 재이 때 군주가 행해야 할 기본 중의 기본이라는 인식이었던 것이다.

그렇다면 군주가 재이가 있음에도 불구하고 도량과 재초를 멋대로 행하고, 사치와 인사 부정, 상벌의 방종함 등을 행한다면 어떻게 될까? 이는 당연히 왕권에 심대한 장애를 초래한다. 그렇기에 천견(天譴)이라 하고 재화(災禍)가 이어지고 곧 상패(傷敗)하게 된다 하였던 것이다. 예컨대 의종의 정치에 대한 사신(史臣) 김양경(金良鏡)의 찬술 부분을 보자. 김양경은 후당 명종 때 강징의 상소를 들어 우선 두려워할 필요가 없는 것[不足懼者] 5가지를 말했다. 그것은 다음과 같았다.

첫째, 해 · 달 · 별[三辰]이 제 궤도에서 벗어나는 것[三辰失行]
둘째, 천문[天象]에 변화가 나타나는 것[天象變見]
셋째, 소인(小人)들의 잘못된 말[小人訛言]
넷째, 산이 무너지고 냇물이 고갈되는 것[山崩川渴]
다섯째, 수해 · 한재 · 충해[水旱虫蝗]

다음으로 두려워해야 할 것[深可畏者] 6가지를 소개했다.

첫째, 어진 선비가 '쓰이지 못하고' 숨어 지내는 것[賢士藏匿]
둘째, 사민(四民)이 직업을 옮기는 것[四民遷業]
셋째, 염치와 도덕이 없어지는 것[廉恥道喪]
넷째, 윗사람과 아랫사람이 서로 잘못을 감싸주는 것[上下相徇]
다섯째, 비방과 칭찬이 구별되지 못하는 것[毁譽亂眞]
여섯째, 직언이 들리지 않는 것[直言不聞]

김양경은 우선 이같이 언급하고 이어 의종의 실정을 조목조목 말하였다.

무릇 왕이 불법(佛法)을 숭상하고 신기(神祇)를 경건히 받든 나머지 경색(經色) · 위의색(威儀色) · 기은색(祈恩色) · 대초색(大醮色)을 별도로 세웠으며, 재초(齋醮)의 비용을 함부로 징수하여 구차하게 부처와 귀신을 섬겼다. 게다가 간악하고 아첨하는 이복기(李復基) · 임종식(林宗植) · 한뢰(韓賴) 등을 좌우에 두고, 간사한 정함(鄭諴) · 왕광취(王光就) · 백자단(白子端) 등과 같은 자들을 내시[內宦]로 두었으며, 구차스럽게 아첨하는 영의(榮儀) · 김자기(金子幾) 등과 같은 자들을 술사(術士)로 두었다. '왕이' 총애하는 첩 무비(無比)가 궁내에서의 모든 일을 주관하며 왕의 비위를 맞추려 갖은 아첨을 다하였다. 교묘한 말이 그득하고 충직한 말은 끊어져, 변란이 임금[輦轂]의 눈앞에서 일어났지만 마침내 알지 못했다. 이것이 바로 두려워하지 않아도 되는 것을 두려워하고

> 막상 두려워해야 할 것은 두려워하지 않아서 그렇게 된 것이 아니겠는가? 또한 환란이 발생한 초기에 어느 한 사람도 '왕을 위해' 목숨을 바친 자가 없었으니 더욱 탄식할 만한 일이다.(『고려사』 권19, 사신 김양경 찬)

즉, 천견에 해당하는 재이를 알지 못하고 노인성(老人星)이 나타났다라든가, 이를 기념하여 전국에 노인당을 세웠다든가, 스스로 꿈속에서 지은 시라 하면서 신하들에게 "인은(仁恩)으로 윤택하게 나라를 다스리니 삼한(三韓)의 태평이 지극하도다."라 한 것이라든가, 수없이 많은 연회와 외유를 한 것이라든가, 신하들이 의종에 대해 성덕이 있다 하여 '태평호문의 군주'라고 아첨한 것 등이 이를 뜻했다. 결국 의종은 상패에 이르게 된 것이다.

4 | 생각해 봅시다

첫째, 중세사회로 전환되면서 재이에 대한 인식 변화는 왜 없었을까?
둘째, 왜 고려는 음양에 빠지고, 부처와 신기를 섬기는 일이 많았을까?
셋째, 6사자책이나 7사수성, 두려워하지 않아도 되는 것, 두려워해야 할 것 등이 언급됨에도 왜 의종이나 명종과 같은 군주는 이를 제대로 실천하지 않았을까?
넷째, 왜 고려 전기 인종~명종 대에는 내란이 많이 일어났을까?
다섯째, 김양경이 사례로 말한 임금이 두려워하지 않아도 되는 것 다섯 가지를 볼 때 자연재해 혹은 천재지변에 대한 인식 변화가 나타난 것으로 보아야 할까?
여섯째, 왜 고려에서는 이탈리아에서 일어난 르네상스와 같은 문화혁신 운동의 조짐이 없었을까?

2장

고려 후기 재해와 유언비어

1 | 재이 양상과 피해

김양경이 인용 언급한 두려워하지 않아도 되는 것 다섯 가지는 천재지변 즉 재변과 재해에 해당하는 것이었다. 첫째, 해 · 달 · 별[三辰]이 제 궤도에서 벗어나는 것[三辰失行], 둘째, 천문[天象]에 변화가 나타나는 것[天象變見], 셋째, 소인(小人)들의 잘못된 말[小人訛言], 넷째, 산이 무너지고 냇물이 고갈되는 것[山崩川渴], 다섯째, 수해 · 한재 · 충해[水旱虫蝗] 등이었다. 물론 이것이 실제 일어나고 있는데 두려워하지 않고 평상시대로 행동하라는 말은 아니었다.

여기에는 몇 가지 이해해야 할 전제조건이 있었다. 김양경이 보더라도 지금까지의 역사에서 이러한 천재지변이 없었던 때는 없었다. 그렇다면 이는 천견이기는 하더라도 일종의 '비정기적 상수(常數)'라 할 수 있었다. 언제든 일어날 수 있는 사태이기 때문이었다. 따라서 하늘에서 일어나는 일에 대한 기록, 땅과 사람에게서 일어난 일들에 대한 정리 등을 통해 그 양상을 파악하고 그에 따라 적절한 대책을 마련해 실시하면 된다고 보았을 것이다. 그러나 문제는 그 잘하고 못함이 결과적으로는 백성의 생계와 직결되고, 인사문제로 나타나며, 억울한 옥살이와 뇌물, 아첨, 사치와 방종 등으로 흐를 경우에는 그 모든 책임이 군주에게로 몰린다는 점이었다. 이때는 군주가 죄기를 하고 온갖 도량과 초제, 기우제 등을 올리더라도 소용없고, 덕치는 아예 펼칠 수도 없게 된다.

고려 후기의 재이 양상은 이를 반영한 면이 많았다. 더구나 천재지변이라는 면과 함께 내란과 외란, 특히 대규모 전쟁에 시달렸다. 무신정권하에서의 내란, 몽골과의 30년 전쟁, 부마제후국으로의 전환과 몽골에 대한 친조입공, 일본정벌 참여와 희생, 왜구와 홍건적의 침입, 제주도 정벌, 공민왕대 쿠데타, 요동정벌과 위화도회군 등이 그러했다. 고려 전기 사회와 다르게 사회경제 면에서의 지배구조도 달라졌다. 원나라와 연계된 친인척, 혹은 측근들이 새롭게 지배층으로 등장하면서 이들에 의한 수탈로 사전(私田)이 늘어나 대농장이 형성되었다. 혹은 국왕의 대도 연경 친조입경으로 인해 많은 비용을 민이 부담해야 했다. 세계 제국이라 할 원과의 직접적 인적 교류가 활발해지면서 장점도 있었지만 새로운 전염병의 창궐도 유의해야 했다.

따라서 김양경이 언급한 두려워하지 않아도 되는 다섯 가지 이상의 것이 지속적으로 충격을 주고 국왕과 지배세력, 원과 친원세력, 왜구 등에 의한 사회경제적 침탈과 약탈이 일어났을 때 가히 두려워해야 할 6가지는 왕권의 일탈이 잦아지자 결국 모반, 쿠데타, 군주의 시해와 폐위 등으로 이어지게 되었다.

이에 우선 두려워하지 않아도 되나 백성들에게 있어서는 실로 두려움의 대상이 된 재해의 양상을 먼저 보면 다음과 같다.

고려시대 천재지변의 양상

	왕대		A	B	C	D	E	합계	F	G
16	예종	17	23	88	42/6	2	71/1	226/7	13.29	8.18
17	인종	24	45	156	69/10	4	141/1	415/11	17.29	10.42
18	의종	24	26/1	42	48/6	3	42	161/7	6.71	4.13
19	명종	27	45	175	159/8	1	155	535/8	19.81	8.67
20	신종	7	13/1	116	58/4		31	218/5	31.14	4.86
21	희종	7	5	7	3		2	17	2.43	1.14
22	강종	2		1				1	0.50	4.00
23	고종	46	31	346	246/7	3	54	680/7	14.78	6.85
24	원종	15	22	129	74	1	40	266	17.73	6.53
25	충렬왕	34	27	254/1	144/3		43/2	468/6	13.76	7.03
26	충선왕	5		47	31		4	82	16.40	4.00
27	충숙왕	25	14	139/2	107/5	2	14/1	276/8	11.04	5.36
28	충혜왕	6	4	12	3		2	21	3.50	4.67
29	충목왕	4	3	28	20	1	3	55	13.75	12.00
30	충정왕	3	2	26	10		3	41	13.67	9.67
31	공민왕	23	57/3	193/1	134/14	1	20/2	405/20	17.61	15.60
32	우왕	14	66/1	118	110/12		13/1	307/14	21.93	14.86
33	창왕	2								7.00
34	공양왕	4	3	16	25	2	2/1	48/1	12.00	20.00
			450/6	2053/5	1405/56	24	762/9	4694/76	10.29	6.14

A: 日變 B: 月變 C: 五星變 D: 기타 성변 E: 유성 및 혜성의 변 F: 천문지 재변현상의 왕대별 연간발생률 G: 오행지 재이현상의 왕대별 연간발생률

※ 표의 숫자 가운데 '/' 다음의 수치는 천문지에서 이틀 이상 연속된 현상의 기록을 나타낸다.

(한정수, 「고려후기 天災地變과 王權」, 『歷史敎育』 99, 2006, 140-141쪽)

『고려사』라는 역사서는 정사로서 기전체 사서이다. 따라서 국왕을 중심으로 한 정치 내용이 세가(世家)로 정리되고, 이어 각종 제도 등의 경우는 지(志)로 기록되었다. 신하와 관련한 것은 열전으로 서술하였다. 그 가운데 지는 천문 · 역 · 오행 · 지리 · 예 · 악 · 여복 · 선거 · 백관 · 식화 · 병 · 형법 등으로 구성되어 있다. 천재지변 관련 기사들은 이 중 주로 천문지와 오행지에 실려 있으며, 식화지에도 농상과 관련해 일부 실려 있다. 앞의 〈표〉는 이를 중심으로 수치화한 것이다.

여기서는 표시를 하지 않았지만 태조 대부터 공양왕까지의 천문지 재변 현상의 왕대별 연간발생률(F)은 10.29이다. 여기에 오행지 재이현상 왕대별 연간발생률을 보면 6.14가 된다. 물론 연간발생률 자체가 정확한 측정 결과에 의한 수치라 볼 수 없다. 문자 기록으로 남아 있는 내용을 토대로 삼은 것이기 때문이다. 다만 평균치를 넘는 F와 G의 값이 상관성을 띤 경우가 대부분이다. 말하자면 천재와 기상 및 지변(地變)이 같은 궤에 있다 보여지는 것이다.

좀 더 구체적으로 오행지 기록을 볼 필요가 있다. 오행지는 수 · 목 · 금 · 토 · 화로 되어 있는데, 이 중 기후 불안정 등을 보여주는 내용은 풍우, 대설과 우박, 조기서리, 대우와 폭우, 기청제, 한황과 도우, 기근과 역질, 안개, 어두침침 등이다. 여기서 지진이나 지함 등은 기후와 직접 관련된 것이 아니기에 제외했다. 이를 〈표〉로 정리한 것이 다음의 내용이다. 이를 분석한 연구에 따르면 천문지 및 오행지 가운데 수 · 화 · 목 · 금 · 토에 기록된 재이의 발생 빈도수는 공통적으로 인종 대 이후의 12세기 중엽부터 13세기 초, 그리고 고종 및 충렬왕 대인 13세기 후반 및 14세기 초, 공민왕 대를 전후로 한 14세기 중엽 이후 무렵에 집중되었다. 그 현상은 가뭄과 냉해, 폭우, 기근 등으로 나타났다.(한정수, 「고려후기 天災地變과 王權」, 『歷史教育』 99, 2006, 143쪽) 이는 중세온난기가 점차 소강되면서 이제

고려시대 오행지에 나타난 기상 관련 이변 기록

			A	B	C	D	E	F	G	H	I	합계
16	예종	1106~1122	1	7	22	12	7	28		7	3	87
17	인종	1123~1146	4	7	28	18	16	25	4	29	20	151
18	의종	1146~1170	4	3	10	13	7	14		5	10	66
19	명종	1170~1197	5	3	20	16	4	18		12	24	102
20	신종	1197~1204	1	1	1	5		3			3	14
21	희종	1204~1211		1	4						1	6
22	강종	1212~1213			1			1				2
23	고종	1213~1259	1	6	38	28	11	27	4	13	19	147
24	원종	1259~1274		1	10	12	3	7		3	4	40
25	충렬왕	1274~1308	5	5	36	31	5	24	3	8	7	124
26	충선왕	1298, 1308~1313	1	2	5		1	4		1		14
27	충숙왕	1314~1330, 1332~1339		3	17	15	12	20		7	8	81
28	충혜왕	1330~1332, 1339~1344			1	3		3		1	2	10
29	충목왕	1344~1348	1		5	4	1	6	1	1	6	25
30	충정왕	1349~1351	1		1	4	2			5		13
31	공민왕	1351~1374	4	9	33	16	12		12	25	36	147
32	우왕	1375~1388		5	17	18	14	21	5	4	24	108
33	창왕	1388~1389	6						2			6
34	공양왕	1389~1392		4	5	10	11	2		2	13	47

A : 水風·大雨·暴雨　B : 寒風暴起·大雪·早氷·雨雹·雪　C : 雷雨·震人
D : 早期霜·雨雹　E : 大雨·暴雨·祈請　F : 旱蝗·旱·禱雨
G : 饑　H : 疫·大風　I : 霧· 晝晦·天地昏黑

자료: 한정수, 「고려후기 天災地變과 王權」, 『歷史敎育』 99, 2006, 142쪽

13세기 후반 14세기부터 소빙기가 본격화되는 지점과 통하고 있다.

유럽의 경우도 14세기 기상악화가 일어났고, 겨울이 길어짐과 함께 추위가 심해지기 시작했다. 문제는 여기에 더해 공교롭게도 몽골제국이 유럽과 아시아 끝을 연결하는 대위업을 달성했다는 것이다. 사실 대위업 자체는 문제가 아니다. 다만 그 과정과 그 결과 소위 유라시아가 하나로

된 면이 있었고, 이는 세계사 차원에서 볼 때 대규모 인적 교류가 일어났음을 뜻했다. 동시에 풍토병에 머물렀던 것이 전염성 강한 그야말로 죽음의 병을 일으키기 시작했다. 흑사병 즉 페스트였다.

『고려사』의 기록에는 물론 흑사병이라는 말은 없다. 다만 다음 기록들은 주목할 필요가 있다. 고종 43년(1256) 12월 "눈이 오지 않았다. 기근과 역병[飢疫]이 잇따르고 넘어져 죽은 시체[僵尸]가 길을 덮었다."라 했다. 원종 3년(1262) 12월 경성에 크게 역병이 일어났다.[京城大疫] 충렬왕 7년(1281) 6월 일본 정벌에 나선 여몽 연합군 내에 전염병으로 무려 3,000여 명이 죽었다. 충렬왕 8년(1282)에는 경성의 눈먼 아이가 있었는데 그 부모는 역병으로 죽어 흰 개와 살았다 한다. 흰 개는 의견으로 불렸는데, 아이가 개 꼬리를 잡고 나오면 사람들이 밥을 주었고, 목마르다 하면 우물까지 안내해 물을 마시게 했다고 한다. 의견(義犬)에 대한 이야기이지만 실제 내용은 역병으로 인해 서울에 대규모 죽음이 있었던 것을 짐작할 수 있다. 충목왕 4년(1348) 2월에는 서해도와 양광도민들이 굶주렸고, 진제도감을 두어 굶주린 이들을 구제했는데, 여기에 이어 4월에는 경성에 큰 기근과 전염병이 돌아 길에 굶어 죽은 시체가 서로 바라보고 있다 했다.

1348년의 고려와 직접 비교는 어려우나 유럽에서는 1346년 몽골군이 크림반도 가파를 포위 공격하면서 페스트가 본격화하기 시작했다. 페스트는 이제 벼룩만이 아니라 감염자의 기침과 호흡을 통해서도 전염되었다. 전근대 사회의 경우 페스트의 사망률은 100%에 가까웠다. 1346~1350년까지 이러한 페스트로 인해 유럽 인구의 3분의 1이 희생된 것으로 추산한다.

2 | 재해 대책과 노력

고려 전기에 재해 혹은 재이의 소멸 혹은 그에 따른 피해를 최소화하기 위한 대책은 어느 정도 그 체계가 이뤄졌었다. 앞서 언급되었듯이 군주는 천인감응론에 따라 죄기 · 책기와 함께 자책을 하였고, 이를 위해 상선을 줄이고, 정전을 피하였으며, 여악을 금지하고 술과 부채 · 우산 · 모자 등을 금하기도 했다. 햇볕에 나가 앉아 정사를 듣고 조회를 그쳤다. 이후 인정 · 덕정을 위한 조치를 취하였다. 월령의 준수, 원옥(冤獄)의 해결, 형정의 완화, 양로의 은혜를 베풀기, 시신을 묻어주기, 시장을 옮기고 도살을 금하기, 화경(火耕)의 금지, 어진 이의 등용과 간신의 처벌 등도 있었다. 또한 불교 법석 및 도교 초제, 무격에 의지한 기양 노력, 구언을 통한 문제 해결 시도 등이 지속되었다.

고려 후기의 경우도 재해 인식과 대책 등은 고려 전기와 같은 맥락이었다. 특히 충렬왕부터 충정왕 대까지의 경우를 보면 다음과 같다.

충렬왕 2년(1276) 12월 성문(星文)에 나타난 여러 차례의 변고로 충렬왕은 수덕하면서 재이를 누그러뜨리고자 하면서 재추에게 시정득실을 숨김없이 말하라 했다. 이때 재추들은 12가지 일을 들어 상서하여 충렬왕의 정치를 돕고자 했으나 이를 받아든 충렬왕이 정작 그 내용은 밝히지 않아 알 수 없다. 같은 왕 5년(1279) 11월에도 화성이 달을 가리는 천변이 있자 당시 문창유(文昌裕, ?~1285)와 오윤부(伍允孚, ?~1304)가 울며 그 심각성을 말하였다. 즉, 이는 예사롭지 않은 변고로서 반승(飯僧)과 사불(事佛)의 법석 도량 등으로 능히 물리칠 수 있는 것이 아니라 지적했다. 이에 충렬왕은 재추와 대성(臺省)에게 시정득실을 논하게 하였으며, 공역에 동원된 역부들을 모두 돌려보내도록 했다.

가뭄을 중심으로 어떻게 대책을 세워 극복하고자 했는가를 보자. 고려

후기의 군주들은 가뭄 대책과 관련해 부채와 갓을 쓰는 것을 금지했고, 시장을 옮기거나 철시(輟市)했다. 금주령을 내렸다. 죄수들을 사면했다. 기우 관련 행위로는 맹승(盲僧)을 모아 기우를 하고, 백좌법석을 열었으며 소재도량을 열었다. 원구에서 비가 오기를 빌었고 초제를 열어 비가 오길 바랐다.

이 같은 노력을 보면 유의할 점이 보인다. 원 간섭기라는 특수성 때문인지 고려 전기 때의 수준과 같은 재해 인식이나 대책 마련 및 그 시행 등이 보이지 않는다. 예컨대 충렬왕~충정왕 대까지 사례를 보면 군주가 재해의 책임이 자신에게 있다 하면서 '죄기' 혹은 '책기'를 행한 사례가 없다. 군주의 위상이 해동천하의 제왕이라는 위상에서 원의 부마제후국으로 낮아진 탓에 천인감응을 행할 수 없다는 이해가 있어서라고 볼 수도 있지만 분명치 않다. 원구단에서 비를 비는 면이 확인되고 있기 때문이다. 유일한 사례가 그나마 충렬왕 8년(1282) 5월에 있었던 가뭄 등에 대한 국왕 교서이다. 이때 충렬왕은 자신의 부덕(否德) 탓을 말하면서 다양한 조치를 취하였다. 즉,

> 내가 덕이 부족한 탓에 나라 일에 어려움이 많고 하늘의 견책이 잇달아 해마다 가뭄이 들고 있으니, 마땅히 경계하고 근신하며 덕을 닦아 재변을 없애야 할 것이다. 우선 참형과 교수형 등 이죄(二罪) 이하의 죄수를 사면한다. 송악(松嶽) 및 국내의 명산(名山)과 대천(大川)에 덕호(德號)를 덧붙이며 우리 태조 이하 역대 선왕들께는 존호(尊號)를 덧붙여 올릴 것이다. 도선국사(道詵國師) · 문창후(文昌侯) · 홍유후(弘儒侯)에게는 모두 작위를 올려 책봉할 것이다. 문무 관료의 정(正) · 잡로(雜路) 등 관직에 있는 모든 사람들에게는 관등에 따라 동정직(同正職)을 더해줄 것이다.

라고 하였다. 다만 이 사례도 여섯 가지 일로 자책한다든가의 내용은 아니었

으며, 관련 대책도 단지 사면에 불과했고, 나머지는 산천 신기의 덕호를 가상하고 선왕에 대해 존호를 더하는 것, 도선과 설총, 최치원의 작위를 올려 책봉한 것, 공신 책봉을 행한 것 등이었다.

이처럼 충렬왕 이후 충정왕 대까지 어떤 군주도 죄기를 하면서 6사 혹은 7사 자책을 한 바가 없고, 시정득실을 논하게 한 것도 충렬왕 대 2차례밖에 없다. 더불어 상선(常膳)을 줄이거나 양로 및 월령 준수 등과 관련한 조치도 많지 않다. 그렇다고 해서 재해를 입은 백성들에 대해서 새로운 대책을 시도하지도 않았다. 조세를 경감하거나 땔감과 숯 등의 공부(貢賦)를 감면하거나 진휼해 주는 정도에 불과했다. 그나마 제도적 조치로서 주목할 것은 충목왕 4년(1348) 2월 진제도감(賑濟都監)을 설치한 것이었다. 왕이 반찬을 줄여 비용을 충당하고, 유비창(有備倉)의 쌀 500석을 내어 기민들에게 죽을 나눠주는 역할을 맡게 했다. 다만 이조차도 임시방편의 도감 운영에 해당했다.

3 | 재해와 왕권

오히려 이 시기 군주들은 원 제국의 사치 풍조나 사냥 및 오락 문화 등에 경도된 탓인지 이를 즐기는 데 몰두한 측면도 보인다. 예컨대 충렬왕 12년(1286) 4월에 8일간이나 우박이 내리고 얼음이 어는 현상이 일어났으며, 이어 서리가 내리기도 했다. 이는 심각한 냉해였다. 곧 농사에 상당한 피해가 예상되었다. 그런데 충렬왕은 오히려 서해도로 사냥을 나갔고, 재상들은 5월 이에 대해 다음과 같이 말했다.

> 짐승의 새끼를 잡지 말고 새의 알을 채취하지 말라는 것은 성인의 가르침

입니다. 또 오랜 가뭄으로 기근이 거듭되고 있으니 놀러다니실 때가 아닙니다. 또 지금은 농사가 바쁠 때로 백성들이 모두 농토에 나가 있는데 어가가 지나가면 농사일에 방해가 될까 우려되니 부디 가을까지 기다렸다가 사냥을 나가십시오.(『고려사』 권30, 충렬왕 12년 5월 정축(11))

이 같은 재상의 상언에도 불구하고 충렬왕은 이를 따르지 않았다. 이러한 충렬왕에 대해 사관은 교만한 마음이 생겨 사냥에 탐닉하고 응방을 널리 설치해 고을을 제멋대로 침탈토록 하였으며, 연회와 오락에 빠지고 승려를 가까이하는 등 어리석음을 범했다고 지적했다.

사실 13세기 말에서 14세기 전반까지의 시기는 앞서 언급한 소빙기로 넘어가는 때였다. 따라서 기후가 매우 불안정했다. 예컨대 충렬왕 2년(1276)부터 충정왕 2년(1350)까지 3~5월 29회의 우박 서리, 추위 등의 기록이 이를 말해 준다. 특히 충렬왕 대에 14회 이상 집중된 면을 보여주는데 그만큼 소빙기로의 전환이 이뤄지는 때에 불안정한 상황이 연속되었음을 알 수 있다. 상대적으로 따뜻했던 시절은 가고 춥고 침침한 시기로 접어든 것이었다. 충렬왕 2년 3월의 경우를 보면 눈이 내리고 큰 바람이 있었으며, 얼음이 얼었다. 충렬왕 27년(1301) 5월 경상도 안동지방에는 큰 우박이 떨어져 이에 맞은 고라니와 사슴, 새가 모두 죽었는데, 그 우박 하나의 크기가 여러 사람이 들 수 없을 정도였다 했다. 또 강한 바람으로 큰 나무 한 그루가 뽑혀서 2리 정도 날아가기도 했다. 충숙왕 11년(1324) 4월에도 우박과 눈이 내렸으며, 이로 인하여 얼어 죽은 이도 있었다.

어려운 상황이 지속되자 혹세무민하는 이들이 나오기도 했다. 충선왕 복위 5년(1313) 2월 승려 효가(曉可)라는 자가 견성(見性)했다 하면서 기괴한 방술로 사람들을 현혹시켰다. 예컨대 꿀물과 쌀가루를 사람들에게 보이면서 이것이 자신의 몸에서 나온 '감로수와 사리'라 했고, 피신할 수 있는

굴 위에 장작을 쌓고 올라가서는 따르는 사람들에게 다비(茶毗)를 행할 것인데 이후 7일 뒤 부처의 몸으로 화할 것이라 했다. 그리고 그 속에서 감과 밤을 먹고 버티면서 7일 뒤 재를 헤치고 나오는 행각을 보여 결국 잡히기도 했다.(『고려사』 권34, 충선왕 5년 2월 갑술)

충혜왕 복위 4년(1343) 3월에는 지진이 2일간 계속되고, 4월에는 오얏이나 매실만한 우박이 쏟아졌다. 충혜왕의 사치와 음란 등의 언행에다가 궁궐 공역이 있을 때 이러한 불안한 기상환경과 더불어 사람들 사이에는 소위 헛소문[訛言]이 퍼지기도 했다. 개경민들 사이에, 충혜왕이 민가의 어린아이 수십 명을 잡아다가 새 궁궐의 주춧돌 밑에 묻으려 한다는 소문이 있었다. 이에 집집마다 놀란 나머지 아이를 안고 도망쳐 숨는 사람까지 생겼는데 악소배들이 그 틈을 타 제멋대로 재물을 도둑질했다 하였다.

이처럼 불안한 시기에 고려에서는 재해가 끊이지 않았지만 고려왕실은 원 황실에 의존한 면이 많았다. 국왕의 자리 자체가 원 황제에 의해 바뀌는 일이 발생하곤 했기 때문이다. 또한 고려 국왕들은 상당 기간 원의 연경에 체류하면서 황실과 교류했으며, 즉위 전 숙위활동으로 원에서 생활하기도 했다. 물론 부마제후이기에 원 황실 출신 여성들을 후비로 맞이해야 했다. 대제국 원이 가진 사치스럽고 화려하며 기존 유교적 가치관을 허무는 풍속이 고려 국왕에게 적극 수용되기도 했다. 따라서 이 시기 재해 속 고려의 왕권은 고식적인 대책을 반복했을 뿐 죄기와 책기를 행하면서 백성을 위해 덕정을 베푸는 온전한 책기수덕을 행하지 못하는 한계를 보였다. 신료들도 국왕 혹은 원 황실 측과의 인연을 맺고 권력 행사를 해나간 측면이 많았다.

이에 각 충렬왕~충정왕까지 각 왕에 대한 사신의 평가 기록의 핵심을 보면 다음과 같다. 충렬왕의 경우 "공주와 세자가 간언해도 귀를 기울이지 않았고, 재신들과 대성에서 논박해도 따르지 않았다. 급기야 만년에는 참소에 귀를 기울여 적자(嫡子)를 폐하고 조카를 후계로 세우려까지 했다." 라 하였고, 충선왕에 대해서는 "왕은 황제의 명으로 복위한 뒤 부녀와 내시의 꾐에 빠져 5년이나 연경에 그대로 있었으며, 이에 국인이 필요 물자를 대느라 고통을 겪었다. (중략) 아들 왕도에게 왕위를 물려주고 또 조카 왕호(王暠)를 세자로 삼았다. 이 때문에 부자와 형제 사이에 온갖 시기와 질투가 있었고 결국 그 화가 여러 대에 이르기까지 그치지 않았다."라 했다. 충숙왕에 대해서는 "충렬(忠烈) · 충선(忠宣) · 충숙(忠肅) · 충혜(忠惠)의 4대는 부자지간에 서로 다투면서 심지어 원나라의 조정에 함께 송사까지 함으로써 천하 후세의 비웃음을 샀다. (중략) 이에 그 아들이나 손자들이 다 제명대로 살지 못했으니 한탄할 일이다."라 하였고, 충혜왕에 대해서는 "영리한 재능을 좋지 않은 곳에 썼으며, 악소배들을 가까이하고 황음무도했다."라고 평했다. 충목왕과 충정왕에 대해서는 "둘 다 어린 나이로 왕위에 오르는 바람에 덕녕공주와 희비(禧妃)가 모친임을 내세워 안에서 권력을 휘둘렀으며 간신과 외척들이 밖에서 권세를 잡았으니 두 임금이 아무리 빼어난 천품을 가졌다 한들 무엇을 할 수 있었겠는가?"라고 하였다.

4 | 생각해 봅시다.

첫째, 13세기 후반부터 고려의 기후는 왜 불안해졌을까?
둘째, 왜 재해와 관련한 전화위복을 꾀하는 노력이 많이 보이지 않을까?
셋째, 원 간섭기 부마제후국이 되면서 고려 군주는 재해 대책에 왜 소홀했을까?
넷째, 원 황실의 문화는 고려의 재해 관련 리더십에 어떤 영향을 미쳤을까?

3장

고려 말 재난 재해와 역성혁명

1 | 원-명 교체와 고려-조선 교체기 재난 재해

올해는 가뭄이 너무도 극심하니 / 今天旱旣甚
우리 농민들 어떻게 살아갈꼬 / 我農何以生
일천 마을마다 수심어린 기색이요 / 千村有愁色
일백 고을마다 이어지는 탄식이라 / 百邑連嘆聲

이 글은 목은 이색(李穡, 1328~1396)의 〈오늘도 비는 오지 않고〉라는 시의 일부이다. 가뭄으로 인한 피해와 우려를 담고 있기도 하다. 이러한 재해 현상은 고려 말에도 많았었다.

소빙기로 접어들면서 기상재해는 더욱 많아지고 불규칙해졌다. 1351년부터 1392년까지의 자연재해 발생 건수를 보면 40년간 557회가 확인된다. 고려시대 전체 2,511건의 22% 이상을 차지하고 있다. 관련 재해는 한재 · 수재 · 우박 및 서리 · 설재 · 풍재 · 충재 · 뇌진 · 우레 · 지진 및 붕괴 · 안개 · 흑비 · 황무 · 기근 · 질병 · 전염병 등이었다.(이정호, 『고려시대의 농업생산과 권농정책』, 경인문화사, 2009, 6-7쪽) 1351년 즉 공민왕 원년부터 1392년까지 고려는 기후대변동의 시기에 놓여 있었던 것을 이들 수치로 확인할 수 있다.

그런데 이러한 변동 양상은 고려에만 있는 것은 아니었다. 원이나 일본 등지도 마찬가지였다. 특히 중국사를 본다면 이 시기 큰 변화가 일어났다. 또한 왕조교체가 있었다. 몽골 중심의 원제국에서 한족 중심의 명으로 바뀌었다. 고려 역시도 왕조교체가 있게 되었다. 고려에서 조선으로의 전환이었다. 일본의 경우도 가마쿠라 막부에서 무로마치 막부로 전환되었다. 기상재해가 직접적인 연관성을 갖는 것은 아니지만, 이러한 재해가 연속되고 대규모화하는 순간에 원이나 고려, 일본의 왕권 혹은 지배층은 제대로 민심을 수습하는 데 실패했고, 재해대책과 이를 진행하는 데도 한계를 보였기 때문이었다.

예컨대 중요한 전환점이 된 순간 재해와 사회의 관계 등을 보자. 1351년은 중국사에서 큰 의미가 있던 때였다. 원 순제 혜종은 황하의 대범람을 겪으면서 황하의 수로를 열고 물이 범람하지 않도록 하는 대공사를 진행했다. 대규모 치수(治水) 사업은 마땅히 행해야 할 공역이었고, 여기에 17만 명에 이르는 민과 병졸 등이 동원되었다.

그런데 이 시기 전후는 원과 고려에 홍수가 잦았던 시기이기도 했다. 이미 원에서는 원 혜종 지원 원년(1335)에 강서지방에 큰 홍수로 백성들이 기근에 시달려 7만 7천 석의 곡식을 내어 진제한 바 있었으며, 전조(田租)의 반을 면제토록 했었다. 또한 지정 8년(1348) 5월에도 폭우가 내려 원의 경성이 무너졌고 광서지방의 경우 평지의 수심이 2장 여나 되었다. 이처럼 수재가 계속되자 황하의 수로를 재정비하는 한편 그 범람을 막고자 했던 것이다. 그러나 1351년 5월 황하 수로 공사를 계기로 하남 영주 유복통(劉福通)이 난을 일으키며 '홍건(紅巾)'이라 일컬었고, 백련회 회주 한산동(韓山

童)을 받들어 '천하대란(天下大亂) 미륵불하생(彌勒佛下生)'을 노래했다. 신도들은 한산동을 '명왕(明王)'이라 했다. 소위 홍건적의 난으로 상징되는 사태의 시작이었다. 이로 인해 원에서는 공민왕 3년(1354) 6월 고려군의 원병을 요청하기도 했으며, 원에서 홍건적의 난이 진압된 후 홍건적은 1360년과 62년 대규모로 고려에 침입하여 큰 피해를 끼쳤다.

특히 왜구의 경우 공민왕 대부터 우왕 대에 이르기까지 집중되었다. 공민왕 대에는 74회 침구가 확인되며, 우왕 대가 가장 극성했다. 378회의 침입이 있었던 것으로 통계가 되며, 창왕 대 5회, 공양왕 대 4회가 있었다. 그 피해지역으로는 경상도와 충청도, 전라도, 경기 등 순으로 많았으며, 거의 전역에 걸쳐 이뤄져 극심한 피해를 끼쳤다.(이현종, 「고려-고려후기의 사회와 문화」, 『한국사』, 국사편찬위원회, 1981, 213쪽)

고려에서도 대규모 홍수 피해가 있었다. 충정왕 2년(1350) 8월 회양에 큰 비로 관청과 민가 및 금강산 여러 사찰들이 물에 떠내려 가거나 잠겼다. 공민왕 원년(1352) 5월에도 경성 즉 개경에 홍수가 나 민가와 다리 등이 떠내려가고 익사자가 매우 많았다. 공민왕 7년(1358) 5월에는 경상도, 공민왕 9년(1360) 6월에는 개경 성중, 공민왕 11년(1362) 10월에는 청주 성내, 우왕 14년(1388) 6월에는 경성에, 공양왕 2년 5월에는 청주에, 공양왕 3년(1391) 7월에도 큰비로 홍수가 있었다.

한편 공민왕 3년(1354) 5월에는 계속해서 기우제를 올릴 정도로 가뭄이 있었으며, 이미 6월에 기근이 들어 곡가가 치솟기도 했다. 공민왕 2년 4월과 4년(1355) 4월 우박이 쏟아졌고, 이어서는 지진도 일어났다. 불안한 상황이었다. 여기에 공민왕 7년(1358)과 8년(1359)에는 양광도 · 전라도 · 경상도에 크게 가뭄이 들어 아사하는 이들이 많았다. 지진도 공민왕 23년간 24차례가 있었다.

우왕 재위 13년간(1374~1388) 가뭄(旱蝗 · 旱 · 禱雨) 관련 기사는 21회,

우박이 내린 것은 14회, 서리가 내린 것은 5회 등이 확인된다. 지진의 경우도 11차례가 있었으며, 특히 1385년에는 7월 두 차례, 10월에 1차례가 있었다. 이 중 7월에는 3일간 계속되었다.

공민왕 10년(1361) 3월 용주(龍州) 지역에 기근이 들어 사람들이 서로를 잡아먹는 지경에까지 이르러 창고를 열어 진휼했다. 이해의 경우에는 서북면에도 크게 기근이 들어 도적이 봉기하였다는 내용이 확인된다. 우왕 7년(1381) 3월 전라도 안렴사가 전라도 백성들이 많이 굶주려 죽었다고 보고하자 최영이 3년간 조세를 감면해 줄 것을 청하여 허락을 받은 바 있었다. 5월에는 경상도 고령군에 기근이 들어 버려진 아이가 길에 가득하고 아사자가 셀 수 없이 많았다. 우왕 8년(1382) 2월 곡식이 비처럼 내렸는데 검은 기장 · 팥 · 메밀과 같았다. 우왕이 일관에게 물으니 "기근이 겹쳐 들어 사람들이 장차 서로를 잡아먹을 징조입니다."라고 하였다. 실제로 이 같은 지경에 이르지는 않았으나 그만큼 불안했던 사회경제 상황을 읽을 수 있다. 언제인지 명확한 시기 표현은 없지만 우왕 대 칠원부원군 윤환(尹桓)이 휴가차 본향인 칠원으로 돌아갔을 때 큰 흉년으로 사람들이 서로 잡아먹는 일이 있어 가산을 풀어 구제하고 빈민에게 돈을 빌려준 문서를 모두 불살라 백성을 위했다고 하였다.

우왕 8년(1382) 6월 간관의 상소는 우왕 대 일어난 재해와 왜구에 의한 재난 상황을 총체적으로 언급하고 있다. 그에 따른 내용을 보면 다음과 같다.

> 근년 이래로 왜구가 날마다 번성하여 깊이 침투해 들어와서 노략질하며 인민을 죽이거나 잡아가고 가옥을 불태워 훼손하였으니, 주군(州郡)은 피폐해지고 농지는 황무지가 되어버렸습니다. 여기에 더해 수재와 한재로 기근이 거듭 들어[饑饉荐臻] 굶어 죽는 사람이 연이어지고[餓殍相望] 창고는 비어서 용도에 부족합니다. 또한 초적이 일어나 사사로이 도륙하니, 인민은 뿔뿔이

흩어지고 부자간에 보존하지 못하고 있습니다. 화란(禍亂)의 극심함이 이같이 심각했던 적은 없었습니다. 하물며 상국(上國)은 우호를 통하는 것을 허락하지 않고 국경 근처에 군사를 주둔시켜 틈을 엿보고 있으며, 더욱이 하늘의 재앙과 인간의 요사스러움[天災人妖], 땅의 괴이함이 짐승 · 물고기의 이변과 더불어 거듭 나타나 견책하고 있으니, 한 나라의 인민 가운데 근심하고 두려워하지 않는 자가 없습니다.

이를 보면 왜구와 초적, 수재와 한재, 천재인요, 지괴와 짐승 · 물고기의 이변 등이 계속해서 이어지고 있음을 알 수 있다. 이듬해인 우왕 9년(1383) 2월에도 권근 등은 다시 상소하였는데 그 글 중에 전쟁이 그치지 않고 수재와 한재가 겹쳐 백성들이 굶주리고 있으며, 들판에는 굶어 죽은 시체가 있다고 하였다. 같은 해 8월에도 다시 상서하여 수재와 한재, 기근과 역병이 닥쳐 나라에는 수개월의 저축이 없고 민가는 하룻저녁 먹을 것도 없어 굶어 죽은 시체가 길거리에 널려 있다 하였다. 여기에 명이 국경 가까이 군사를 주둔하여 강역을 침범하고, 왜구가 깊이 침입해 노략질하고 있다 하였다.

2 | 재해 · 재난 인식과 대책

이 시기 일어난 재해와 재난 등에 대한 인식의 면을 보면 음양론적이면서 천인감응론적 이해에서 크게 벗어나지 않았다. 그야말로 자연현상으로서의 재해로 인식하기보다는 그 원인이 인간에게 있으며, 이를 하늘이 경고하기 위해 내리는 견책이라 본 것이다. 물론 그 원인으로서 인간의 잘못과 원한 등을 지적하는 경우도 있고, 이와 달리 천견에 대해 그 소재를 위한 다양한 노력으로 대신하는 면도 있었다. 또한 그 대책을 언급하여 나름

정치적 · 사회적 · 경제적 안정을 도모하려 하기도 했다.

우선 공민왕 대부터 다시 언급되는 중요한 정치 사안이 있다. 풍수지리에 근거한 지기쇠왕론과 왕업연기론이 그것이었다. 사실 고려왕실은 원종 대에 몽골에 신속(臣屬)하는 한편 개경으로 환도하였고, 이후 천도론은 그 자체가 몽골에 대한 대항을 상징하는 것으로 여겨져 금기시된 면이 있었다. 따라서 원의 쇠망이 닥쳐오기 전 충정왕 대까지는 천도론 자체가 언급이 없었다.

그런데 원이 쇠망해 가자 공민왕은 반원자주개혁을 추구했다. 이에 원래의 고려왕조를 복원하려 하면서 풍수지리는 다시금 중요 정치이데올로기화하였다. 앞서 언급했듯이 공민왕 대의 천재지변과 기상 이변, 홍건적 및 왜구의 침구는 지금까지와 비교할 때 전례 없는 일이었다. 이는 물론 우왕 대에도 지속되었다. 홍건적은 없어졌으나 왜구의 침구는 더 자주, 더 대규모화하면서 전국에 걸쳐 노략이 이뤄졌다. 어쨌든 공민왕은 이러한 재변과 재난이 고려의 왕업을 뒷받침하는 지기가 쇠해서라는 설을 받아들였고, 왕업 연장을 위해 몇 차례 천도를 점치고 실제 남경에 궁궐을 짓기도 했다.

공민왕 6년(1357) 정월 봉은사 태조진전에서 한양 천도 가부를 묻는 점을 친 것, 공민왕 9년(1160) 7월 왕이 백악에 행차하여 천도할 땅의 지세를 살핀 것, 공민왕 11년(1362) 8월 개태사 태조진전에서 강화천도를 점친 것, 같은 해 8월 개경 환도를 점친 것, 공민왕 18년(1169) 7월 및 8월 태조의 삼소순행론에 따라 평양과 금강산, 충주에 가 머물려고 한 것 등이 확인된다. 하지만 이 같은 일은 재변과 재해, 국난이 잇따르는 현실 속에서 재정 낭비와 백성의 어려움을 가중시키는 것이었고, 실제 왕업연기와 관련한 상서가 있지도 않았다. 따라서 이는 엄청난 재정 낭비만 가져온 정치적 쇼에 해당하였다.

이러한 천도론은 우왕 대에도 이어졌다. 특히 호랑이, 올빼미나 노루, 여우, 까마귀떼 등이 궁성이나 태묘 등에 들어오자 일관은 나라가 망할 징조라 했다. 우물물이 끓어오르는 현상도 보고되었는데, 각기 개경 정좌방 우물, 매개정, 개성 대정 등에서 8차례나 있었다. 이러한 면과 관련해 서운관에서 천문이 이상을 나타내고 재변이 자주 일어나므로 이어하여 재이를 피해야 한다고 아뢰자 천도를 의논하게 한 바 있다. 우왕 원년 8월의 일이었다. 또 왜구의 침략이 거세지자 우왕 3년(1377) 5월에도 천도론이 나와 철원에 터를 살펴보게 하였다. 7월에는 신하를 연주(漣州)로 보내 상택하기도 했다. 또한 4년(1378) 정월에는 신경(新京)에서 상지하였다는 내용도 보인다. 11월의 북소조성도감, 12월 좌소조성도감의 설치를 통한 천도 시도가 또한 있었다. 우왕 7년(1381) 8월, 우왕 8년(1382) 2월에는 서운관에서 천도론을 건의하자 한양천도 논의가 다시 나오기도 했다. 하지만 이러한 천도론은 공민왕 대와 마찬가지로 반대에 부딪혔다. 이인임은 내륙 깊숙이로의 천도는 약점을 보이는 것이고, 흉년으로 창고가 고갈되었는데 공역이 오히려 고통을 가중시킬 것이고, 어가의 행차로 인한 공억(供億)의 번잡함 등이 있다 하였다. 따라서 천도는 백성의 원망만 살 수 있으며 오랫동안 안정을 취할 계책이 못 된다고 하였다. 그럼에도 불구하고 우왕은 8년 9월부터 이듬해 2월까지 남경에 순주한 바 있다.

이는 공양왕 대에도 거론되었다. 공양왕 2년(1390) 7월 서운관에서 "『도선밀기(道詵密記)』에 지리가 쇠하고 왕성해지는 것에 대한 설이 있습니다. 마땅히 한양(漢陽)으로 행차하시어 송도(松都)의 지덕(地德)을 쉬게 하셔야 합니다."라고 하자 공양왕은 음양의 설 즉 풍수와 연결되는 참위의 설을 믿고는 "『비록(秘錄)』에 이르기를, '만약 천도하지 않으면 임금과 신하가 상패하게 될 것이다.'라고 한다."라고 하였다.

형조총랑 윤회종(尹會宗)은 도성 지세론에 의존하는 공양왕에게 그간의 역사에서 천도한 배경을 요약해 언급했다. 강이 범람하거나 오랑캐의 침범 등으로 인한 것이었다고 하였다. 그리고 강물이 붉게 끓어오르고 태백성이 낮에 나타났다는 이유로 참위의 말을 믿고, 승려의 말에 현혹되어 연복사를 중수하는 것은 위험하다 하였다. 공구수성하여 천심에 답할 필요가 있다 하였다. 하지만 9월에 이르러 공양왕은 한양으로 천도했다. 그리고 이듬해인 공양왕 3년(1391) 2월 2일에야 남경 한양을 출발해 10일에 다시 개경으로 돌아왔다.

이 사이에 형조판서 안원(安瑗)은 서운관 술사가 재이를 이유로 천도해 화를 피하여야 한다는 주장이 헛된 것이라는 의견을 상언했다. 즉, "사나운 호랑이가 사람을 해치고 변괴가 그치지 않으니, 술사의 말에는 이미 증험이 없습니다. 바라건대 속히 환도하시어 하늘의 뜻에 응하고 사람들의 바람을 위로하시기 바랍니다."라고 한 것이다. 사실 공양왕은 이성계와 정몽주, 정도전 등의 추대로 왕위에 올랐다. 따라서 스스로 왕권을 행사하는 데에는 정치적 한계가 있었다. 그런데 공양왕은 몇 가지 면에서 왕권 행사를 주도하려 한 부분이 보였다. 하나는 한양천도이고, 다음은 연복사 및 연복사탑 수리로 상징되는 숭불이었다. 세 번째는 친공양왕파라 할 정몽주 등에 대한 인사이자 반대로 정도전에 대한 배척이었다.

이러한 공양왕의 행태에 대해 사신(史臣) 진자성(陳子誠)의 비판은 통렬했다.

> 왕이 즉위한 이래로 신령과 부처에게 아첨하여 섬기는 데에 거의 빠지는 달이 없었다. 대신과 대간(臺諫)이 매번 이를 논하였으나 왕의 마음이 이미 미혹되어 이를 풀 수 없었다. 아아, 태백성(太白星)이 낮에 나타나고 강물이 붉게 끓으며 일식과 월식이 있고 천둥 번개가 제때를 잃었으니, 하늘의 견고(譴告)가 지극하였으며 사람의 근심과 의심도 심하였다. 진실로 마땅히 몸을 조심하고 덕을 쌓아서 그 정사를 고쳐 다스려야 할 것인데 이는 버려두

고서 하지 않고 다만 불신(佛神)의 힘을 빌려 그 나라를 보전하고 그 지위를 안전하게 만들려고만 하였으니 어찌 미혹됨이 심하지 않은가.

이러한 때에 무격들은 오히려 득세하기 마련이었다. 우왕 때 고성(固城)의 요망한 백성으로 이금(伊金)이라는 자가 있었다. 그는 스스로 미륵불이라 칭하고 능히 석가불을 부를 수 있다 하였으며, 자신이 힘을 쓰기만 하면 풀이 푸른 꽃을 피우고 나무가 곡식 열매를 맺을 것이며 한 번 씨를 뿌려 두 번 거두게 될 것이라 혹세무민했다. 믿지 않으면 해와 달이 모두 빛을 잃을 것이라 했다. 또 산천신을 파견해 왜구를 사로잡을 수 있다 하였다. 무격과 무뢰배들로 이금을 믿는 자들이 늘어났고, 스스로 제자라 했다. 이에 심지어는 지방관과 일부 중앙관원이 이들을 믿기까지 했다. 이는 당시 불안했던 사회심리를 교묘히 활용하여 세력을 모으려는 움직임의 하나이기도 했다.

또한 개경의 어떤 비구니도 스스로 미륵이라 사칭하였고, 일부 우매한 백성들의 경우 미륵불을 자칭하는 무당들에게 속기도 하였다. 사노(私奴) 무적(無敵)이라는 자도 스스로를 '미륵화신(彌勒化身)'이라 하다가 복주되었다. 또 어떤 요망한 무당이 제주(提州)에서 와 스스로 천제석(天帝釋)이라고 칭하며 사람의 화복을 망령되게 말하고 다니는 일이 있었다. 사람들은 그를 떠받들었고, 가는 곳마다 재화가 산더미처럼 쌓였다. 또한 천수사(天壽寺)에 이르러 말하기를, "내가 서울에 들어가면 해마다 풍년일 것이며 전쟁은 그치고 나라가 태평할 것이다. 만약 임금이 나와서 맞이하지 않으면 내가 필히 하늘로 올라갈 것이다."라고 하였다. 서울 사람들이 모두 미혹되어 따르니 마치 시장과 같았다 하였다. 결국 관에서는 이 무당을 잡아 머리카락을 자르고 가구소(街衢所)의 옥에 가두었으며, 장을 치고 쫓아버렸다고 한다.(『고려사』 권114, 열전27 제신 이승로)

이 같은 일련의 자칭 미륵불이나 천제석 등 주장은 우왕 대 자연재해와 왜구 침략, 그리고 정국 불안 등 다양한 요소가 뒤섞이면서 민생이 어려움을 겪은 데서 그 배경을 찾을 수 있다. 또한 천도론이 다시금 등장하고 여기에 참위설이 연결되어 왕업연기론이 득세한 것도 마찬가지였다. 이들 내용은 결국 이 시기 공민왕이나 우왕, 창왕, 공양왕 등이 재이와 홍건적, 왜구 침략 등에 대해 천견론적 이해를 가지면서도 그에 대한 대책으로 전통적 천인감응론적 입장에서 책기수덕을 다하지 않은 데서 기인한 것이었다. 신불(神佛)을 숭상하고 음양비기에 따른 천도론을 믿어 무격을 동원하거나 소재도량, 천도, 특정 사찰에 대한 후원을 지속하여 반발을 산 것은 이 같은 배경에서 나왔다.

하지만 다른 한편으로 성리학적 사고하에서 신불 숭상을 비판하였다. 그 무용론 및 배척을 주장하고 음양비기에 따른 천도론을 배격하면서 재정과 민력을 아끼고 백성을 사랑해야 한다는 논리가 점차 강해졌다. 특히 간관들은 국왕이 구언교를 내렸을 때 국왕에게 언관의 권한을 언급하면서 책기수덕의 정치를 행하지 않는 군주에게 강하게 따졌다. 혹은 구언교가 없을 때라도 재이에 대한 이해와 그에 대한 마땅한 대책을 행하지 않을 때 그 문제점을 강력하게 주장했다. 그럴 때마다 이들은 민의 소리를 들어야 한다고 했다.

예컨대 공양왕 3년(1391) 4월 공양왕은 천문에 재변이 있어 두려움이 크다 하면서 8가지 일에 대해 자책하고 구언하는 교서를 내렸다. 이것만 보면 매우 긍정적인 접근 방식이었다. 이 중 8가지 일은 다음과 같았다.

① 모자란 덕이 아직 수양되지 않아서 상제(上帝)의 마음에 들지 않는 것인가?

② 정령(政令)에 빠진 것이 있어서 여망(輿望)에 부합하지 않는가?

③ 상벌의 도리가 어그러진 것이 있는가?
④ 등용한 사람이 혹시 사사로움을 따른 것인가?
⑤ 하정(下情)이 다 진달되지 못하여 원망하고 억울함이 해결되지 못한 것이 있어서인가?
⑥ 백성의 폐단이 아직 다 제거되지 못하고 재용(財用)에 낭비하는 것이 있어서인가?
⑦ 특별한 재주가 있는 자로 아직 등용되지 않은 자가 누가 있는가?
⑧ 참소하는 무리들로 배척되지 않은 자가 누가 있는가?

8사 자책에 해당하는 내용이었다. 하지만 이러한 자책에도 불구하고 공양왕은 실제 그에 따른 덕을 쌓지 않았다. 천변은 자주 일어났고, 가뭄은 더욱 심해졌다. 불안해진 공양왕은 원옥(冤獄)을 없애 천심에 순응하라 하는 정도에 그쳤다. 공양왕 3년(1391) 5월 정도전이 올린 시무 상언 중 다음의 언급은 이를 말해주었다.

> 나라가 장차 흥하려고 하면 사람에게서 듣고, 나라가 장차 망하려고 하면 신에게서 듣는다.

3 | 천인감응론적 역성혁명

고려 말 자연재해 및 전란 등으로 많은 고려인들이 그 피해에 노출되었다. 앞서 언급했듯이 기근에 시달리고 전란으로 고통을 겪어 '인상식(人相食)'이란 말이 나올 정도였다. 그 실제 여부는 알 수 없으나 그만큼 민의 생계가 위태로웠다는 말이 된다. 그런데 당시 왕권으로 상징되는 리더십은 이에 대해 고려 사회가 전통적으로 해 오던 대책에서 크게 벗어나지 않았다.

도량을 열고 초제를 올렸으며, 무격을 통해 소재기우를 올렸다. 또 산천에 대한 제사를 올렸다. 그런데 다만 남달랐던 점은 충목왕 4년(1348) 2월 서해도(西海道) · 양광도(楊廣道) · 개경[在城] 등에 가뭄과 홍수, 서리의 해로 굶어 죽은 백성이 많자 납속보관(納粟補官) 혹은 입속보관(入粟補官)의 제도를 활용해 구제하려는 의견이 나오고 이를 시행했다는 것이다. 재해와 전란이 있더라도 모든 사람이 그 희생 대상이 되는 것은 아니었다. 부민은 늘 존재하기 때문이었다. 따라서 이들 부민들의 협조를 통해 기민을 구휼하는 것이 중요했다. 이를 위해 부민이 쌀 등 미곡을 바치면 벼슬을 주어 그 미곡으로 백성을 구휼하고자 한 것이었다. 이는 5석에서 30석까지 바치게 하면서 정7품직까지 주는 나름 성과가 있는 대책이었다. 반면 신분제 사회에서 이는 특별히 관리되지 않으면 사회 신분에 대혼동이 발생하므로 이에 대한 관리가 동반되어야 했다. 우왕 2년(1376)에도 서북면의 백성들에게 이 납속보관제를 실시하여 경비로 쓰게 한 것이 확인된다.

부원세력을 중심으로 한 권세가와 그들의 가노 등에 의해 어려운 처지에 놓였던 백성들은 속수무책으로 토지를 빼앗기고, 그들의 자녀는 노비의 신분으로 떨어지거나 유랑해야 했다. 혹은 도적이 되었다. 전쟁과 재해가 계속되는 속에서 기존의 사회적 틀은 무너졌다. 생계를 위해 토지를 싼값에 팔거나 혹은 그냥 떠나야 했고, 부민 혹은 권세가 및 사찰 노비로 들어가 살고자 했다. 이러한 사회 현실은 권세가나 부민들에게는 기회였다. 따라서 이들에 의해 사노비가 증가하고 대농장이 형성되었다. 이러한 사회경제적 상황은 전쟁과 자연재해와 겹치면서 점차 한계상황에 닥치게 되었다. 조정 창고는 한계치에 자주 달하였고, 녹봉 지급은 어려움에 처하기도 하였다.

이에 따른 전반적인 개혁이 필요했다. 그 중 대표적인 것인 원종 10년(1269) 때부터 치폐를 거듭한 전민변정(田民辨正) 개혁이었다. 그리고 이를 통해 성과를 거둔 사례가 공민왕 대 신돈에 의해서였다. 집정자나 마찬가지였던 신돈이 전민변정도감 판사가 되어 공의(公義)를 내세우고 천예를 양민으로 만들어 주었던 것이다. 당시 신돈이 도감의 판사로서 전국에 방을 붙여 그 개혁을 실시하였는데 내용은 다음과 같았다.

> 근래에 기강이 크게 무너져서 탐욕을 부리는 것이 풍습이 되었으며, 종묘(宗廟) · 학교 · 창고 · 사사(寺社) · 녹전(祿轉) · 군수전(軍須田) 및 사람들이 대대로 업으로 이어온 전민(田民)을 호강한 집에서 거의 다 빼앗아 점유하였다. 일부는 이미 판결이 났는데도 그대로 가지고 있고 일부는 백성을 노예로 만들기도 하였으며, 주현(州縣)의 역리(驛吏) · 관노(官奴) · 백성 중에 역을 피하여 도망한 자들을 모두 숨겨 크게 농장(農莊)을 두니, 백성과 나라를 병들게 하여 홍수와 가뭄을 불러일으키고 전염병이 그치지 않는다. 이제 도감을 설치하여 바로잡고자 하여 개경[京中]은 15일을 기한으로 하여, 여러 도(道)는 40일을 기한으로 하여 스스로 잘못을 알고 고치는 자는 '죄를' 묻지 않을 것이나, 기한을 넘겨 일이 발각되는 자는 죄를 조사하여 다스릴 것이며 망녕되게 소송하는 자는 도리어 처벌하겠다.(『고려사』 권132, 열전45 반역 신돈)

일시 이 개혁이 성공하였지만 그 결실은 신돈이 독차지했다. 양인이 된 천예들은 신돈에 대해 '성인'이라 칭찬했고, 신돈은 더욱 자신에게로의 권력집중화를 꾀할 수 있었다.

하지만 이 같은 인기영합성 개혁은 한계가 있었다. 신돈과 그 세력의 몰락 및 숙청, 전민변정 개혁을 후원한 공민왕의 갑작스런 죽음은 오히려 강력한 개혁 후의 공백이라는 혼란을 가져왔기 때문이다. 그것은 지배체제와 질서의 이완을 불러올 수 있었다. 특히나 우왕 대는 왜구의 침략이 가장 왕성했을 때였고, 재해도 가뭄이나 우박, 홍수, 지진, 천변 등으로 인해 어려움을 겪었던 시기였다. 더구나 여기에 명에서는 철령위 설치를 일방적으로 고려에 통보했고, 고려는 사신을 보내 그 진위 여부나 실제 설치되는 공간 등에 대한 파악이 이뤄지기 전 우왕과 최영이 요동정벌론을 꺼내들었다.

공민왕 대에는 반원자주개혁을 실시하면서 특히 신진유학자들을 과거 등을 통해 많이 선발했다. 정몽주와 정도전, 권근, 하륜, 윤소종, 박의중 등이 그러했다. 이들은 『논어』·『맹자』·『대학』·『중용』 등 성리학적 내용을 담고 있는 사서 공부에 충실했다. 이는 달리 말하면 이들 책에서 '위정(爲政)'이나 치도를 담은 '양혜왕', '삼강령과 팔조목', '천명과 군자의 도' 등을 언급하고 있어 하늘과 군주, 재상과 백성의 관계를 이해하는 틀이 되었다. 성리학자들이라 할 이들은 그 공부를 통해 지금까지 숭불이나 산천신앙, 무격신앙, 풍수도참 등에 익숙했던 고려 사회를 바꾸고자 했다.

한편 부원세력의 대표적 인물이었던 기철세력 제거, 원으로부터 대거 들어온 홍건적의 침입 격퇴, 통제가 무너지면서 고려와 원에까지 노략을 위해 들어온 왜구 정벌 등의 과정을 통해 고려에서는 신흥 무장세력이 성장했다. 그간에는 원이라는 강력한 통제 장치가 있었기에 근 80년간 고려는 큰 전쟁이 없었다. 하지만 원 지배체제가 붕괴되는 때와 맞물려 원에서도 고려에서도 대규모 전란 상황이 야기된 것이다. 동시에 고려는 원에 속하게 된 영토회복을 꾀했고, 그 지배유지도 필요했다. 여기에는 무장세력이 중심이 되었지만 문신들 역시도 전통적으로는 사령관 역할로 출장하기도 했다. 결과적으로 본다면 무장세력과 문신세력 특히 신흥사대부의 연결고리가 생기게 되었다.

이들은 계속되는 천재지변과 전란의 상황, 왕권이 무너진 현실을 극복하고자 했다. 우왕과 최영의 무리한 요동정벌론은 이들에게 중요한 계기를 제공했다. 위화도회군을 통해 권력을 장악한 뒤 우왕을 폐위하고 연이어 창왕도 폐위하고는 종실 공양왕을 즉위시켰다. 공양왕은 원년(1389) 11월

15일 즉위하면서 곧바로 우왕과 창왕을 서인으로 강등하고, 한 달 뒤인 12월 14일 우왕과 창왕을 죽이라 하였다. 12월 29일 자신을 즉위케 하는 데 공을 세운 9명의 공신에게 상을 내렸음을 효사관에 이르러 태조에게 아뢰었다. 그 명분의 일부 내용을 보면 다음과 같았다.

> 31대를 전하여 공민왕(恭愍王)에 이르러, 아들 없이 갑자기 홍서해 나라의 운이 중단되었습니다. 공민왕을 장사 지내자 무지개가 겹으로 해를 감쌌으며, 우(禑)가 처음 증(烝) 제사를 지내던 저녁때에는 부엉이가 태실(太室)에서 울었고 천지가 진동하였습니다. 이듬해 3월 의릉(毅陵: 충숙왕릉) 기신(忌晨) 때에는 큰바람이 불고 비가 내렸으며 천둥벼락이 치고 우박까지 내렸습니다. 우가 작위를 계승하니, 조묘(祧廟)에서 큰바람이 불어 북쪽으로 태실에까지 이르러 취두가 부러지고 묘문(廟門)이 쓰러졌으며, 조묘(祧廟)와 침원(寢園)의 소나무가 태반이 뽑혀 나갔고, 쥐가 태실의 신주 자리깔개를 갉아 먹었습니다. 이듬해에는 어름(御廩)에 화재가 났습니다. 작년 6월에 창(昌)이 즉위하자, 말이 전국보(傳國寶)를 차버려서 갑이 부서지고 자물쇠가 부러져서 국보가 밖으로 튀어나와 땅에 굴러갔습니다. 조종이 다른 성씨에 분노하시어 그 제사를 받지 않고, 위세를 떨쳐 거절하시었으니, 비록 대면해서 명을 받고 귀로 직접 듣는다 하더라도 이보다 더할 수 있겠습니까?(『고려사』 권45, 공양왕 원년 12월 계해(29))

이는 천인감응론적 인식을 가지고 태조 왕건으로부터 비롯되는 고려왕실의 정통론을 언급한 것이었다. 실제 상관성이 있었는지, 혹은 명분을 만들기 위해 천재지변을 결부시킨 것인지는 분명치 않으나 여기에는 중요한 대목이 있었다. 일단은 신성한 용손혈통이 아니기에 공민왕 국장 때, 태실에서 제사지낼 때 이변이 발생했고, 창왕 즉위 때는 국새인 전국보가 굴러다니는 일 등이 있었다 하였다. 우창비왕설(禑昌非王說)을 통해 비정통론, 천재지변, 인민의 원망 등을 결합시켜 두 왕을 폐위시키고 죽인 것이었다. 이때 중요한 역할을 한 9명의 공신은 이성계(李成桂) · 심덕부(沈德符) · 정몽주(鄭夢周) · 지용기(池湧奇) · 설장수(偰長壽) · 성석린(成石璘) · 조준(趙浚) · 박위(朴葳) · 정도전(鄭道傳) 등이었다. 이 중 이성계와 심덕부, 박위 등은 무장 출신이었고, 다른 이들은 과거 출신 문신들이었다.

군주의 폐위와 강등, 그리고 처형으로 이어진 일련의 상황은 공양왕의 즉위로 일단락된 면이 있었다. 하지만 이는 끝이 아니었다. 좌대언 이첨(李詹)은 공양왕 3년(1391) 11월 공양왕에게 9가지 잘못을 바로잡는 경계인 잠규(箴規)를 올렸다. ① 덕을 기르는 것[養德], ② 일을 사려깊게 할 것[慮事], ③ 과오를 고치는 것[改過], ④ 근본을 돈독히 하는 것[敦本], ⑤ 자기를 겸양할 것[謙己], ⑥ 인정을 베푸는 것[施仁], ⑦ 비슷한 류에 비추어 보는 것[比類], ⑧ 정사를 밝게 하는 것[明政], ⑨ 왕업을 보전하는 것[保業] 등이 이에 해당했다. 그리고 끝으로 성조(聖祖: 태조)의 성헌을 준수하고 위조(僞朝: 우왕과 창왕)가 엎어진 전철을 경계하여 중흥한 왕업을 보전할 것을 청하였다. 공양왕의 즉위 자체가 끊어진 왕통을 다시 이은 것이기에 중흥이라 한 것이었다. 다만 이 같은 언급은 공양왕이 신하들의 간언을 따르지 않는다면 우왕의 사례처럼 엎어질 수 있으며, 왕업 보전이 어려울 것이라는 혁명론과 맞닿아 있었다.

공양왕 4년 6월 도평의사사에서는 이미 죽인 정몽주의 당여라 하여 우현보 등에 대한 처벌을 결정했다. 이들을 먼 지역으로 유배하는 결정을 먼저 한 뒤 공양왕에게 사후 보고했다. 그러면서 나온 언급은 고려왕실의 모골을 송연하게 하는 것이었다.

> 신들이 듣건대, "난신(亂臣)과 적자(賊子)는 누구든지 벨 수 있다."라고 하였습니다. 따라서 감히 먼저 일을 행하고 나중에 아룁니다.(『고려사절요』 권35, 공양왕 4년 6월)

라고 한 것이다. 명분은 지금까지 언급했듯이 천재지변과 왜구의 출몰이라는 천견에 대해 제대로 책기수덕하지 않은 것, 신료들의 간언을 듣지 않고 부처와 신기를 지나치게 숭신하는 것, 쓸데없이 음양 참위와 풍수에 입각해 천도하려 하거나 사원 등을 세우는 것, 인사청탁 등을 받아들이는 것 등이 반복될 경우 하늘이 결국 그 군주를 상패하게 한다는 것이었다. 패망론으로 이어지는 논리였다.

이미 공양왕 3년 5월 이조판서 정총이 올린 상서문에서도 황천(皇天)이 견책하여 알려주는 마음을 살펴 천위(天位)가 오로지 어렵다는 가르침을 생각하라 하였으며, 이에 조심하시고 조심하며 잘못을 고치는 것을 아끼지 말아서 나라 사람들의 바람을 위로해야 한다는 표현이 나왔었다. 하지만 공양왕은 그러하지 않았다. 배극렴 등은 이에 왕대비 안씨를 찾아 "지금 왕이 혼암(昏暗)하여 군도(君道)를 이미 잃고 인심도 이미 떠나갔으므로, 사직(社稷)과 백성의 주재자(主宰者)가 될 수 없으니 이를 폐하기를 청합니다."라 하였고, 결국 폐위되었다. 『태조실록』에는 다음과 같이 이성계를 추대하면서 올린 글이 있다. 그중 다음 부분은 건국세력이 천인감응론의 논리를 얼마나 중요시했는가를 보여준다. 즉,

> 하늘이 견책(譴責)하는 뜻을 알려서, 성상(星象)이 여러 번 변하고 요얼(妖孽)이 번갈아 일어나니, 정창군(定昌君)도 스스로 임금의 도리를 이미 잃고 백성의 마음이 이미 떠나가서 사직과 백성의 주재자(主宰者)가 될 수 없음을 물어 알고 물러나와 사제(私第)로 갔습니다.

라고 한 것이다. 물론 이는 공양왕 스스로 물러난 것이 아니었다. 앞서 언급한 난신적자는 아니더라도 천견에 제대로 책기수덕하지 않은 혼암한 군주에 해당하였으므로 하늘이 그를 버리고 고려 왕실을 패망하게 하였다는 것이었다.

군도와 인심, 그리고 천명의 상관관계가 나타나 있는 것인데 소위 역성혁명이 이로써 이뤄진 것이었다. 다만 여기서 볼 수 있는 핵심 사항은 성리학에서 언급하고 있듯이, 또 역사적 변천과정을 통해 정리되고 있듯이 '인심'이었다. 인심이 저절로 떠나가고 천명이 저절로 사라져 5백 년의 고려왕조가 홀연히 망하게 되었다는 표현은 이를 말해 준다.

천인감응론적 재이사상은 이처럼 매우 혁명적 면을 갖고 있었다. 재이, 재변, 재난의 상황에 왕권으로 상징되는 리더십이 인심을 위하고 천명을 받들지 않을 경우 이 같은 견책을 내려 고치도록 하였다는 이해가 그 논리에 있었다. 이에 왕권이 두려워하면서 반성하고 백성의 어려움을 안타까워하지 않을 경우 하늘은 더 큰 재앙을 내린다고 보았다. 그래도 고치지 않으면 패망에 이르는 것이었다. 고려 말에 이르면서 특히 중요한 변화는 천견에 대한 대책으로 도량이나 초제, 무격에 의지하는 것이 아닌 실제 덕을 쌓는 데만 초점을 맞추도록 한 점이었다. 이는 고스란히 새로 건국된 조선왕조에게로 넘어가게 되었다.

4 | 생각해 봅시다

첫째, 왜 1350년대를 전후하여 천변과 재해는 많아졌을까?
둘째, 이들 재이와 왕조의 흥망은 어떻게 연결될까?
셋째, 왕조 말 재해와 관련해 필요한 리더십은 무엇이었을까?
넷째, 성리학이 수용되면서 바뀐 재이대책은 무엇일까?
다섯째, 왜 공양왕은 왕조 중흥의 역할을 다하지 못했을까?
여섯째, 왜 고려 말에도 천인감응적 천견론이 지속적으로 거론되었을까?

4부

근세의 재해와 리더십

1장

재해와 조선 전기 사회

1 | 재해 양상과 특징

따비밭에 과중한 세금 해마저 흉년이라 / 石田賦重歲又荒
지난겨울엔 돌림병으로 사람들 죽어갔지 / 去冬癘疫連死殤
몇 칸의 작은 띳집은 비바람에 쓰러지고 / 數間茆屋風雨僵
날을 걸러 죽 먹자니 주린 창자가 타는 듯 / 併日饘粥煎飢腸
이웃들 다 흩어지고 친척들도 도망쳤는데 / 四隣散盡親戚亡
한 몸으로 그들의 부역을 어이 감당하리요 / 一身徭役安可當
아침에 온 못된 아전놈 참으로 이리 같아 / 朝來惡使眞豺狼
지푸라기 하나 안 남기고 샅샅이 뒤지더니 / 徵索更到毫與芒
집안이 텅텅 비어 낟알이라곤 하나 없자 / 室中罄懸無留藏
소를 끌고 솥을 지고 가도 손댈 수 없어라 / 牽牛負鼎如探湯
주인 노파 기가 막혀 속절없이 곁에 서서 / 主嫗氣奪空在傍
가슴 치며 하늘 부르는 소리 어찌나 슬픈지 / 拊膺籲天聲何長
가슴을 치지 마오 그대 몸 상하겠소 / 莫拊膺恐汝傷

하늘을 부르지 마소 하늘은 아득하다오 / 莫籲天天茫茫

(『용재집』 권6, 해도록(海島錄) 기사(紀事))

이 글은 연산군과 중종 대에 활동했던 용재(容齋) 이행(李荇)의 시문 중 하나이다. 정덕(正德) 병인년이라 한 것으로 본다면 중종반정이 있던 1506년 이후 쓴 글로 보인다. 흉년과 전염병, 여기에 더해 과중한 세금과 혹독한 아전으로 인해 먹고살기 힘든 농촌 및 어촌의 상황을 묘사하고 있다. 이러한 상황은 역사 기록을 보면 늘상 존재하는 일이기는 했지만 중종 대 이후는 더 심각한 양상을 띠었다.

이미 소빙기로 접어든 조선 전기 사회에도 다양한 기상재해와 천재지변이 있었다. 다만 이전의 고려시대와 다른 면이 있다. 그것은 첫째 『조선왕조실록』이라는 방대하면서도 지속적인 일기류 정사가 편찬되었다는 점이다. 이는 재이와 재해사를 다루는 데 있어 중요한 의미를 갖는다. 일정한 규정과 원칙하에 정치와 사회, 제도, 언행, 천재지변과 재해 양상 등을 매일 정리하여 싣고 있기 때문이다. 이는 천재지변과 재해가 어떻게 진행되었는가를 파악할 때 절대적 의미를 갖는다. 지속성과 정밀성이 갖춰짐으로써 그 흐름을 이해하는 데 절대적 도움을 준다.

둘째, 천재지변과 재해 관련 대응과정과 대책, 그리고 그 진행 내용 및 결과 등이 상세히 기록되어 있다는 점이다. 『고려사』나 『고려사절요』의 기록이 기전체 혹은 편년체로 정리되면서 정밀성이나 지속성이 상대적으로 약한 면과 비교하면 이는 매우 의미가 큰 것이라 할 수 있다.

게다가 『조선왕조실록』 외에도 지리지나 법전, 천문서, 농서, 의서 등도 다양하게 편찬되었다는 점을 주목할 수 있다. 이는 고려와 비교할 때 조선 사회가 일종의 시스템을 갖춘 사회라는 점을 보여주는 대목이다. 더구나 이는 동시대 다른 나라들과 비교할 때도 매우 의미가 있는 성과들이라 할 수 있다.

어쨌든 이들 기록을 통해 조선 전기 태조 대부터 선조 대까지를 중심으로 천재지변과 재해 양상을 살펴보면 다음과 같다. 우선 천문의 변화에 대한 기록과 그 인식 및 해석에서 매우 심화된 내용이 보인다. 연산군 원년(1495) 9월의 경연 중 일식에 대해 해는 양의 근본이고 군주의 기상인데 그것이 먹히는 것은 신자가 군부를 배반하고 소인이 군자를 업신여기는 등 음이 양을 이기기 때문이라 하면서 덕을 닦고 정사를 행해야 한다고 하였다. 일식에 대한 이해가 보이는 것이다. 월식에 대해서도 『춘추』에 그 기록이 없는데 이유는 양이 음을 이기는 것이므로 말할 필요가 없는 것이라 했다. 하지만 독특하게도 중종 33년 10월에 일식과 월식이 함께 들어 있다 했다. 이는 큰 천변이라 여겨졌고 경계해야 할 일이라 보았다.

이러한 관점은 햇무리 현상에 대해서도 가해졌다. 운기(雲氣)라 하여 흰 기운, 검은 기운, 붉은 기운 등이 태양을 관통하거나 해에 닿는 현상도 관측되어 재변이라 보았다. 태양 자체가 군주로 상징화되기 때문에 그 형상에 문제가 생기면 왕권과 연결되는 것으로 이해한 것이었다. 중종 38년(1543) 4월 흑기 등이 태양을 관통하자 군사정변 등이 거론되었다. 달무리는 둥근 달 주변에 둥그런 테두리가 생기는 현상인데 이 역시 재앙의 징조라 보기도 했다. 태백성의 출현은 고려시대 때도 많이 거론되었다. 금성을 말하는 것인데 연산군 대의 기록을 보면 금성의 움직임에 대해 주의를 기울인 내용이 확인된다. 즉, 관상감 제조 김응기는 연산군에게 다음을 아뢰었다.

> 태백성은 늘 해에 붙어다니는 것인데, 해에 앞서 다니는 것을 계명(啓明)이라 이르고, 해를 따라다니는 것을 장경(長庚)이라 이릅니다. 태양이 성하면 별이 능히 낮에 나타나지 못합니다. 만일 양(陽)이 미약해서 태백성이 낮에 나타나는 것도 이미 불가하온데, 하물며 지금같이 경천을 하는 것임에리까? 대단한 변고입니다.(『연산군일기』 권27, 연산군 3년 9월 경자(2))

여기서 볼 수 있는 것은 결국 태양=군주와 관련되어 있었다. 목성이든 화성이든, 금성이든 오성이 낮에 나타나는 것은 결국 음류(陰類)인 별이 나타남을 의미해 음기가 성하고 양기가 미약한 큰 재변이라 이해되었다. 이에 "태백이 낮에 보이면 주병(主兵)을 상하게 하든가, 외척이 전권(專權)하든가, 여주(女主)가 창성한다."고 하는 해석이 나오기에 이르렀다.

혜성의 출현도 마찬가지였다. 성종 21년(1490) 12월 사헌부 대사헌 이계동은 혜성이 나타나고 태백성이 낮에 나타나자 이를 역란과 흉패(凶悖)로 여기고 이는 나쁜 기운으로 인해 나온 것이라 하였다. 큰 혼란 혹은 난리가 반드시 따른다는 언급을 했다. 재앙의 조짐, 간신의 농단이 있을 것임을 징조하는 것으로도 보았다. 이는 정치적으로 해석될 여지가 다분히 있었다. 그렇기에 중종 대 김안로가 등용되자마자 혜성의 요괴로움이 바로 나타나 하늘이 그 조짐을 알린 것이라 했다. 또한 그 해석을 보면 "혜성에 흰빛이 있으면 장군이 역모를 일으키고 꼬리가 길고도 오래 나타나 있으면 재앙이 크다."라는 대목도 있었다.

유성은 낙성이라고도 했는데, 특히 이 유성이 자미 등 성좌를 침범하거나 떨어지면 재변으로 보았다. 따라서 서운관에서는 이에 대한 관찰을 철저히 하고 기록으로 남겨야 했다. 또 이는 임금이 부덕하면 하늘이 내는 재이라 보기도 했다. 중종 28년(1533) 10월의 경우 유성 쇼라 할 현상이 벌어져 온 하늘에 혹 100여 개씩 혹 30개씩, 혹 20개씩 흩어져 떨어졌다 하면서 우려했다. 이는 백성들이 유리하여 곤궁해지는 징조라 판단한 바도 있다.

이러한 천문상 재변의 추이를 보자. 일식 · 일훈(햇무리) · 월식 · 월훈(달무리) · 월변 · 태백성 · 혜성 · 유성 · 운기 등의 현상을 태조부터 선조 대까지를 중심으로 그 통합 수치를 보면 다음과 같다.

조선 전기(1392~1592) 왕대별 천문재이 발생 추이

왕대	일식	일훈	월식	월훈	월변	태백	혜성	유성	운기	합계
태조(1392~1398)	1	7	2	0	19	13	0	21	1	64
정종(1398~1400)	0	8	0	0	6	21	0	6	0	41
태종(1400~1418)	4	8	2	1	88	164	3	37	30	337
세종(1418~1450)	19	327	32	29	32	65	7	28	0	539
문종(1450~1452)	1	38	2	2	0	4	0	0	0	47
단종(1452~1455)	3	45	1	0	0	5	0	1	0	55
세조(1455~1468)	5	262	0	1	0	13	81	4	1	367
예종(1468~1469)	1	3	0	0	0	0	21	0	0	25
성종(1469~1494)	9	9	12	0	1	190	64	55	1	341
연산군(1494~1506)	5	72	4	8	1	212	30	14	1	347
중종(1506~1544)	15	979	4	9	12	991	173	179	27	2,389
인종(1544~1545)	1	34	0	0	0	21	0	0	5	61
명종(1545~1567)	9	1,547	20	661	11	528	74	410	40	3,300
선조(1567~1592)	2	12	2	4	1	16	4	2	0	43
합계	75	3,351	81	715	171	2,243	457	757	106	7,956

자료: 한정수, 「조선 전기」, 『서울 災害史』, 서울특별시 시사편찬위원회, 2013, 244-245쪽

종합빈도수로만 본다면 명종, 중종, 세종, 세조, 연산군, 성종, 태종 등의 순이다. 어쨌든 여기서 주목되는 것은 성종 이래 서서히 늘어나다가 중종 대부터 명종 대에 이르기까지 폭발적 증가를 보이고 있다는 점이다. 이러한 증가 폭에 대해 중종 28년(1533) 7월 대사헌 심언광은 이는 작은 변이 아니어서 결국 무슨 일이 일어날지 모르겠다 하였으며, 단순 천변으로 그친 것이 아니라 지방에는 가뭄이 극심해 온 들판이 말라붙었다 하였고, 이것이 근 10년간 이어졌다고 하였다. 성변과 한재가 함께 일어나고 있었음을 알려준다.

한편 기상재해의 경우를 보자. 여기에 포함되는 재해로는 한재 · 수재 · 기근 · 이상고온 · 이상저온 · 안개 · 대설 · 대풍 · 대풍우 · 대우 · 서리 · 우박 · 뇌전 · 충재 · 유색눈비 · 전염병 · 지진 등이 있었다. 이를 이태진의 선행 연구를 토대로 그 통계와 추이를 보면 다음과 같다.(이태진, 「고려~조선 중기 天災地變과 天觀의 변천」, 『韓國思想史方法論』, 소화, 1997, 116쪽 참조)

조선 전기(1392~1600) 자연 이상 현상 및 재해 발생 횟수

유형	제1기 (1392~1450)	제2기 (1451~1500)	제3기 (1501~1550)	제4기 (1551~1600)	합계
한재	96	64	68	44	272
수재	58	18	66	34	176
기근	32	4	38	15	89
이상고온	24	15	20	15	74
이상저온	8	1	28	3	40
안개	144	20	45	280	489
대설	2	7	7	0	16
대풍	46	4	61	28	139
대풍우	149	112	59	34	354
대우	63	1	38	13	115
서리	107	11	145	38	301
우박	177	68	578	260	1,083
뇌전	264	108	547	456	1,375
충재	88	12	118	37	255
유색눈비	14	8	29	18	69
전염병	22	7	133	15	177
지진	183	78	482	287	1,030
합계	1,477	538	2,462	1,577	6,054

왕대별 천문재이 발생 추이와 50년 단위 자연 이상 현상 및 기상재해 발생 등은 직접적으로 비교하면서 상관관계를 논하는 데 어려움을 주지만 큰 틀에서 본다면 어느 정도 일치점을 보여준다. 즉, 중종~명종 초, 태종~세종 대가 겹치고 있는 것이다. 이것을 본다면 천문재이와 자연이상현상 및 기상재해는 어느 정도 상관관계가 있다 보아도 개연성이 있다.

이는 전염병 역시도 마찬가지였다. 제3기와 4기에 전체 177회 중 148회가 집중되었다. 폐위되어 쫓겨난 연산군도 역질에 걸려 물도 마시지 못하고 눈도 뜨지 못할 정도가 된 바 있었다. 연산군은 역질에 걸렸다는 보고가 올라오고 이틀 만에 죽은 것으로 여겨진다. 그만큼 전염병의 치사율이 상당했던 것으로 확인된다. 특히 중종 대 전염병 양상을 보면, 중종 19년(1524) 7월 평안도 의주 등지에서 1,639명이 죽었고, 이듬해인 20년(1525) 2월에는 평안도에서 7,724명이 역질로 죽었다. 21년(1526)에도 계속 확산되어 그 피해는 경상도, 전라도, 제주도까지 이르렀었다. 또한 중종 37년(1542)부터 명종 3년(1548)까지 다시 창궐해 한양에도 그 피해가 매우 컸다.

훈련된 서운관의 전문가 및 지방관이 관찰하고 보고한 결과를 토대로 한 내용을 『조선왕조실록』에서 뽑은 것이기에 그 정확도 면은 상당히 높다 할 수 있다. 여기에 더해 짐승들도 가뭄 등이 심해 먹을 것이 떨어지면 인가나 도성 등지로 출몰하기도 하였다. 이러한 점도 들짐승에 의한 피해로 기록될 수 있었다. 특히 호랑이로 인한 피해가 다수 기록되기도 하였으며, 이를 잡기 위해 착호갑사(捉虎甲士)를 운영할 정도였다.

다만 이러한 기록들 속에서 유의할 점은 실제 기록을 할 때 정확히 객관적인 정도, 분량에 대한 등급, 재해로 인한 피해 정도 등이 반영되었는가이다. 더불어 측량을 할 때 동일한 기준을 적용했는가 등도 고려할 필요가 있다. 특히 관찰자와 기록자가 동일한지 혹은 관찰자의 주관적 측면이 배제가 되었는지도 살펴봐야 한다. 여기에는 고의로 승진을 위해 재해 수를 줄일 수도 있고, 반면에 그 피해 정도의 깊이와 상관없이 일단 관련되었다면 기록으로 올려 숫자를 늘린다든가의 일도 있기 때문이다.

예를 들면 기근(饑饉)과 관련한 『조선왕조실록』의 단순 검색 때 태조~선조 대까지의 수치를 보면, 세종 대 347회, 중종 대 366회, 명종 대 174회가 나온다. 물론 이를 재위 기간을 통해 나눈다면 세종의 경우 연간 10.5회, 중종은 9.6회, 명종은 7.9 정도로 세종 대 기근이 더욱 많다. 실제 이태진의 연구에 의한 기근 횟수를 보면 제1기에는 32회, 제3기에는 38회로 집계되었다. 따라서 이를 고려한다면 관찰 및 기록자, 국왕의 관심 등에 따라 기근 기록이 이뤄진 측면을 알 수 있는 것이다.

2 | 재이 · 재해 인식과 대책

조선왕조의 경우 고려시대와 달리 유교 성리학이 사회 이데올로기이자 정치사상, 윤리 등을 지배하고 있었다. 따라서 음양론적 도참이나 숭불 및 숭신에 의지하는 재이나 재해 인식은 약했다. 이는 헛된 것이자 인력과 재화 낭비로 보았으며, 승려나 무당 등에 대해 엄격한 통제를 가하여 그 믿음을 약화시키려 했다. 사회적 차별 및 천대시는 이러한 분위기를 지속시키는 계기가 되기도 했다. 다만 이 과정에서 도성 안 소위 국가 공인격인 국무당(國巫堂)은 존속되었지만 역시 제한적이었다. 승려와 사찰 역시도 도첩제(度牒制)와 오교양종 등으로 정리되어 갔다.

조선에서 음양론적 천변 및 재해 인식 및 해석이 없어진 것은 아니었다. 오히려 이는 더욱 심화된 면이 있었다. 춘추학(春秋學)에서는 천변지이나 재해 등을 징조로 보고 그것을 기록했으며, 역사로서 그 결과를 제시했다.

이에 따라 징조와 사실 간의 상관 관계가 분석되었다. 그리고 이러한 재이와 재변을 어떻게 최소화할 것인가에 대해 관심을 갖고 음양론적 차원에서의 대응을 꾀한 바 있었다. 한 무제 때 동중서가 쓴 『춘추번로』가 대표적이다.

이에 따라 중국의 경우 진 · 한 시대 이후 춘추학과 음양학은 상관관계를 맺으면서 천인감응론적 재이관을 발전시켰다. 사서는 물론이고 음양론적 징조 및 해석을 정리하는 책을 출간하기도 했다. 한나라 때 편찬된 『경방역전(京房易傳)』, 당나라 때 편찬한 『개원점(開元占)』이나 『개원점경(開元占經)』, 유서류적인 백과사전인 『문헌통고』, 『옥력통정(玉曆通政)』 등의 책이 대표적이었다. 특히 『개원점』은 고려시대에도 인용된 서적이었다. 조선왕조에 들어와 서운관 등 천문역산학 담당 인물에 의해 작성되었을 『천문비기』도 있었다. 각종 사서에서 천재지변에 대해 사관이나 일관 등이 그 징험을 정리한 것 등도 후대에 참조되었다.

어쨌든 조선에서는 천재지변을 대체로 유교적 음양론에 토대한 춘추학이자 천인감응론 등으로 본 것이었고, 그에 따라 대책을 찾아 효험 있는 방안을 실현하고자 했다. 그 전거가 되는 것이 바로 세 부류의 『춘추』였고, 『춘추번로』 등과 위에 언급한 책들이었다. 『춘추좌씨전』 · 『춘추공양전』 · 『춘추곡량전』이 춘추삼전에 해당하였다. 특히 서운관을 비롯한 전문 기관에서 천재지변을 살펴 기록하면서 그 징후를 국왕에게 아뢰었으며, 국왕은 그것을 대신들이 어떻게 보고 이해하며, 대책을 세우려는지 등을 살폈다. 예컨대 태종 9년(1409) 4월 을미일(23)의 기록을 보면 다음과 같은 태종의 말이 나온다.

> 개국한 이래로 재변(災變)이 없는 해가 없었다. 태상왕(太上王) 때는 내가 기억하지 못하나, 상왕(上王) 때에는 만약 재이(災異)가 있으면, 들어와서는 고하고 나가면 물어, 항상 경계하고 두려워하여, 매양 산(山)이 무너지고

물[水]이 마르는 일과 해 · 달 · 별 · 바람 · 서리 · 우레 · 비 · 새 · 벌레 · 물고기 따위의 변괴(變怪)가 있으면 모두 기억(記憶)하여 수성(修省)하지 아니함이 없었는데, 오늘날에 이르러 하늘의 견고(譴告)는 진실로 알기 어렵다. 한(漢)나라 광무제(光武帝)와 당(唐)나라 태종(太宗)도 재이(災異)를 면하지 못하여, 동중서(董仲舒)가 재이를 논하였는데, 무엇 때문에 응(應)한 것인지 말하지 아니하였다. 송(宋)나라는 지금부터 오래지 아니한데, 사람이 변하여 용이 된 이변(異變)이 있었어도, 무엇 때문에 응(應)한 것인지를 듣지 못하였다. 그러나 어찌 예전에도 이 같은 일이 있었다고 하여 하늘의 경계를 만홀(慢忽)히 여길 수가 있겠느냐?(『태종실록』 권17, 태종 9년 4월 을미(23))

라고 했다. 재변과 재이, 변괴, 견고 등을 언급하면서 태종은 동중서의 재이론과 관련해 왜 하늘이 응하여 견고하는 것인지 알 수 없음을 답답해하였다. 물론 그것은 인과관계로서 설명될 수 있는 것은 아니었다. 실제 인간의 잘못으로 하늘이나 땅, 기후에 변괴나 이변이 발생하는 것은 아니기 때문이었다. 그렇기에 같은 질문 속에 비슷한 대답이 계속 이어졌다.

그 과정을 보면 특히 해와 달, 별, 천문을 군신에 비유하면서 밝음, 그리고 천문은 양이며 군주, 나머지는 음이며 신하로 보아 음양론적 시각으로 해석하는 면이 있었다. 천문의 경우 군주가 공구수성과 수덕, 덕정을 닦음으로써 전화위복(轉禍爲福), 변재위상(變災爲祥)을 할 수 있다는 시각이 강했다. 소위 '춘추학'적 시각이 강하였다. 그렇지만 계속해서 천견이 왜 있게 되었는가를 묻고 전화위복의 필요성 등의 답이 나왔다.

천견이 발생하면 군주는 공구수성하고 잘못된 정사를 바로잡아야 했다. 군주의 박덕과 실정 등이 결국 원인이라는 이해로 합리화했다. 즉, 인사(人事) 및 정치가 아래에서 잘못되었기에 하늘의 도 즉 천도가 감응한다든가, 원옥이나 상벌이 잘못되었다든가, 월령을 제대로 따르지 않아서라든가, 공론(公論)을 밝게 살피지 않아서라든가, 숭불의 풍조가 되살아나서라든가,

부역이 지나치게 번중하여서라든가 등 수많은 원인이 지적되었다. 이러한 원인에 대한 조명은 결과적으로 그 원인을 없애야 한다는 논리로 이어졌다. 이러한 논리 속에서의 원인을 없애는 노력이 '진인사(盡人事)'였다.

농상의 면에서도 이는 마찬가지였다. 가뭄이나 우박, 홍수, 서리 등으로 인해 큰 피해를 입게 되었을 때 마냥 하늘만 원망하고 하늘의 보살핌을 기도한다고 문제가 해결될 수 있을까? 또 조정으로부터의 진휼만 기다리고, 혹은 진휼미를 얻기 위해 천리길을 떠나 서울로 몰려든다고 해결될까? 혹은 무리를 지어 도적떼가 되어 약탈을 일삼으면 해결이 될까? 이러한 시도와 행위 등은 안전한 해결책이 될 수 없었다.

그렇다면 어떻게 해야 할 것인가? 세조 3년(1457) 정월 세조는 수재와 한재는 비록 천수(天數)이지만 인사를 다한다면 반드시 흉년에 이르지 않을 것이라 했다. 그리고 이어 세조 4년(1458) 3월 을묘일의 팔도 군민에 대한 유시는 이에 대한 답을 보여준다.

> 너희들이 생각하고 헤아리기는 하늘[天]이 금수를 사랑하고 사람을 사랑한다고 여기느냐? 민심(民心)이 근심함이 많으면 수한(水旱)이 이에 응하고, 민심이 화열(和悅)하면 풍서(豐瑞)가 이에 응한다. 하늘이 사람을 사랑하는 까닭으로 민중의 뜻에 하늘은 반드시 응하니, 대개 쉽게 하늘이 사람을 사랑함을 본다. 수한(水旱)을 비록 만난다 하더라도 백성이 게을리하여 김매기를 제때에 하지 않는다면 이것은 스스로 주림을 취하는 것이니, 어찌 하늘이 너희들의 마음을 사랑하겠느냐? 너희들의 생활하는 계책은 역농(力農)함이 최선이므로 집집마다 역농할 것 같으면 나라도 따라서 부(富)하게 되고, 도적은 자연히 없어질 것이니, 너희 백성들은 나의 지극한 마음을 체득하라.(『세조실록』 권12, 세조 4년 3월 을묘(28))

세조의 이 같은 유시는 농사에 힘씀[力農]을 우선시하라는 요지로 읽혀진다. 그리고 이는 수한의 재해에도 역농을 다하면 결과적으로 부유하게 될 것이라 보고 권장한 것이었다. 자연재해를 넘어서는 단순한 방도이지만 최선의 답변이기도 했다. 이는 다른 표현으로 하자면 역농처럼 인사를 다하는 것이 천견에 응하는 방도가 된다는 것이었다.

이미 세종은 천인감응론적 재이관 속 그 사유를 이어가면서도 한편으로 인사를 다하기 위한 다양한 방도를 찾았다. 천문역산과 관련한 기구를 정비한 것이 확인된다. 천문의 재상(災祥)과 역일을 살피는 일을 맡은 서운관(書雲觀: 觀象監), 간의대(簡儀臺), 보루각(報漏閣), 흠경각(欽敬閣) 등을 정비했다. 천문역산학의 교육, 산학(算學) 교육, 의료기관으로서의 삼의사(三醫司) 정비[전의감 · 혜민국 · 제생원] 운영 등이 확인된다. 이들 관련 인재 양성과 등용을 위해 음양학, 의학, 약학, 산학 등을 나눠 취재했다. 특히 천문역산과 관련해 혼의(渾儀) · 혼상(渾象) · 규표(圭表) · 일성정시의(日星定時儀), 각종 해시계 등을 만들었다. 이 중 낮과 밤의 시간을 측정하는 기구가 일성정시의였다.

세종 20년(1438) 대호군 장영실에 의해 건설된 흠경각과 관련해 쓰여진 기문(記文)의 서두를 보면 제왕의 정사에는 먼저 역수(曆數)를 밝혀 세상에 절후를 알려줘야 하며, 절후의 요결은 천기를 보고 기후를 살피는 데 있으므로 이를 위해 기형(璣衡)과 의표(儀表)를 설치하게 되었다라고 하였다. 천기와 기후에 대한 과학적 측정을 언급하고 있음이 엿보이는 것이다. 관련 그릇을 만드는 도량형으로서는 7촌 5분 정도의 주척을 기준으로 하여 의 · 상 · 표 · 누(儀象表漏) 등을 만들었다 하였다.

세종 19년의 간의대와 세종 20년의 흠경각 등이 설치 운영되면서 세종은 더욱 자신감을 가졌고, 이를 활용하기 시작했다. 이 중 상징적인 것이 비의 양 즉 우량(雨量)을 살피는 방식의 창안이었다. 그 그릇의 용량을 일정하게 정하여 비가 온 후 우량의 깊이를 재어 기록 및 보고하게 하는 방식이 나온 것이다. 세종 24년(1442) 5월 정묘(8) 우량을 측정하는 일과 관련해 호조에서 아뢴 글을 보면 다음과 같은 내용이 보인다.

> 1. 서울에서는 쇠를 주조(鑄造)하여 기구(器具)를 만들어 명칭을 측우기(測雨器)라 하니, 길이가 1척(尺) 5촌(寸)이고 직경(直徑)이 7촌입니다. 주척(周尺)을 사용하여 서운관(書雲觀)에 대(臺)를 만들어 측우기를 대(臺) 위에 두고 매양 비가 온 후에는 본관(本觀)의 관원이 친히 비가 내린 상황을 보고는, 주척(周尺)으로써 물의 깊고 얕은 것을 측량하여 비가 내린 것과 비오고 갠 일시(日時)와 물 깊이의 척 · 촌 · 분(尺寸分)의 수(數)를 상세히 써서 뒤따라 즉시 계문(啓聞)하고 기록해 둘 것이며,
>
> 1. 외방(外方)에서는 쇠로써 주조(鑄造)한 측우기(測雨器)와 주척(周尺) 매 1건(件)을 각도(各道)에 보내어, 각 고을로 하여금 한결같이 상항(上項)의 측우기의 체제(體制)에 의거하여 혹은 자기(磁器)든지 혹은 와기(瓦器)든지 적당한 데에 따라 구워 만들고, 객사(客舍)의 뜰 가운데에 대(臺)를 만들어 측우기를 대(臺) 위에 두도록 하며, 주척(周尺)도 또한 상항(上項)의 체제(體制)에 의거하여 혹은 대나무로 하든지 혹은 나무로 하든지 미리 먼저 만들어 두었다가, 매양 비가 온 후에는 수령(守令)이 친히 비가 내린 상황을 살펴보고는 주척(周尺)으로써 물의 깊고 얕은 것을 측량(測量)하여 비가 내린 것과 비오고 갠 일시(日時)와 물 깊이의 척 · 촌 · 분(尺寸分)의 수(數)를 상세히 써서 뒤따라 계문(啓聞)하고 기록해 두어서, 후일의 참고에 전거(典據)로 삼게 하소서.(『세종실록』 권96, 세종 24년 5월 정묘(8))

라고 하였다. 1년간의 강우량을 측량하여 기록으로 남길 수 있다는 것은 획기적 사건이라 할 수 있었다. 이는 과학적 수량 관리에 도움이 되며, 농사에 참고가 될 수 있기 때문이었다. 기존의 오래된 월령적 권농을 넘어 실측을 통해 확인된 수치로서 그 추이를 살필 수가 있게 되었다. 세종의

이 같은 의표 및 측우기 제작 등은 천문과 시후, 우량 등을 살펴 민생을 도모하는 데 있어 큰 계기로 작용할 수 있었다.

한편 재해와 관련한 대책을 보자. 조선에서도 정도나 설행 횟수 등에 대한 차이는 있으나 재이를 없앤다는 의미의 '양(禳)'을 행하였다. 즉 '기양(祈禳)'이 이뤄진 것이다. 그 실체는 유불도와 산천신앙을 넘나드는 것이었지만 일정 기준이 있었다. 태종 4년(1404) 5월 신유일(21) 기록을 보면 "종묘(宗廟) · 사직(社稷)과 악해독(嶽海瀆) · 명산 대천(名山大川) 및 소격전(昭格殿)에 비를 빌고, 원옥(冤獄)을 심리(審理)하고, 빈궁(貧窮)한 사람을 진휼(賑恤)하고, 드러난 백골과 시체를 묻어 주었다."라 하였고, 이어 기우를 행한 내용이 있었다. 이 중 소격전은 도교 기구였다. 여기에 더해 원구단 기우 등도 이어졌다.

석척기우(蜥蜴祈雨)라 하여 독 속에 도마뱀을 집어넣고 어린 남자 아이 20명 정도로 하여금 푸른 옷을 입고 버들가지를 들고 빌기를 "석척(蜥蜴)아! 석척아! 구름을 일으키고 안개를 토하며 비를 주룩주룩 오게 하면 너를 놓아 보내겠다."라 하는 것이었다. 흥천사 · 원각사 등 사찰에서도 어쩔 수 없는 경우 기우도량을 베풀게 했다. 이때는 짚으로 한 몸에 머리가 아홉 개인 초룡(草龍)을 10여 개 제작해 쓰기도 했다. 오방룡과 토룡을 만들거나 그려 기우제에 썼던 것으로 보인다. 무당과 승려들을 모아 기우를 행한 바도 있다. 도교와 관련해서는 소격전, 태일성에 대해 초제를 행하였다.

이러한 활동 외에도 국왕은 기양을 위해 책기 혹은 죄기를 행하였다. 피전감선, 철악(撤樂), 철시(撤市) 등을 포함한 죄기전지(罪己傳旨)를 내리고 백성들을 구휼하고자 하는 뜻을 담은 휼민전지(恤民傳旨)를 알렸다. 이어서는 구언교서를 내려 신료들의 의견을 청취했으며, 형옥을 살피거나 긴급하지 않은 토목공사를 중지 혹은 파하였다. 구언에 따라 신하들은 그에 응하는 시무상서를 올렸다. 예컨대 성종 17년(1486) 3월 을묘(10)에 홍문관직제학

김흔은 4가지 경덕(敬德)을 논하였다. 첫째는 좋아하는 것 즉 기호를 절제할 것, 둘째는 명기(名器) 즉 관료인사를 중히 여길 것, 셋째는 형법을 삼갈 것, 넷째는 간쟁을 받아들일 것 등을 언급했다. 사실 이러한 시무상서는 국왕의 잘못을 신랄하게 논하고 고치자는 것이라 대부분의 국왕들은 구언교서를 내리더라도 그에 따른 시무 개혁에는 주저하는 경우가 많았다.

한편 조선왕조에서는 재해와 관련해 다양한 시스템적 기구나 시설을 갖춰 운영하기 시작했다. 수재나 한재, 화재 등과 관련한 것이 특히 다양했다. 우선 치수와 관련해 제언과 보 등을 전국적으로 갖추도록 장려했다. 성종은 제언사(堤堰司)를 둔 뒤 제언사(堤堰使)를 여러 도에 보내기 시작했고, 중종 18년(1523) 정월 제언사 낭관의 보고에 따르면 하삼도 제언수는 대략 경상도 800여 곳, 전라도 900여 곳, 충청도 500여 곳이 된다 하였다. 그 성과가 확인되는 것이다. 이외 『농사직설』을 편찬하여 보급하거나 구황서를 편찬하였다. 『경험진제방』, 『구황벽곡방』, 『구황촬요』, 『충주구황촬요』 등이 있었으며, 의창곡 · 진휼청 · 진제장, 동서활인원 등도 운영되었다. 화재와 관련해서는 오늘날의 소방서라 할 금화도감(禁火都監)을 세종 8년(1426) 2월에 두도록 하여 화재방지 역할을 맡도록 하였다.

3 | 재해와 왕권

천재지변이나 재해가 발생했을 때 표현되는 말이 있다. 하늘에 대해 군주가 부덕과 박덕을 공구수성하고 책기 및 죄기하면서 덕을 쌓는 정치를 해야 한다는 것이다. 그러면 전화위복의 결과를 만들 수 있으며, 재변이 오히려 상서로 바뀔 수 있다고 하였다. 고려나 조선의 군주 및 지배층의 인식도 여기에 있었다. 하지만 조선시대로 접어들자 재해의 원인에 대한 언급은 다소간 상투적 측면으로 제시된다. 이는 일종의 학습효과라 할 수 있었다.

예컨대 6사 자책이 있었다. 앞서서도 언급했는데 『십팔사략(十八史略)』 권1에 전하는 탕임금의 6사를 다시 인용하면 다음과 같다.

> 정치가 절도가 없어서입니까? 백성들이 생업을 잃어서입니까? 궁실이 높아서입니까? 여인들의 농간이 많아서입니까? 뇌물이 성행해서입니까? 참소하는 사람이 많아서입니까?[政不節歟 民失職歟 宮室崇歟 女謁盛歟 苞苴行歟 讒夫昌歟]

6사의 이 내용은 자책 혹은 죄기라고는 하지만 실제로는 정치 전반에 대한 반성과 개혁이라는 요소를 담고 있었다. 군주의 입장에서는 자신의 실정을 반성하는 것이지만 신료나 백성의 입장에서 본다면 더 좋은 정치를 위한 노력의 일환으로 읽히는 것이었다. 따라서 이 같은 6사 자책이나 비슷한 유형의 죄기는 그에 따른 실천이 따른다면 자칫 약화될 수 있는 왕권의 안정에 도움이 될 수 있었다.

이는 다른 면으로 본다면 불교나 도교, 그리고 산천신앙의 요소, 풍수도참적 이해 등과는 달랐다. 이에 따른 도량과 재초, 제사, 천도 등의 경우 일시적으로 군주가 제불과 제신에 대해 기도함으로써 군주의 신성성을 나타내고자 하는 면이 있었다. 이러한 분위기가 있었던 시대상황 속에서는 어느 정도 필요했다. 하지만 이미 고려 말 척불론과 음사 배척 등이 이뤄지고 유교적 기양과 수덕 조치가 요구되는 상황에서 도량과 재초 등을 통해 군주의 신성성을 나타내기는 어려웠다.

그렇기에 하늘 혹은 부처, 신이 해결해 주기를 실제 바라지 않았다. 그럴 수도 없다는 것을 알고 있었던 것이다. 말하자면 이제 신이 모든 것을 주관한다가 아니라는 것이었다. 인간의 노력이 신을 감동시킬 수 있다는 단계에서 이제 하늘과 신이 내리는 것은 그 뜻으로 포장된 자연현상일 뿐이며 중요한 것은 그 피해를 예상하고 대책을 세워 해결하면 된다는 것이었다. 세종 5년(1423) 3월 세종은 경복궁 근정전에서 문과 과거 시험 문제를 낸 바 있다. 그 내용을 보면 역대 왕조에서 늘 고민하던 사항에 대한 물음과 그에 대한 답변을 요구하였다. 내용은 다음과 같았다.

> 인사(人事)가 아래에서 감동되면, 천도(天道)는 위에서 반응하게 되니 이것은 고금 자연의 이치이다. 경사(經史)를 상고해 보건대, 혹은 그 반응이 있기도 하고, 혹은 그 반응이 없기도 하니, 그것이 그렇게 된 이유를 얻어들을 수 있겠는가. 봉황이 와서 희롱하고, 바다에서 물결이 일어나지 않고, 보정(寶鼎)이 나온 것은 모두 상서(祥瑞)이고, 9년의 홍수와 7년의 가뭄과 부시(罘罳)에 화재(火災)가 난 것은 모두 재이(災異)이다. 이것이 모두 감응(感應)이 있어서 온 것인지, 감응이 없이 자연히 온 것인지. 창린(蒼麟) · 백록(白鹿) · 천서(天書) · 지초(芝草) 등은 의심할 만한 상서(祥瑞)인데, 송(宋)의 진종(眞宗)은 거의 태평 세상을 이루었으나, 조(趙)의 석륵(石勒)은 마침내 나라가 떨치지 못했으니, 사건은 같은데도 성함과 쇠함이 다른 것은 무슨 이유인가. (중략) 금년에 수재(水災)와 한재(旱災)가 서로 잇달아 일어나고, 근년에 와서는 흉년이 거듭 들어서, 백성들이 고향을 떠나 흩어지게 되고, 평안도 강원도의 두 도(道)가 더욱 심하니, 이런 일이 오게 된 것은 무슨 까닭인가. 오사(五事)의 실책(失策)이 있었던가. 혹시 교조(敎條)가 사리에 어긋났던가. 혹은 유사(有司)들이 봉행(奉行)할 때 한갓 실속은 없이 형식만 잘 꾸며서 성심으로 백성을 사랑함이 없었던가. 혹시 백성들이 원망이 있는데도 내가 미처 듣지 못했던가. 재이(災異)를 변하여 화기(和氣)를 띠게 하는 그 방법은 무엇인가. 흉년을 구제하는 정사를 강구(講求)하여, 창고를 열어 백성을 구제했는데도 백성이 굶주린 기색을 면하지 못한 것은 어떤 이유인가. 백성들로 하여금 굶주림으로 울면서 호소함이 없게 하고, 들에는 버려둔 송장이 없게 하는 방법은 어디 있을까. (중략) 경(經)에, "중(中)과 화(和)를 '사람으로서' 다하면 천지(天地)도 그 자리를 정할 것이며, 만물이 양육(養育)

된다."고 하였으니, 이 도리를 다한다면, 재이(災異)도 소멸될 수 있고, 태화(泰和)한 세상도 기약할 수 있을 것인가. 나의 대부(大夫)들은 경술(經術)에 통달하여, 정치하는 본의 대체를 잘 알아서 말을 할 만한 시기를 기다린 지가 오래되었을 것이니, 마음에 있는 것을 다하여 대답하라. 내가 장차 친히 볼 것이다.(『세종실록』 권19, 세종 5년 3월 기유(28))

세종의 고민은 분명했다. 이 책제에 대한 급제자들의 답안 내용은 보이지 않으나 세종의 의도는 명목상으로 자연재해나 상서는 하늘의 뜻으로 일어나는 것으로 보지만 보다 중요한 것은 인사를 다하는 것이어야 한다는 데 있었을 것이다. 즉 감응이 있어서 온 것인지, 감응이 없이 자연히 온 것인지를 묻는 것은 논리적으로 감응이 있어 온 것으로 봐야 한다는 것이었다. 그래야 천인감응론적 재이관이 성립되기 때문이다. 하지만 실제로는 감응이 없이 자연히 온 것인지를 감안해야 했을 것이다. 소위 감응론적 입장에서 본다면 원인에 대한 규명이 필요하기 때문이었다.

또한 이러한 책제를 낸 것은 유생들이 관료로서 앞으로 고민해야 하는 바를 생각하게 하기 위해서인 면도 있었다. 유생들이 모든 것이 하늘의 뜻이며, 그러한 하늘의 뜻을 풀기 위해 도량이나 재초 등을 통해 해결하려 한다면 소위 신정사회로의 회귀를 뜻할 수 있었다. 하지만 이치상으로도 현실적으로도 자연재해는 의지가 있는 하늘의 뜻이 아니었다. 반응이 있기도 하고 반응이 없기도 하다는 세종의 지적은 이를 감안한 것이었다. 따라서 세종도 치자인 국왕이나 신료가 자연에서 벌어지는 현상을 확인하고 그에 따라 백성의 고통을 함께하며 실질적인 수덕의 노력을 기울여야 함을 밝혔다 여겨진다.

백성을 위해 재해의 정도를 나누는 노력을 기울이려 한 대목도 유의할 필요가 있다. 공법(貢法) 제정을 통해 한해의 풍흉 정도를 9등급으로 나눠 조세 수취를 꾀하는 시도가 행해진 것이다. 연분구등법(年分九等法)이 이에 해당하였다. 측우기 혹은 측수기를 만들고, 천문역산과 산학 및 의학, 농학 등 다양한 분야에 걸쳐 일정 기준을 세우고 그에 따라 관련 인재와 기구, 전문서적 등을 출간하였다. 전국에 걸친 지리지를 편찬하여 호구나 토지 전결수, 특산물 등을 정리하였다. 소통을 원활하게 하기 위한 한글을 창제하였다. 세종 대의 이러한 노력은 결국 많은 천재지변과 재해에도 불구하고 전화위복을 꾀한 성군으로 인정받는 바탕이 되었다.

재해 앞에서 군주는 대개 "재이를 바꿔 상서가 되도록 하는 것은 덕을 닦는 데에 있지 기양(祈禳)하는 데 있지 않다."라 하며 수덕을 강조했다. 하지만 세종이 모범을 보여준 재이 인식과 그에 따른 수덕 노력은 후대에 지속되거나 더 나아지지 못했다. 재변에 대해 정치의 잘못, 백성의 시름과 원망 때문에 일어난 것이라는 천인감응적 재이관 자체로의 회귀가 있었기 때문이었다. 격물(格物) · 치지(致知) · 성의(誠意) · 정심(正心)하는 학문을 익히고 이를 토대로 덕을 닦아야 했지만 대개의 경우는 그렇지 않았던 것이다.

연산군 3년(1497) 7월 예문관대교 정희량(鄭希良)은 연산군이 낙뢰로 인해 자책하며 교서를 내려 직언을 구한 데 따라 글을 올린 바 있었다. 여기서 그는 임금이 경계하고 두려워하는 마음이 있으면 흥할 것이고 임금이 교만하고 안일한 마음이 있으면 망할 것이라 했다. 또한 요얼의 재이가 없더라도 오히려 이를 다행으로 여기는 것이 아니라 편안해도 위태로움을 잊지 않는 마음을 가져야 한다고 지적했다. 그리고 10조목을 열거, 설명하면서 말을 구함이 어려운 것이 아니라 말을 들어줌이 어려운 것이고, 말을 들어줌이 어려운 것이 아니라 말을 써줌이 어려운 것이니 채용할 만한 것이 있으면 흔쾌히 시행하여야 한다고 했다. 말해도 써주지 않으면 구언하는 것은 단지 고사(故事)를 흉내 낸 것이라 여겨지므로 사람들은 이후 다시 말을 하지 않을 것이라 했다. 군주가 진심으로 구언을 하고 구언한 뒤에

받아들여 행할 바가 있다면 곧바로 시행하여야 한다는 것이었다.

정희량이 올린 10가지 조목은 다음과 같았다. ① 임금이 마음을 바르게 할 것, ② 경연을 부지런히 할 것, ③ 간쟁을 받아들일 것, ④ 어짊과 간사함을 분변할 것, ⑤ 대신을 공경할 것, ⑥ 내시를 억제할 것, ⑦ 학교를 숭상할 것, ⑧ 이단을 물리칠 것, ⑨ 상벌을 삼갈 것, ⑩ 재용을 절약할 것 등이었다. 연산군은 이에 대해 "쓸 만한 말이 있고 쓸 수 없는 말이 있다."라고 했을 따름이었다.

또한 연산군 8년(1502) 5월의 기록을 보면 비슷한 10가지 조목이 등장한다. 이는 연산군이 정희량이 올린 10조목에 대해 받기만 하고 시행하지 않았다는 면으로 이어진다. 그것은 "경연(經筵)에 부지런히 참여할 것, 간쟁(諫諍)을 받아들일 것, 원자(元子)를 가르칠 것, 관작(官爵)을 소중히 여길 것, 낭비를 없앨 것, 천재(天災)에 대해 삼갈 것, 형벌을 신중히 할 것, 송사를 간략하게 할 것, 고식(姑息)을 경계할 것, 풍속을 바로잡을 것 등이었다.

중종 21년(1526) 10월 구언전지를 의정부에 내렸다. 10월인데도 천둥과 번개, 우박이 8일과 11일에 벌어졌기 때문이었다. 이때 중종은 스스로의 잘못을 8가지로 나눠 자책하였다. 그리고 구언을 통해 이뤄지는 중종 자신과 조정의 잘못을 듣고 반성하면서 천견에 응답하고자 한다고 했다. 당시 중종 자신이 언급한 조항은 다음과 같았다.

> 교화가 퇴폐되어 인심이 나빠져서 그런 것인가, 기강이 해이해져 염치의 도가 무너져서 그런 것인가, 내정(內政)이 근엄치 못하여 여알(女謁)이 성행해서 그런 것인가, 토목 공사의 부역이 무거워 백성이 그 고통을 감내해 내지 못해서 그런 것인가, 헛된 비용이 너무 많아서 백성에게 폐가 이르러 그런 것인가, 형옥(刑獄)이 중도(中道)를 잃어 억울함이 날로 쌓여서 그런 것인가, 사람의 기용에 정당성을 잃어 벼슬을 좀먹고 있는 자가 많아서

그런 것인가, 부렴(賦斂)이 번다하고 무거워서 백성들이 지쳐 그런 것인가? (『중종실록』 권57, 중종 21년 10월 임술(12))

그런데 중종은 천견에 대한 구언을 한 뒤 이틀 후 전교에서 구언전지는 전례를 따른 것뿐이라는 말을 했다. 소위 그냥 해야할 것 같아서 했다는 표현이었다. 이러한 말은 진심이 느껴지지 않게 된다. 더구나 중종 대에는 역대급으로 많은 재변과 재해가 있었던 시기였다. 엄중한 시기에 군주의 말이 이러했다는 것은 재변에 대한 실질적인 조치를 취하지 않았다는 말과 같았다. 그렇기에 피해는 더욱 커질 수 있었다.

이처럼 조선 전기 군주는 재이 등에 대해 다소간 그 인식과 대응, 해결을 위한 리더십 등에 다소간 차이가 있었다. 그러나 결과적으로 본다면 다음과 같은 순서로 왕권을 행사할 경우 전화위복의 군주라는 평이 가능했다. 반대의 경우는 상패의 군주로 낙인찍힐 수 있었다.

첫째, 아무 일이 없더라도 오히려 이를 하늘이 자신을 시험하는 것이라 여겨 더욱 경계하는 마음을 가져야 했다. 편안할 때 위태로움에 대비한다는 말이 이에 해당하였다.

둘째, 어떠한 재변에 대해서라도 진심을 다해 재변에 대하여 공구수성해야 했다. 두려워하면서 반성한다는 의미였다.

셋째, 자신의 부덕과 정치 등에 대해 스스로 책기하고, 자신에게 죄를 묻되 백성에게는 그 피해가 가지 않도록 해달라는 표현을 해야 했다. 즉, 자책과 구언의 교지를 발표해야 했다.

넷째, 시폐(時弊)와 시정득실을 살펴 올리는 상소의 글을 받아들인 뒤 그 시행 여부를 판단해야 했다. 그리고 대신들과 함께 그 수용 및 시행과 관련해 논의하고 상소문을 올린 이에 대한 격려를 해야 했다.

다섯째, 이상의 천인감응적 조치와 함께 실제 정치제도의 개혁과 민생을 도모하는 여러 가지 방책을 계획하고 시행해야 했다. 세종이 행한 업적이 이상적이었다. 천문학과 음양학, 산학, 의학, 농학, 세금, 풍흉의 구분, 도량형의 마련과 시행 등을 통해 재해에 대비 혹은 그 대책을 시행하여야 했다. 천인감응론에 따라 공구수성하면서도 온고지신(溫故知新)의 정신을 실천하여 수덕의 방안을 제시한 것이었다.

4 | 생각해 봅시다

첫째, 조선 전기 천재지변과 재해는 왜 특정시기에 집중되었을까?

둘째, 고려와 비교할 때 조선 전기 사회에서의 재이 인식은 어떠한 차이가 있을까?

셋째, 전화위복과 변화위상은 재이대책과 관련해 어떤 뜻을 가질까?

넷째, 세종은 어떻게 천재지변과 재해를 극복할 수 있었을까?

다섯째, 유교적 차원의 천인감응론은 적절한 것이었을까?

여섯째, 공구수성하고 책기 등을 행한다고 재이는 해소될 수 있는 것이었을까?

일곱째, 연산군이나 중종, 명종 등은 왜 재이 문제에 대해 적극적이지 않았을까?

2장

재해와 조선 후기 사회

1 | 소빙기와 재해 양상

중세온난기의 끝자락이자 소빙기의 시작점이라 할 수 있는 14세기 이후 유럽에서는 르네상스라는 문예부흥, 인본주의가 시작된다. 페스트가 중세 유럽을 휩쓸고 난 뒤였다. 중국과 조선에서는 이 시기에 왕조의 쇠망을 앞당길 정도의 자연재해가 연속되었고, 전란이 이어졌다. 불교나 도교, 산천신앙, 풍수도참적 비기설 등은 인간 자신의 수양과 성찰을 위한 유교 성리학으로 대체되었다. 천견을 천인감응론적인 재이로 이해하면서 아래에서 '진인사'하여 하늘을 감동시켜 전화위복, 변재위상을 이끌어내야 한다고 하였다.

그렇지만 중종 대를 거치면서 일어난 천변지이와 재해는 그 규모나 지속성 면에서 지금까지의 경우와 달랐다. 인사를 다하는 수덕을 통해 전화위복할 수 있다는 천인감응론적 재이관과 재해대책은 끊임없이 거론되었다. 하지만 세종 대와 같은 노력과 성과는 나타나지 않았다. 붕당정치의 성립은 왕권과 신권의 관계를 변화시켰다. 천인감응론적 재이관의 핵심은 왕권에 있었다. 하지만 이제 왕권은 천인감응을 주도하는 정치적 권위를 상실하고 표면적인 혹은 의식적인 역할로 제한되었다.

말하자면 정치권력을 장악한 붕당세력이 정국을 주도하게 되자 군주는 피상적인 국왕 역할을 하는 데 초점을 맞춘 경향이 있는 것이다. 이는 결국 수많은 천변과 재해가 있을 때마다 공구수성과 책기수덕을 입버릇처럼 되뇌어도 실제 덕을 쌓지 못하는 딜레마를 연출하게 된다. 소위 사공이 많아지면서 정치의 조화와 일관성 등이 무너지게 된 것이다. 그런데 15세기 후반과 16세기 유성우로 대표되는 성변과 가뭄 · 우박 · 홍수 · 역질로 상징되는 재해는 대기근을 불러일으켰다. 이러한 시기에서 이어지는 공통점은 침략전쟁이 시작된다는 것이다. 실제로 왜구의 출몰을 넘어 일본은 조선에 대한 침공을 통해 자국 내의 어려움을 해결하려 했다.

조선은 이제 삼중고를 넘어 사중고를 겪게 된다. 물론 향약 보급 및 서원 설치 운동을 통해 지방 지배 질서 확립을 위한 노력을 하고, 사창 등을 통해 민생을 보완하려 했지만 역부족이었다. 16세기를 넘어가는 시점에 조선에는 어떤 일이 벌어진 것일까?

우선 임진왜란(1592), 정유재란(1597), 정묘호란(1627), 병자호란(1636) 등으로 일컬어지는 대규모 전쟁이 1592년부터 45년간에 걸쳐 지속되었다. 전쟁으로 인한 참상도 참상이지만 이 기간에 이어 효종~숙종 대도 자연재해와 전염병 등이 극심했다.

특히 소빙기 특유의 기후 현상을 보여주었는데, 평균기온이 아주 낮아지는 이상저온, 혹은 냉량지수가 상당히 높았다. 이때에는 가뭄과 서리 · 우박 등이 많아 농사에 절대적 영향을 주었다. 게다가 폭우로 인한 홍수도 많았다. 가물고 한랭하며 홍수가 있던 시기에 전염병까지 겹치면서 대기근이 일어나는 것은 정해진 과정이라 할 수 있었다.

조선시대 천문 이상현상(단위: 50년, 건수)

	1기	2기	3기	4기	5기	6기	7기	8기	9기	합계
유성	103	69	422	387	766	740	695	239	10	3,431
유색천기	48	9	333	325	211	61	61	3	1	1,052
천중소리	0	0	4	4	2	0	0	0	0	10
혜성	21	198	221	102	37	102	84	75	374	1,214
객성	0	0	0	127	102	0	14	22	0	265
일변	6	0	16	27	23	9	13	2	0	96
월변	0	0	1	10	6	1	0	2	0	20
햇무리	424	352	1662	1378	266	121	239	44	1	4,487
달무리	27	16	145	557	78	116	176	27	0	1,142
금성	252	339	1186	397	829	1,141	388	116	239	4,887
합계	881	983	3,990	3,314	2,320	2,291	1,670	530	625	16,604

근거: 조선왕조실록(『태조실록』~『철종실록』)
1기: 1392~1450 2기: 1451~1500 3기: 1501~1550 4기: 1551~1600 5기: 1601~1650 6기: 1651~1700 7기: 1701~1750 8기: 1751~1800 9기: 1801~1863
자료: 이태진, 「고려~조선중기 천재지변과 천관의 변천」, 『韓國思想史方法論』, 소화, 1997, 116쪽

이태진이 정리한 조선 태조~철종 연간 자연 이상현상 및 재해 발생 빈도 조사표를 보면 조선시대 전체의 이상현상 및 재해 추이가 확인된다. 우선 천문현상이라 할 수 있는 부분을 따로 정리해 보면 다음과 같다.

이를 보면 천문 이상은 3기, 4기, 5기, 6기, 7기, 2기, 1기, 9기, 8기 순으로 빈도수가 많음이 확인된다. 특히 3~7기 사이에 천문 이상이 집중되어 있음은 주목할 만하다.

이를 보면 기상 이상 및 재해의 경우 3기, 6기, 1기, 4기, 5기, 7기, 2기, 8기, 9기 순으로 그 횟수 추이가 확인된다. 특히 기상 이상 및 재해의

경우 3~7기까지 1,000회 이상 지속적으로 이어졌다는 점은 앞의 표 〈조선시대 천문 이상 현상〉과도 그 맥을 같이 하고 있다. 이는 큰 흐름 속에서

조선시대 기상 이상 및 재해 현상 추이(단위: 50년, 건수)

	1기	2기	3기	4기	5기	6기	7기	8기	9기	합계
뇌전	264	108	547	456	209	250	282	211	43	2,370
우박	177	68	578	260	223	295	262	108	35	2,006
서리	107	11	145	38	84	121	81	17	1	605
대우	63	1	38	13	5	22	21	17	7	187
대풍우	149	112	59	34	134	89	47	7	2	633
대풍	46	4	61	28	30	42	16	3	2	232
대설	2	7	7	0	2	14	4	0	0	36
유색 눈비	14	8	29	18	8	11	1	1	0	90
지진	183	78	482	287	110	185	157	13	5	1,500
이상 저온	8	1	28	3	11	9	4	0	0	64
이상 고온	24	15	20	15	2	7	2	1	1	87
한재	96	64	68	44	99	93	53	40	36	593
수재	58	18	66	34	132	126	58	36	123	651
충재	88	12	118	37	45	27	35	20	3	385
기근	32	4	38	15	5	15	1	0	0	110
전염병	22	7	133	15	37	100	108	35	8	465
합계	1,333	518	2,417	1,297	1,136	1,406	1,132	509	266	10,014

근거: 조선왕조실록(『태조실록』~『철종실록』)

1기: 1392~1450 2기: 1451~1500 3기: 1501~1550 4기: 1551~1600 5기: 1601~1650 6기: 1651~1700 7기: 1701~1750 8기: 1751~1800 9기: 1801~1863

자료: 이태진, 「고려~조선중기 천재지변과 천관의 변천」, 『韓國思想史方法論』, 소화, 1997, 117쪽

본다면 천문 이상 현상과 기상 이상 및 재해가 유사파동을 하고 있다는 이해로 귀결될 수 있다.

특히 4기(1551~1600) 말에는 조선 · 명 · 일본이 대대적으로 충돌한 임진왜란과 정유재란이 있었다. 이미 선조 10년(1577) 5월에는 여역(癘疫)의 재해로 10여만 명이 병들어 죽었다 하였고, 선조 21년(1588) 12월에는 평안도와 황해도를 시작으로 22년(1589)에는 각도에 역질이 크게 발생하였다. 선조 27년(1594) 6월에는 선조가 "금년에는 대 · 소인(大小人)을 막론하고 모두가 역질(疫疾)에 걸려 자리에 누워 신음하고 있고 내 눈앞에 있는 사람까지도 계속하여 아프니 어찌하여 이런가?"라고 할 정도였다. 5기(1601~1650)의 경우 이괄의 난, 정묘호란과 병자호란이 있던 시기였다. 호란을 지나면서도 역질이 유행하였다. 특히 인조 16년부터 한재, 기근과 전염병이 크게 확대되었던 것이다. 인조 21년(1643) 12월의 기록에서는 전라도에서만 전염병이 크게 번져 사망자가 1만여 명에 달했다라고 하였다. 더구나 이 시기에는 우역(牛疫)도 함께 일어나 피해는 더욱 컸다.

4기 말과 5기의 여파는 이후에도 이어졌다. 6기(1651~1700)에 최고조에 달했다가 7기(1701~1750)부터는 차츰 안정 양상을 띠어가고 있기 때문이다. 말하자면 소빙기가 해소되는 시점과 연결된다.

이러한 분석 결과를 토대로 하면서 조선 후기 재해 현상에 대한 특이 기록을 살펴보면 다음과 같다. 특히 조선왕조 역사상 가장 큰 피해를 남긴 것으로 알려진 기근으로 다음이 잘 알려져 있다. 인조 대의 경우는 명과 후금과의 문제가 겹친 면이 있었다. 명의 피난민 10만 명이 늘어나 약탈을 가했고, 기근으로 죽은 백성들을 해하기도 하였다. 인조 4년(1626)과 인조 5년(1627) 가뭄과 흉작, 그리고 후금의 침략으로 대기근을 겪었다. 또한 인조 7년(1629)부터 인조 13년(1635), 인조 14년(1636)에서 인조 20년(1642)까지 가뭄과 전염병, 전쟁 등은 대기근으로 이어졌다. 인조 22년

(1644) 4월 집계된 전염병 사망자는 4만 200여 명으로 보고되기도 하였다. 한편 극심한 재난에 따른 피해를 남긴 때가 현종과 숙종 대에 잇따랐다. 현종 대 경신대기근(1670~1672)과 숙종 대 을병대기근(1695~1696) 등이 그것이었다.

현종 11년(1670) 정월에는 초하루부터 햇무리가 지고 둥글고 작은 운기(雲氣)가 관측되었다. 불길한 징조였다. 이후 전라도 영암에 지진이 있었으며, 낮에는 태백성이 그리고 밤에는 유성이 나타났다. 특히 태백성은 이달에만 14차례 나타났다. 윤2월 11일에는 평안도에 여역(癘疫)이 크게 일어나 전염된 자[染痛者]가 1,300명이나 되었다. 이달 눈과 함께 우박이 내리기도 하였다. 3월에는 경상도에 여역 전염병자는 1천 명으로 기록되었다. 4월에는 충청도, 제주도에 전염병이 번져 죽는 자가 연달았다. 평안도에는 서리와 눈, 우박이 내렸으며, 이어 한재가 들었다는 보고가 올라왔다. 5월 함경도에서는 한재와 우박이 있었음을 보고했다. 평안감사도 마찬가지 사항으로 치계했다. 경상감사도 대한(大旱)을 알려왔다. 경상 · 전라도는 한재, 강원도와 황해도에는 우박으로 인한 피해가 컸다. 5월에는 큰비가 내렸으나 이미 늦어 큰 흉작이 예상되었다. 6월 전라도, 경상도, 충청도, 경기도에서는 홍수가 났다. 7월 함경도에서는 수재 보고가 있었다. 경상도 함양군에서 11명의 아사자가 나왔다. 황해도에 서리가 내렸다. 8월 전라도 익산과 임실 등에서는 기민들 중 쓰러져 죽은 자가 많았다. 경상도 대구 등에 떠도는 백성들이 길에 가득하였고 죽은 자가 많았다. 황해도에 우역이 번져 한 달 동안 소 2,600마리가 죽었고, 다른 도에도 번져 확산되었다. 결국 황해도에서 죽은 소가 8천여 마리나 되었으며, 서리가 내리고 큰 바람 등으로 인해 남아 있던 곡식도 없는 백성들이 곳곳에서 울부짖었다. 9월 경상도에 명화적 등 도적이 일어났다. 팔도에 큰 흉년이 들자 임기가 만료된 수령을 이듬해 보리 추수 때까지 유임시켰다. 10월 합천에서 암탉이 수탉으로 변하는 이변이 발생했다. 11월 전라도 나주에서는 천둥과 번개 후 비가 왔는데 개천이 넘치고 도로가 막혔다. 12월 충청도 홍산 등에는 전염병이 일어 죽은 자가 많았다. 이후 사망보고가 없는 날이 없었다 할 정도가 되었다. 경기에서도 전염병으로 120여 명이 죽었고, 우역으로 죽은 소가 120여 마리였다. 충청도 임천 등지에 전염병으로 죽은 자가 220여 명이나 되었다. 경상도에 우역이 돌아 3백여 마리가 죽었다.

대기근의 시작점이라 할 현종 11년의 재해가 그나마 이 정도였다. 하지만 이듬해인 현종 12년(1671)부터는 더 심해졌다. 정월에 충청도, 황해도, 경상도, 경기도, 함경도 등에서 전염병으로 인한 사망자, 우역으로 인한 소의 죽음, 아사자 등이 점차 잦아졌다. 2월의 기록을 보면 경상도에서 23,553명, 함경도에서 4,869명이 굶주렸고, 전라도에서는 얼고 굶어 죽은 자가 239명, 전염병으로 죽은 자가 1,752명이나 되었다. 평안도에서는 21,648명이 굶주렸다. 경기도에서 정월 16일 이후 죽이라도 먹으러 온 굶주린 백성이 10만 67명이었다고 한다. 3월에는 전라도에서 전염병으로 1,730여 명이 죽었고, 굶주린 백성이 13만 5천90여 명에 달했으며, 죽을 주는 곳이나 도로에서 죽은 자가 140여 명, 죄수로서 감옥에서 얼고 굶어 죽은 자가 130명 있었다. 5월에도 한양에서 굶주림과 병으로 죽은 자가 3,120여 명, 팔도에서는 13,420여 명이 또한 그러했다.

이처럼 굶주리고 있는 자, 추위로 얼어죽는 자, 굶주려 죽는 자, 전염병으로 죽는 자는 계속해서 악순환처럼 늘어나고 확대되었다. 이로 인해 굶주린 백성 즉 기민들은 갓난아이를 도랑에 버리고, 강물에 던졌으며, 유랑걸식하다 옷이 없어 짚을 엮어 배와 등을 가린 채 떨며 지냈다. 떡진 머리를 풀어 헤친 채 귀신 형상이 되었다. 심지어 시신의 수의를 벗겨 입거나 팔기도 했다. 우역으로 인해 죽은 소고기를 먹다가 죽은 이들도 많은 데다가 이질로 죽는 자도 속출했다. 참상은 여기서 그치지 않았다. 현종 12년 4월 기근으로 굶주린 나머지 자녀를 삶아 먹는 변이 있었다는 보고가 있었으며, 숙종 22년(1696) 2월에도 평안도 기민인 이어둔이 굶주려 실성한 나머지 인육을 먹었다는 내용이 보인다. 숙종 23년(1697) 4월 가뭄과 함께 바람 · 우박 · 서리 · 눈 · 벌레 등의 재해(災害)가 참혹해 호랑이가 사람을 잡아먹는 일이 빈번해지기도 했다. 영조 8년(1732) 12월에도 전라도 강진현에서 그러한 일이 발생했으며, 이는 '강진식인지변(康津食人之變)'이라 하였다.

이 때문에 숙종 23년(1697) 4월 숙종은 다음과 같이 그 참상에 대한 가슴 아픔을 표현한 바 있다.

> 아! 하늘이 상란(喪亂)을 내려 기근이 거듭 들어 길에는 굶주려 죽은 사람이 서로 연달아 즐비하게 널려 있어 눈으로 보기에 참혹하고 마음이 상한다. 아비가 자식을 죽이고 사람이 사람을 잡아먹으면서 사람들이 용과 뱀처럼 악독하여 이곳저곳에서 도둑으로 일어나 이 백성들로 하여금 이렇게 차마 하지 못할 짓을 하고 선량하지 못한 짓을 하는 데 이르게 하고 있으니, 통탄스런 마음을 감당할 수 없다.(『숙종실록』 권31, 숙종 23년 4월 신미(22))

현종 12년에만 대기근과 전염병으로 발생한 사망자 수로 서울은 13,109명 이상, 지방은 58,794명 이상이었으며 굶주린 백성의 수는 전체 43만 7,747명으로 집계되었다.(변광석, 「조선 후기」, 『서울 災害史』, 서울역사편찬원, 2013, 354-355쪽) 또한 숙종 25년(1699) 호구조사 결과를 보면 경신대기근과 을병대기근을 거치면서 조선 사회가 얼마만큼의 피해를 입었는지가 극명하게 드러난다. 즉, 현종 10년 호구수는 1,313,453호, 인구는 5,018,644명이었지만 경신대기근을 거치면서 현종 13년(1672) 호구수는 1,176,917호, 인구수는 4,695,611명으로 줄어서 호구수로는 136,536호, 인구수로는 323,033명의 피해가 있었다.(김성우, 「17세기 위기와 숙종대 사회상」, 『역사와 현실』 25, 1997, 40쪽) 재해로 숙종 19년(1693) 때의 호구수 1,546,474

호가 1,293,083호로 253,391호 줄었고, 인구는 7,188,574명에서 5,772,300명으로 1,416,274명이 줄었다.(오호성, 『朝鮮 飢饉史』, 경인문화사, 2022, 67쪽) 경신대기근과 을병대기근 때 피해 상황만 합치면 인구수로만 1,739,307명이 희생되었던 것이다. 기록에 나타난 수치로만으로도 이 정도였으니 실제 그 피해는 조선왕조의 명운을 가를 정도의 충격이었을 것이다.

소빙기 시대 평균기온은 전 지구적으로 볼 때 1~2도 정도의 하락에 그친 것이었지만 그에 따른 피해는 매우 컸다. 여기에 소빙기가 끝나갈 무렵인 1783년 8개월간 아이슬란드 라키 화산 대폭발이 있었고, 같은 해 일본에서 4월에는 아오모리현 이와키 산과 8월 군마현 및 나가노현에 걸쳐 있는 아사마 화산이 폭발했다. 이들 사건은 화산재로 인한 다양한 피해로 이어졌음을 의미했다. 유럽에서는 1600~1800년 사이에 대규모 기근이 발생했고, 일본에서는 일본 사상 최악 대기근인 텐메이 대기근(天明の大饑饉; 1783~1788)이 일어났다.(우승엽, 『대기근이 온다』, 처음북스, 2016, 57-58쪽)

2 | 재해인식의 변화와 대책

극심한 소빙기 현상을 겪은 조선 후기의 재이 및 재해에 대한 인식은 어떠했을까? 여전히 천인감응론적 천견론에 입각하고 있었을까?

인조 4년(1626) 9월 홍문관 부제학 장유 등은 인조에게 재이에 대해 상차하였다. 여기서 그들은 입동이 지난 시점에 우레와 번개가 치는 현상에 대해 공연히 발생한 것이 아니라 까닭이 있다 하였다. 임금의 덕과 세도(世道)가 아름다워 하늘이 기뻐하고 음양의 기운이 순조로우면 이러한 변은 없을 것이라 하고는 우레에 대한 해석을 내놓았다. 우레는 하늘이 노해 호령하는 기상이며, 사물에 벼락을 치는 것은 형벌을 내리는 것과다 같하였다. 그러면서 인조에게 호령에 합당함을 되찾고 형벌이 과하지 않게 하여 하늘의 경계에 답하여야 한다고 아뢰었다. 음양론적 천인감응론에 입각한 언급에 해당하였다.

이는 인조 7년(1629) 3월 홍문관 부제학 정경세 등이 올린 천재로 인하여 수성(修省)하는 방법을 아뢰는 대목에서도 나온다. 동중서가 언급한 "하늘이 임금을 인애하기에 아주 무도한 세상이 아니면 모두 다 돌보아 안전하게 해 주려고 한다."고 하였고, 호씨(胡氏)도 "하늘의 경계에 대하여 충분한 조심을 하면 천재의 현상이 있다 하더라도 재화가 꼭 오는 게 아니지만 하늘을 무서워하지 않는다면 재앙은 꼭 오고야 만다."고 하였다. 그리고는 인조에게 평소 긍외(兢畏)하는 도리를 더욱 극진히 하여 날로 강건(剛健)한 덕이 안에서 쌓이고 청명(淸明)한 정사가 밖에서 행해지면, 한때 음산했던 기상은 자연히 없어질 것이라 하였다. 역시나 천인감응적 재이관에 입각하여 군주의 수성과 수덕을 요구하고 있음이 보인다.

숙종 6년(1680) 11월 숙종의 하교를 보면 우선 괴이한 재변의 경계가 위에서 자주 나타나 호랑이 꼬리를 밟은 듯, 봄철에 얼음을 건너는 듯 조심스러워진다고 하였다. 이어 동중서의 천견론을 언급하면서 조심하고 두려워하며 사심을 없애고 경외 협력하여 정사에 임해 인재를 등용해 취사를 공평하게 하여 천견에 보답하겠다 하였다. 숙종 19년(1693) 2월 흰 무지개[白虹]가 해를 꿰뚫는 천변이 있자 숙종은 특별히 구언(求言)하는 전교를 내리면서 천견이라 하고는 동중서가 언급한 "국가에서 장차 실도(失道)하는 잘못을 저지르면, 하늘이 먼저 재이(災異)를 내보여 이를 견책하여 알리는 것이다. 그래도 스스로 반성할 줄 모르면, 또 괴이(怪異)를 내보여 이를 경계시키고 두려워하게 한다."고 한 내용을 인용하였다. 그리고는 두려워하며 반성하겠다 하면서 직언을 구하였다. 숙종 33년(1707) 11월에는 비망기에 재앙과 기근, 역질로 인해 경외 백성으로서 죽은 자가 헤아릴 수 없이 많다고 현실에 대한 지적을 먼저 하였다. 이어 화기(和氣)가 상서를 부르고 괴기(乖氣)가 재이를 부른다 하면서 재이를 부른 데에는 군주와 조정의 실정 탓이라 하였다. 특히 조정의 삼분오열과 당동벌이(黨同伐異)의 당론과 붕비(朋比)를 지적했다.

영조 44년(1768) 10월 승정원에서 아뢴 내용을 보면 10월이라 천둥 소리를 거두는 때가 지났고 절후는 만물을 갈무리하는 시기에 속하였는데, 작은 눈이 오다가 문득 많은 비가 내리며 또 천둥 소리가 우르릉거리는 이변(異變)이 있어 불안하다고 하였다. 이를 견고(譴告)라 하면서 당시에 행한 일의 응보라 지적했다. 그 내용으로는 영조가 동작에 조절이 없고 중화(中和)의 도리를 잃거나 공심(公心)이 사심(私心)을 이기지 못하는 일 등을 언급했다. 이어 일에 따라 수성(修省)하는 도리를 찾고 동정(動靜)과 언로 및 정치[言政]에 더욱 함양하는 공부를 더해 지치를 하면 재이를 상서로 돌릴 수 있다고 아뢰었다. 영조는 이에 대해 자신이 부덕 및 무능, 불초해서라 하고는 더욱 힘쓰겠다고 하였다.

순조 34년(1834) 10월 좌의정 홍석주의 차자에서도 천둥과 번개의 재이가 있던 것에 대해 언급하고는 음양을 조화하기 위해 "하늘에 응(應)하는 것은 실지(實地)로써 하고 형식(形式)으로써 말 것이며, 백성을 감동시키는 데는 행동으로써 하고 말로써 하지 말라."는 말을 인용하였다. 다만 홍석주는 순조에게 구언을 하기는 하였지만 "탐탁지 않게 여기는 성음(聲音)과 안색(顔色)은 천리(千里)의 밖에서 사람을 막는다."는 말을 인용해 실지에 힘쓰지 않음을 비판했다. 실지에 해당하는 개혁을 실시하여 재앙을 바꾸어 상서로움으로 만들어야 한다고 했다.

고종 14년(1877) 10월에도 영의정 등이 천둥과 번개가 친 것에 대해 천견이라 인식하면서 감선철악만이 아니라 고종 자신이 더욱 천심에 부응하여 덕을 쌓아야 한다고 의견을 올렸다. 고종은 천둥 번개는 자신의 덕이 부족해 천심에 응하지 못한 탓이라 비답하였다. 신료나 군주나 모두 천인감응론적 천견론에 입각하고 있는 것이 확인된다.

이처럼 인조나 숙종, 영조나 순조 대 때의 재변과 재해에 대한 군주 및 조정의 논의를 중심으로 살펴본 결과 기본적인 재이와 재해 인식은 천인감응적 재이관에서 벗어나 있지 않았다. 따라서 군주 및 조정 신료의 공구수성과 수덕을 통해 실지 즉 실사구시에 힘써 하늘의 견고에 인사를 다하여야 함을 기본적으로 제시하고 있었다. 이는 조선 후기 사회에서도 유학과 성리학을 통해 치도를 다하고자 하려 한 점에서 본다면 기본적으로 나올 수 있는 인식이었다.

하지만 재이와 재해가 극심해지는 순간 재해 극복을 위한 심리적 노력이 이뤄지기도 했다. '전화위복(轉禍爲福)'이나 '변재위상(變災爲祥)'이라 했으며, "많은 어려움은 나라를 일으키고[多難興邦] 큰 근심은 성(聖)스러운 지혜를 계발한다.[殷憂啓聖]"고 했다. 그리고 이를 위한 노력은 크게 본다면 군주와 조정에서는 정치에 대한 반성과 개혁을, 민간에서는 끊임없이 살아남기 위한 방도를 구축하여야 했다.

군주와 조정이 행하는 노력은 우선 전통적으로 봤을 때 군주의 자책과 공구수성으로부터 시작되었다. 정전을 피하고 상선을 줄였다. 음악과 잔치 등을 벌이지 못하게 하고 술을 금하도록 했다. 북을 치지 못하게 했으며 시장을 옮기거나 쉬도록 했다. 소송을 빨리 처리토록 하고 원옥이 없도록 했으며 사면을 행했다. 급하지 않은 노역 등을 혁파했다. 구언(求言)과 구현(求賢)을 꾀했다. 그러면서 기우제를 행하였다

특히 조선시대에 들어와서는 탕 임금의 상림 6사 자책과 『주례(周禮)』에서의 황정 12조, 그리고 중국 양(梁)나라 소량(蕭梁) 즉 양 무제가 행한 기우 7사도 널리 언급되었다. 이들을 제시하면 다음과 같다.

재변과 재해에 대한 군주 및 조정의 논의

상림 6사	황정 12조	기우 7사
1. 정치가 절도가 없어서입니까?[政不節歟] 2. 백성들이 생업을 잃어서입니까?[民失職歟] 3. 궁실이 높아서입니까?[宮室崇歟] 4. 여인들의 농간이 많아서입니까?[女謁盛歟] 5. 뇌물이 성행해서입니까?[苞苴行歟] 6. 참소하는 사람이 많아서입니까?[讒夫昌歟]	1. 이익을 나누는 것[散利] 2. 세금을 가볍게 하는 것[薄征] 3. 형벌을 완화하는 것[緩刑] 4. 요역을 가볍게 하는 것[弛力] 5. 산림과 소택지 이용금지를 해제하는 것[舍禁] 6. 시장의 세금을 없애는 것[去幾] 7. 의례 격식을 완화하는 것[眚禮] 8. 장례 형식을 간소화하는 것[殺哀] 9. 노래와 음악을 삼가는 것[蕃樂] 10. 혼례를 간소화해 장려하는 것[多昏] 11. 소외된 귀신에게 제사하는 것[索鬼神] 12. 도적을 없애는 것[除盜賊]	1. 감선철악[撤膳羞樂懸而不作] 2. 환과고독을 구휼하는 것[賑鰥寡孤獨]. 3. 어진 인재를 등용하는 것[擧賢進良] 4. 요역을 덜고 부세를 가볍게 하는 것[省徭輕賦] 5. 과년(過年)한 남녀를 결혼시키고 젊은 과부와 홀아비를 결합시키는 것[命合男女卹怨曠] 6. 억울한 옥사를 밝히고 실직자를 구제하는 것[理冤獄及失職者] 7. 탐관오리를 물리치는 것[黜退貪邪]

한편 효종 8년(1657) 8월 16일 송시열이 효종에게 올린 19조의 봉사문은 효종이 유념하고 행하여야 할 바를 담고 있었다. 그 가운데 백성이 실업자가 되는 길 7가지, 그리고 백성이 죽음에 이르게 되는 7가지에 대한 지적은 조선 후기 사회가 당면한 많은 문제를 지적한 것이라 참고가 된다. 이는 다음과 같다.

> 지금 인민을 실업자가 되게 하는 길이 일곱 가지가 있으니, 수재(水災)와 한재(旱災)가 그 첫째요[水旱爲災], 무거운 부세(賦稅)가 그 둘째요[重責賦稅],

> 탐리(貪吏)의 수탈이 그 셋째요[貪吏取受], 권세가의 토지 잠식(蠶食)이 그 넷째요[豪強蠶食], 혹독한 아전이 농번기를 가리지 않고 부역에 동원하는 것이 그 다섯째요[苛吏徭役], 마을에서 북을 쳐 남녀를 불러 모아 도적을 잡으러 다니는 것이 그 여섯째요[部落鼓鳴], 도적이 재물을 약탈해 가는 것이 그 일곱째입니다.[盜賊劫略] 일곱 가지 실업자가 되는 길은 그래도 괜찮지만 이 밖에 또 일곱 가지 죽는 길이 있으니, 혹리가 때리고 죽이는 것이 그 첫째요[酷吏毆殺], 옥사를 매정하게 다스리는 것이 그 둘째요[治獄深刻], 무고한 자를 억울하게 모함하는 것이 그 셋째요[冤陷無辜], 도적이 여기저기서 일어나는 것이 그 넷째요[盜賊橫發], 원수끼리 서로 해치는 것이 그 다섯째요[怨讎相殘], 흉년이 들어 기아에 허덕이는 것이 그 여섯째요[歲惡饑餓], 시절에 의한 유행병이 도는 것이 그 일곱째입니다.[時氣疾疫] 백성들이 일곱 가지 실업자가 되는 길은 있으면서 한 가지도 얻는 것은 없으니 나라가 편하기를 바라더라도 참으로 어렵고, 백성에게 일곱 가지 죽는 길은 있으면서 한 가지 사는 길은 없으니 형벌을 쓸 일이 없기를 바라더라도 진실로 어렵습니다. 이 어찌 공경(公卿), 군수(郡守), 재상 등의 탐욕과 잔악함이 풍속을 이루어 생긴 일이 아니겠습니까.(『송자대전』 권5, 봉사 정유봉사)

이러한 내용들을 보면 고대로부터 조선에 이르기까지 재해의 피해와 그 극복을 위한 정치적 노력은 큰 틀에서 보면 계속 유지된 면을 읽을 수 있다. 실제 이와 연관하여 조선 후기의 재해대책이라 할 수 있는 황정 혹은 진휼제도 등은 앞선 시기와 비슷한 맥락으로 이어졌다.

기양을 위한 제사는 기우제, 기청제, 기설제 등으로 이어졌고, 불교 및 도교, 민간신앙에 기반하여서도 기양제가 행해졌다. 용그림이나 호랑이 그림 등을 활용하거나 석척(도롱뇽)을 통해 기우를 행하였고, 역질과 관련해서는 여제(厲祭) 및 별여제(別厲祭)를 통해 물리치고자 했다.

구황하기 위한 정책으로서는 흉황의 정도에 따라 차이를 두었지만 조세의 감면이 시행되었다. 구휼용 진제미 등을 활용하여 기민들을 구제했으며,

환곡을 활용하기도 했다. 상평창을 통해서는 저장했던 미곡을 싼값으로 팔아 구제에 나서기도 했다. 선혜청과 진휼청 등 기관을 활용한 바 있다. 진제장 및 설죽소 등을 설치해 기민들에게 죽을 나눠주었다. 이외 구황서적도 다수 간행되었다. 신속(申洬)이 쓴 『신간구황촬요』 등이 나왔고, 다양한 농서와 『신찬벽온방』 및 『벽온신방』 등 의서가 간행되었다. 백과사전류 서적이 다수 나와 일상에 필요한 정보를 얻는 데 도움이 된 바 있다. 구황작물로서 고구마와 감자도 도입되었다. 한편 담배가 보급되면서는 이것이 병치료 효과가 있는 것으로 알려지기도 했다. 지방에 순무어사, 안집어사, 안핵어사, 감진어사, 암행어사, 위유어사 등을 파견해 지방의 실태를 확인하고 실효성 있는 정책이나 지방감찰 등이 이뤄지도록 했다.

특히 현종과 숙종 대의 대기근 이후 비교적 빠른 시간 내 조선 사회가 안정을 되찾은 것은 고무적이었다. 170만 명 이상의 사망자와 사회경제적 피해를 고려하면 조선은 대혼란에 빠졌어야 했다. 하지만 그러한 상태가 되지 않았다. 다행히도 조선 후기에는 대동법의 시행이나 화폐의 발달로 도로교통 및 교환 등이 이전 시기보다 원활했다. 그리고 빠르게 중앙과 지방이 소통하면서 피해 상황과 이를 구제하기 위한 신속한 중앙 정부의 조율과 지원이 있었다. 홍수 피해를 막기 위해 준천사 등을 설치해 청계천 준설 같은 하천 정비사업도 시행하였다. 이어 조금 후대의 기록이지만 김옥균의 『치도약론(治道略論)』이나 선교사, 외교관 등이 역질 즉 전염병 창궐의 원인으로 오염된 환경을 지적한 바 있다. 비위생적인 거처와 더러운 물건, 식수, 화장실 등이 도처에 있어 장티푸스 등의 원인이 되고 있다는 것이었다. 납속입관책으로 공명첩(空名帖)을 발행하여 곡식 등을 사들이도록 하였다. 말하자면 대기근과 전염병 등의 피해를 겪으면서 조선왕조는 이에 대응하기 위한 일종의 시스템을 갖춘 셈이었던 것이다.

다만 일찍이 공자가 말한 "가혹한 정사가 호랑이보다 더 무섭다."고

한 바나 사람들이 "수재(水災)와 한재(旱災)가 사람을 죽이는 것은 호랑이보다 백 배나 더하고, 빚 독촉하는 아전을 무서워하기는 이 수재와 한재보다도 더 심하다."고 한 것처럼 수탈의 가혹함은 조선 후기 재해와 더불어 전개되어 민은 그 피해를 이중 삼중으로 겪어야 했음을 의미했다.

하지만 재해 인식의 면에서 결정적이지는 않지만 의미 있는 변화가 있었다. 첫째 군주의 학문 수양과 왕도정치 수행을 위한 노력이 군주 자신과 신료들 간에 오간 점이다. 이는 어느 한쪽의 일방적 압박에 의한 정국 운영이 어려워졌다는 것을 의미했다. 특히 재이와 관련해 이 점은 더욱 그러한 면을 보였다. 둘째, 서양의 천문학과 지리학, 수학, 과학 등이 수용되기 시작하면서 재이에 대한 해석의 변화가 나타났다는 점이다. 음양론적인 천견의 차원으로서의 성변이 아닌 것으로 천변을 이해하기 시작했다. 이는 천인감응론적 천문관의 약화를 의미했다. 셋째, 실사구시를 위주로 한 실학의 등장으로 재이현상을 단순 자연현상으로 읽기 시작했다는 점이 확인된다. 자연현상이기에 그 징후를 살피고, 재해가 발생한 후 대책 마련에 더욱 체계적으로 접근할 수 있게 되었다. 예컨대 숙종 대에 최천벽(崔天璧)은 『천동상위고(天東象緯考)』를 저술하였고, 천문과 역사적 사실과의 기록을 대조하여 과학적 풀이를 시도하기 시작했다.(경석현, 「조선후기 재이론(災異論)의 변화: 이론체계와 정치적 기능을 중심으로」, 경희대학교 박사학위논문, 2018)

3 | 재해와 왕권

사실 고금을 막론하고 재변과 재해가 일어남에 따라 재난적인 상황을 맞이하는 것은 피할 수 없는 일이었다. 지진이 일어나는 것을 막을 수 있을까? 해일이 일어나 마을이 파괴되는 것을 막을 수 있을까? 가뭄이

3달 이상 계속되고 서리와 우박이 내리며, 갑자기 태풍과 홍수가 일어나는 것을 막을 수 있을까? 태백성이 낮에 나타나고 유성과 혜성이 출몰하는 것을 막을 수 있을까? 전염병이 창궐하여 왕조사회 전체를 불안케 하는 것을 막을 수 있을까? 우역이 발생해 소들이 죽는 것을 속절없이 바라봐야 하는 현실을 막을 수 있을까?

이것은 전근대 왕조사회에서 불가능한 일들이었다. 그럼에도 왜 군주는 공구수성과 죄기를 행하고 재상들은 책임을 지고 자리에서 물러나려 했을까? 사면을 행하고 원통함이 있는가를 살펴 풀어주고, 기우제, 기설제, 기청제, 초제, 도량 등을 행한다고 재변과 재해를 막을 수 있을까? 재변과 재해의 현실은 그 예방을 위해 행하는 인간의 노력을 늘 피해 갔다. 선조, 광해군, 인조 대를 거쳐 숙종 대까지 수많은 민이 전쟁과 재해로 죽었던 것이다. 경종, 영조부터 고종까지도 재해와 박해 등으로 죽기는 마찬가지였다. 결국 인간은 천재지변과 자연재해, 인재를 막을 수 없다. 다만 대비와 함께 피해를 최소화하여 일상회복을 꾀하는 것이 최선의 길이었다.

조선 후기 사회에서도 이는 분명했다. 사람들은 재해를 겪으면서 그 징조 등에 주목했다. 어떠한 징후가 어떤 재해로 이어질 것이라는 예상이었다. 어떤 현상이 있으면 비가 내릴 것이라 보았다. 따라서 왕조 차원에서도 이에 대한 정리와 분석은 필요했다. 이에 대한 장악은 왕권이 어떤 위상을 갖는가를 보여줄 수 있었다. 천문관측과 그 의미에 대한 장악, 음양비기나 점후서에 대한 종합 등은 이를 보여주었다. 더불어 조선 전기부터 본격화된 법전의 편찬과 그 적용, 대동법이나 균역법, 영정법과 같은 새로운 사회경제 제도의 모색이 시행되었다. 도로교통과 물산의 유통을 위해 보다 정밀한 『대동여지도』와 같은 지도, 『택리지』와 같은 지리서가 편찬되었다. 방죽 혹은 저수지, 관개시설 등도 논농사 및 홍수 및 가뭄 등을 대비하기 위해 전국적으로 증설 수축되었다.

이러한 제도의 실시와 관청 및 시설의 구비, 그리고 법전 · 의서 · 농서 · 구황서 · 천문서 · 지리서 등의 편찬은 개인에 의해 이뤄질 수 없는 것이다. 결국은 진인사(盡人事)의 최종 결정권을 가진 군주의 의도가 있어야 했다. 물론 조선 후기의 정치상황을 본다면 오로지 군주의 결정만으로 추진되는 것은 아니었다. 여기에는 붕당세력의 협조가 필요했다. 반대로 붕당세력에서 정하면 군주는 추인하는 경우도 있었다.

재해의 심각함은 때로 기록에서 근고에 없던 일 혹은 만고에 없었던 일이라는 표현으로 대변되기도 하였다. 하지만 그에 따른 진휼 등에 실패하면 피해는 더욱 늘어나 왕권만이 아니라 왕조가 위협에 놓여질 수 있었다. 따라서 평상시보다 이때 왕권은 더욱 비상한 관심과 노력을 기울여야 했다. 재해의 상황에서 조선 후기 국왕들은 어떠한 리더십을 보여주었는가를 보자.

국왕들이 재변에 대하여 우선 보인 반응은 하늘이 내리는 경고라는 인식이었다. 즉 '천견'으로 본 것이다. 이에 공구수성했다. 그리고 군주는 하늘의 뜻을 대신해 천하를 다스리는 존재이므로 자신의 잘못과 정치의 잘못, 정령의 잘못 등에 대해 죄가 자신에게 있음을 통절하게 언급했다.

각 군주가 죽은 후 지어진 행장(行狀)에는 다소 국왕 재위 기간에 행해진 언행 등이 미화되어 작성되는 면이 있기는 하지만, 그 가운데 재해와 관련한 내용을 뽑아 보면 다음과 같은 면이 『조선왕조실록』에서 확인된다.

인조에 대해서는 10가지 일로 자책하여 하늘을 공경하고 백성의 일에 근로하는 지극한 정성이 있는 군주라 평가하였다. 그 10가지는 다음과 같았다.

> 일처리를 잘못해서 덕이 이지러졌는가. 죄 없는 자가 뜻밖에 죄에 걸려 지극한 원통이 풀리지 않았는가. 용사(用捨)를 제대로 못하여 인재가 답답해

하고 있는가. 형상(刑賞)이 미덥지 않아서 사람에게 권장되고 징계되는 것이 없는가. 부역이 고르지 않아서 서민이 원망하는가. 언로(言路)가 막혀서 아랫사람의 뜻이 통하지 않는가. 제사가 깨끗하지 않아서 온갖 신명이 흠향하지 않는가. 호강하고 교활한 자가 흉독을 부려서 마을이 시름하고 한탄하는가. 참소하는 자가 뜻을 얻고 사사로이 청탁하는 자가 극성을 부리는가. 안팎이 엄하지 않아서 뇌물이 행해지는가.

라고 하였다. 효종에 대해서는 백성의 굶주림과 전염병 구휼에 실효적으로 나서서 그 효험을 본 것으로 기록하고 있다. 구휼에 타는 불을 끄는 것같이 했다는 표현은 이를 말해 준다. 전염병에 좋은 약재를 보내고 이성구고환(二聖救苦丸)을 제조해 구제하였다. 천견이 있으면 이를 없앨 방도를 여러 신하에게 자문하였고 사방에 구언하였다. 심지어는 몸소 제사를 준비하면서 뜨거운 햇볕에도 불구하고 관을 벗거나 허리띠를 풀지 않고 밤까지 계속하였다고 기록했다.

현종에 대해서도 백성의 일에 지성으로 근심하고 노고했다 하였으며, 천문의 변고나 수재 · 한재를 만나면 곧바로 정전(正殿)을 피해 거처하고, 수라의 가짓수를 줄이고, 자기 자신에게 죄를 돌리고, 도움되는 말을 구하였는데, 전후로 내린 애통한 교서가 신민으로서 차마 듣지 못할 정도였다고 하였다. 재난과 흉년을 만나면 신료들을 불러들여 재변을 사라지게 하는 계책을 강구하고 진구하는 정사를 크게 거행하였다. 그리하여 조세와 공물을 면제하고 포흠진 것을 감면하며 혹은 곡식을 옮겨다가 구제하기도 하고 혹은 죽을 쑤어 기민을 먹였다. 전염병에는 양의(良醫)를 나누어 파견하여 약을 가지고 가서 구제하게 하였다. 그러고는 말하길,

백성이 굶주리는 것을 생각할 때마다 먹는 것이 목에 넘어가지 않고 잠자리가 편치 않았다. 만일 한 가지라도 백성을 살릴 수 있는 일이 있으면

아까운 물건이 뭐가 있겠는가.

하였다. 현종 대는 숙종 대와 더불어 재해가 가장 극심한 때였다. 이에 행장에서도 수재 · 한재 · 풍재(風災) · 상재(霜災)가 없는 해가 없어 백성들이 병들고 외세가 핍박하였다고 하였다. 그렇지만 지성을 다해 하늘의 마음을 감동시키고, 걱정하고 충애(忠愛)함으로써 백성의 생명을 보전하였다고 평가했다.

숙종 대의 기록을 보면 나라의 운수가 불행하여 4년 동안 큰 흉년이 들었고, 죽을 뻔하다 살아난 사람들은 다시 전에 없던 무서운 전염병에 걸렸다고 걱정한 내용이 있었다. 서쪽 변방에서 시작하여 8도(八道)에 두루 번져, 마을에는 온전한 집이 없고 백 명에 한 명도 치료되지 못했다고 하였다. 그러면서 말하길,

> 살아남는 백성이 없다면, 나라는 장차 어디에 의지할 것인가? 이 때문에 근심스럽고 조급하여 먹어도 쉬어도 편안하지가 않다. 경건하고 정성스럽게 기도를 드렸으나, 신(神)은 나를 돌아보지 않고 신령한 감응은 더욱 까마득하기만 하다. 허물은 실로 나에게 있으니 백성들이야 무슨 잘못이 있겠는가?

라고 하였다. 을병대기근을 맞았던 숙종 시대였지만 청나라 강희제에게 쌀 수출을 요청하는 등 적극적으로 대응하여 가까스로 일어날 수 있었다.

영조도 재이(災異)를 당하면 정성을 다하여 경계하고 감선(減膳)하고 구언(求言)하고 자신을 반성하고 자책(自責)하였다. 객성(客星)이 나타나자 밤에 편집신(編輯臣)과 운관 사력(雲觀司曆)을 불러 재앙을 그치게 할 방책을 강구하고 저녁마다 월대(月臺)에서 측후(測候)하도록 했다. 그리고는 "백성과 나라에 재앙을 옮기지 말기 바란다."고 하면서 사흘 동안 하니 객성이 사라졌다 하였다. 천견이 있으면 '내게 무슨 허물이 있어서 하늘의 경고가

이러한가?'라 하였고 정성을 다해 직접 제사를 행하였다. 비가 내리지 않으면 옷을 벗고 맹렬한 볕을 쬐며 '어찌 내 몸을 태우지 않겠는가?'라고 했다. 그만큼 진심을 다함을 보였던 것이다.

정조도 흉년을 당하면 그때마다 마치 불에 타는 사람을 구제하고 물에 빠진 자를 건져내듯이 오로지 제휼(濟恤)에 전념을 다했다고 하였다. 정조는 창고를 열어 진구하고, 곡식을 배로 실어다 먹이게도 했으며, 내탕의 것을 덜어내어 돕기도 하고, 곡식 환자(還子)를 정지시켜 백성들이 숨을 돌리게 해주었다. 황정(荒政)에 필요한 것들을 모두 벽 위에다 표기해 두고 늘 눈을 돌려 점검했으며 날마다 진구책(賑救策)을 강구했다. 특히 농서를 펴 올리라는 교지를 내려 전국의 사대부들이 농서를 지어 올리기도 했다. 위로와 독려를 적절히 하는 한편 민정을 면밀히 파악하기도 했다. 그만큼 애민을 위한 노력을 기울였음을 높이 평가한 것이 확인된다.

순조 대에는 신유박해 사건(1801)을 비롯해 홍경래의 난(1811) 등이 벌어진 때였다. 사회적으로 매우 불안함이 있었던 것이다. 여기에 가뭄과 홍수 등이 잦았다. 어떤 해에는 바람 · 우박 · 해충 · 서리의 재해가 없는 것이 없어 큰 우려가 나오기도 했다. 순조는 수재(水災)와 한재(旱災)로 인한 기근을 당하면 번번이 창고의 곡식을 내어 진구하였는가 하면 배로 곡식을 운반하여 기민들을 먹였다. 내탕의 저축을 내놓아 식량의 진구를 돕게 하였다. 걱정하고 보살펴 돌보아 주는 것에 대해 극진하게 하지 않는 것이 없었다고 기록하였다.

이처럼 흉년이나 기근, 전염병 등에 대해 군주가 관심과 함께 재해대책을 다하였다는 것은 공통된 내용이었다. 그렇지만 실제 이러한 기록과는 달리 군주가 진심을 다하는 왕권을 전개하였는가는 조금 다른 면이 있을 수 있다. 왕조사회에서 행장이라는 기록이 갖는 찬양적 성격을 고려하면 그러하다. 헌종이나 철종에 대해서도 마찬가지였지만 사실

이 기간에는 경신대기근이나 을병대기근 같은 큰 재난적 상황이 없었다. 심지어 철종 대에는 여러 해 동안 큰 풍년이 들고 3년 연속 풍년이 들기도 했다 하였다. 이러한 현상은 소빙기가 끝나가면서 나타난 것이기는 하지만 공교롭게도 이때 이미 서구 문명이 턱밑까지 다다르기 시작했다.

이는 조선왕조가 지금까지와는 다른 상황에 처하게 되었음을 보여준다. 동시에 서양의 과학문명을 접하면서 적어도 질병이나 전염병 등과 관련해서는 새로운 기회를 가지게 되었다. 또한 교육의 기회도 넓어지고 많아졌다. 위생 관념과 시설 정비도 서서히 많아지기 시작했다. 그러나 외세와의 전쟁, 동학농민운동과 청일전쟁 등 제국주의 전쟁의 국면에 놓이면서 조선왕조는 새로운 선택의 기로에 놓였다.

4 | 생각해 봅시다

첫째, 조선 후기 인조 대부터 숙종 대까지 자연재해 등이 극심했던 주원인은 무엇이었을까?
둘째, 왜 이 시기에도 조선의 지배층은 천인감응론적 재이관을 계속 유지하고 있었을까?
셋째, 현종 및 숙종 대 대기근의 피해는 왜 그렇게 확대되었을까?
넷째, 재해를 극복하기 위한 조선 후기 사회에서의 특징은 무엇이었을까?
다섯째, 조선 후기 재해대책이 이전 시기와 다른 점은 무엇일까?
여섯째, 왜 모든 재해인식과 정책은 유교적 면을 벗어나지 못했을까?
일곱째, 천문과 자연에 대한 인식 변화는 어떻게 나타났을까?

| 5부 |

재해와 근현대

1장

재해와 근대 권력

1 | 근대의 재해 양상

19세기는 산업혁명의 시대이자 제국주의의 시대이기도 하다. 그러나 그 이면에는 전염병과 자연재해를 극복한 성과가 있었다. 19세기에는 콜레라가 세계적으로 유행한 시기였다. 다음의 사례를 보자.

이를 보면 19세기 전체를 걸쳐 콜레라의 대유행(팬데믹) 상황을 읽을

19세기 콜레라 대유행

유행 차수	기간(연도)	주요 창궐 지역
1차	1817~1824	인도, 동남아시아, 동아시아, 중동, 지중해 동부
2차	1826~1837	페르시아, 아프카니스탄, 유럽, 러시아, 북아메리카 (15만 명 사망)
3차	1846~1860	러시아(100만 명 이상), 북아메리카, 남아메리카
4차	1863~1875	인도, 남유럽, 북아프리카, 아메리카
5차	1881~1896	인도, 유럽, 아시아, 아메리카

수 있다.(송병건, 『재난인류』, 위즈덤하우스, 2022, 276쪽) 날 것과 덜 익은 해산물 섭취, 오염 환경 속 음식 조리와 섭취, 분변과 구토물에 오염된 음식 및 물 음용 등이 그 원인이었다. 증상은 설사와 탈수가 계속되는 것이었고, 심각한 경우 사망에 이르렀다. 순조 21년(1821) 8월의 다음 기록을 보자.

> 평양부(平壤府)의 성 안팎에 지난달 그믐 사이에 갑자기 괴질(怪疾)이 유행하여 토사(吐瀉)와 관격(關格)을 앓아 잠깐 사이에 사망한 사람이 10일 동안에 자그마치 1천여 명이나 되었습니다. 의약도 소용없고 구제할 방법도 없으니, 목전의 광경이 매우 참담합니다. 항간(巷間)의 물정(物情)이 기도를 하였으면 하는데 기도도 일리가 없지 않으니, 민심을 위로함이 마땅할 것입니다. (중략) 가난하고 의지할 곳 없는 사람으로서 아파도 치료를 하지 못하는 사람과, 이미 사망했는데도 장례를 치르지 못한 사람은 별도로 구호하고 사정을 참작하여 도와주고 있습니다. 그 사망자의 숫자와 돌림병의 상황은 앞으로 잇달아 아뢸 생각입니다.(『순조실록』 권24, 순조 21년 8월 경인(13))

이는 평안감사 김이교의 괴질에 대한 보고였다. 구토가 멎지 않고 관격 즉 소변이나 대변이 나오지 않는 증상이라는 것이었다. 또한 심하게 설사를 하고 오한이 발생하며 발에서 뱃속으로 치밀어 들어 순식간에 10명 중 한두 명도 살지 못했다 하였다. 위의 기록에서 순식간에 1천여 명이나 되었다고 할 만큼 감염 속도가 빨랐음을 보여준다. 이때 할 수 있는 일이라고는 기도밖에 없었다. 그야말로 백약이 무효했기 때문이었다. 이어지는 기록에서는 중국 산해관 이남 연해안 지역 수천 리 사이에서도 사망한 이들이 헤아릴 수없이 많았다 하였다. 병증이나 당시 세계적 상황을 볼 때 이 괴질은 후에 호역(虎疫) 및 호열자(虎列刺)로 불렸는데 수인성 전염병인 콜레라였다. 1821년 상황은 이미 콜레라 대유행이라고 할 수 있는 상황이었고, 고종 32년(1895) 6월에도 중앙과 지방에 유행하여 불안을 가중시켰으며, 이는 순종 2년(1909) 9월에도 나타났다.

20세기 들어 최대의 전염병으로 꼽히는 것은 '스페인 독감'이었다. 이는 유행성 감모, 류감(流感), 독감, 악감(惡感), 유행독감 등으로 불렸다. 1918년 보고되기 시작한 스페인 독감으로 인해 전 세계 인구 약 17억 명 중 최대 5천만 명이 죽은 것으로 추정되었다.

1920년 4월 18일자 〈동아일보〉 기사에서는 일본에 독감이 매우 창궐해 사망자가 10여만 명이나 된다고 했다. 즉 1월 이래 환자 총수가 2,178,399명이고 사망자가 109,524명에 달했다는 기사를 실었다. 그런데 최근 연구에 따르면 일본과 조선에서의 환자 및 사망자는 총 3차례에 걸친 유행 상황을 고려할 때 매우 심각했다고 하였다.(김영수, 「제국 일본의 인플루엔자 대응과 방역정책 – 식민지 조선의 사례를 중심으로」, 『歷史學報』 252, 역사학회, 2021)

일본과 식민지 조선의 환자 및 사망자 통계를 보면 다음 표와 같았다.

이에 전파 요인을 접촉으로 인한 감염이라 보고 가족 등 개인관계, 교통관계, 집단관계에 대해 유의할 것을 강조했다.

일본의 인플루엔자 유행에 따른 환자 및 사망자 통계

유행	제1차	제2차	제3차
시기	1918. 8.~1919. 7.	1919. 9.~1920. 7.	1920. 8.~1921. 7.
환자	21,168,398	2,412,097	224,178
사망자	257,363	127,666	3,698
환자 100명당 사망자	1.22	5.29	1.65

자료: 김영수, 「제국 일본의 인플루엔자 대응과 방역정책 – 식민지 조선의 사례를 중심으로」, 『歷史學報』 252, 역사학회, 2021, 44쪽 인용

식민지 조선의 인플루엔자 유행에 따른 환자 및 사망자 통계

유행		제1차	제2차	제3차
시기		1918~1819년 이행기	1919.11.~1920.4.	1920.10.~1921.3.
환자	조선인	7,390,414	378,440	33,720
	일본인	159,916	52,270	
	외국인	6,079	852	
사망자	조선인	139,137	41,407	1,208
	일본인	1,297	2,637	
	외국인	93	54	
합계	환자	7,556,693	431,429	33,720
	사망자	140,527	43,899	1,208
환자 100명당 사망자		1.85	10.18	–

자료: 김영수, 「제국 일본의 인플루엔자 대응과 방역정책 – 식민지 조선의 사례를 중심으로」, 『歷史學報』 252, 역사학회, 2021, 44쪽 인용

19세기 말의 경우 수해가 그리 크지는 않았지만 고종 16년(1879)과 고종 20년(1883), 1890년의 경우에는 피해 규모가 컸던 것으로 기록되어 있다. 고종 16년의 경우 한성부와 경기도 및 전역에 걸쳐 피해가 있었다. 기록에서는 표호(漂戶)나 퇴호(頹戶), 엄사인(渰死人) 등을 기록하고 휼전을 베풀었음이 보인다. 고종 27년(1890) 10월의 기록에 따르면 함경도 북로 수재에 대해 전에 없던 재난이라 하면서 "산이 무너지고 강이 터져 잠깐 사이에 성난 물결이 지나간 곳에는 남아 있는 것이 전혀 없었다. 촌락 전체가 떠내려가고 많은 사람들이 익사하였다."고 하였다.

일제강점기에는 매년 수해를 입기도 했다. 특히 경성부의 경우 인구의 대도시 집중과 도심이 확대되면서 한강 연안이 개발되자 그 피해는 커졌다. 잘 알려진 것만으로도 기록상 1912년, 1915년, 1920년, 1922년, 1925년, 1926년, 1930년, 1933년, 1935년, 1936년, 1940년에 홍수가 있었다.(이송

순,『서울 災害史』, 서울역사편찬원, 554쪽) 이 중 1920년의 대홍수, 1925년 4차례 걸친 집중 호우로 인한 을축대홍수, 1940년 7월의 홍수는 그 피해가 컸었다.

1920년의 경우 7월 9일자 〈동아일보〉 기사를 보면, 7월 2일부터 비가 시작되었고, 6일과 7일 더욱 강해져 8일까지 이어졌다. 이어 8월 1일과 2일에도 큰비가 내렸는데 경성과 광주 호우의 경우 1일 최다강우량을 기록했었다. 이로 인해 경성 가옥 2,000여 호가 침수되었다. 특히 1925년 을축대수해는 일제강점기 가장 피해가 컸던 수재였다. 이때 한강의 수위는 12.74m를 넘어서면서 그 피해는 더욱 컸는데, 피해 액수를 본다면 사망자는 경성부 중심으로 404명이 되었고, 가옥의 유실과 붕괴, 침수는 3만 채에 달했다. 그 피해액은 조선총독부 예산의 58%에까지 이르렀다.

가뭄으로 인한 한재 피해도 이어졌다. 고종 31년(1894) 8월 기록에 따르면 나라안에 동학농민운동 등 다사다난하다 하면서 경상도의 경우 한재가 거의 절반을 휩쓸어 수확도 전 이미 흉년이 들었다고 하였다. 이에 고종은 특별히 돈 5만 냥을 내려 구제토록 한 바 있다. 고종 38년(1901) 9월에 고종은 조령으로 말하길,

> 고금에 어찌 올해와 같은 한재(旱災)가 있었겠는가? 각도(各道)에 가뭄과 비의 정도가 같지 않은데 비가 내려 어느 정도 수확을 기대할 만한 곳이 간혹 있지만 애당초 이앙(移秧)하지 못한 데가 많아서 들판이 황무지로 되었고 경색(景色)이 스산하여 어디라 할 것 없이 흉년이 들 것이 이미 명백하여졌다. 아직 가을도 되기 전인데 백성들이 굶주림을 당할 걱정을 하고 떠돌며 먹을 것을 바라는 참상은 듣기에 더없이 참혹하다.(『고종실록』 권41, 고종 38년 9월 29일)

이라고 한재로 인한 어려움을 지적했다. 고금에 이 당시와 같은 한재가

다시 없을 것이라는 다소 과장된 표현이 있기는 하지만 이때 한재는 같은 해 11월 중추원 의관의 상소에서도 이는 드러났는데 "천리 땅이 벌거숭이가 되어 가을에 수확할 가망이 없다."라 하고 있으며, 다른 지방은 모두 한재를 입었지만 다행히 전라남도와 경상남도 두 도가 어느 정도 풍년이 들었으므로 이 두 도의 곡식을 옮겨 구제해야 한다고 하였다.

1900~1950년까지의 가뭄 발생 현황을 보면 봄과 가을에 많았다. 이러한 상황 추이를 보여주는 것이 다음의 연대별 · 계절별 가뭄 발생 상황이다.

연대별 · 계절별 가뭄 발생 상황

계절 / 연대	봄	여름	가을	겨울	계
1904~1910	1	–	2	–	3
1911~1920	7	–	6	1	14
1921~1930	7	1	7	–	15
1931~1940	4	–	5	–	9
1941~1950	7	3	7	1	18

※ 가뭄 기준은 20일 이상 5㎜ 이상 강수가 없고 전후 상황이 피해를 발생시킨 경우 / 면적 기준은 도 단위 이상을 기초기준으로 함.(자료: 기상청, 『근대기상 100사』, 2004, 954쪽 인용)

순조 32년(1832) 10월 경기와 호서, 해서에 내리는 교서에 의하면, 우박의 경우, 이 해에 가뭄, 바람, 우박, 벌레, 서리 등이 아울러 덮쳐 3도의 농사가 대흉년이 되었다고 하였다. 여기에 보이듯 우박의 경우 단시간에 국지적으로 내리는 것이기는 하지만 보다 넓은 지역으로 확대될 경우 그 피해는 커지기 마련이었다. 서리도 마찬가지였다. 어쨌든 우박 피해는 이때를 기점으로 헌종 대 4차례, 철종 대 1차례, 고종 대 5차례 정도 보고되는 정도에 그쳤다. 더불어 서리로 인한 피해 보고는 거의 없었다. 메뚜기떼에 의한 피해[蝗災] 역시 마찬가지였다.

화재 또한 근대사회에서는 주목할 필요가 있다. 고종 원년(1864)에는 창녕과 밀양, 평양, 한양 등에서 화재 피해가 있었다. 각 도에서 보고된 바에 따르면 양덕, 함흥부, 신계와 해주, 금산과 곡성, 천안과 평양, 자산부, 경주부, 청송과 청하, 함양 및 안주, 천안과 석성, 밀양과 의령, 거창, 장보각, 하동부 등에 화재 피해가 있었다. 특히 고종 13년(1876) 11월에는 다시 세운 경복궁에서 화재가 갑자기 일어 교태전부터 강녕전에 이르기까지 전각이 불탔고, 열조의 어필 및 대보와 많은 옥새와 부신(符信)이 소실되었다. 인구집중과 다중주거, 주거환경 내 소방시설 등 미확보로 인한 피해였다. 1917년 11월 창덕궁 화재, 1935년 1월 화신백화점 화재 등도 이러한 점에서 주목할 화재 사건이었다.

2 | 근대적 재해 인식과 대책

기후 측정과 관련해서 주목해야 하는 것은 온도이다. 추위와 더위 등이 이를 기준으로 확인되기 때문이다. 먼저 온도계와 관련한 가장 오래된 기록으로 본다면 갈릴레오 갈릴레이가 만들었다. 액체의 팽창을 살피면서 1636년 물 온도계를 개발한 것이었지만 이때의 온도계는 그리 쓸모가 있지는 않았다. 하지만 중요한 것은 뜨겁고 찬 것을 측정하려 했다는 것이었다. 그리고 이를 계승 발전시킨 것이 알코올 온도계와 수은 온도계였다. 또한 화씨온도 및 섭씨온도가 정해졌다.

네덜란드 물리학자인 다니엘 가브리엘 파렌하이트가 기압계, 고도계 등과 함께 개발한 것이 화씨온도계이다. 그에 의해 화씨온도(華氏溫度)가 정해졌는데, '°F' 단위가 그것이다. 물의 어는점 32°F, 끓는점 213°F가 정해졌다. 더불어 섭씨온도가 스웨덴 물리학자이자 천문학자인 안데르스

셀시우스(1701~1744)에 의해 제창되었다. 셀시어스 즉 '℃'의 단위가 정해졌는데, 물의 빙점과 끓는점 사이를 100℃로 나눈 것이었다.

서양에서 만들어진 온도계 등은 공기의 성질, 공기의 압력 등을 측정하는데 결정적 기여를 하였다. 동시에 체온 측정이 가능해짐으로써 질병과 체온의 상관관계 등이 확인되기에 이르렀다.

19세기를 강타한 콜레라의 대규모 확산은 위생과 의학의 중요성을 확인하는 계기가 되었다. 그리고 그러한 의학은 세계적으로 확산되면서 일종의 스탠더드를 만들기 시작했다. 그 계기는 우선 영국의 의사 존 스노가 1854년 환자들의 감염 과정 등을 조사해 '감염지도'를 만들었고 콜레라 원인의 하나가 오염된 물임을 확인하게 되면서였다. 이는 이후 전염병 역학이라는 분야를 개척하는 계기가 되었다. 또한 현미경을 이용해 확인한 미생물 세계에 대한 본격적인 접근이 가능해지면서였다. 이는 '세균학(細菌學)' 분야의 창시를 의미했다. 특히 독일 생물학자 하인리히 코흐(1843~1910)는 가축과 사람의 생명을 위협하는 탄저균(炭疽菌)을 찾아냈고, 이후 1882년에는 결핵균, 1884년에는 콜레라균을 발견하여 그 항생을 위한 백신을 만들었다. 1948년에 이르러서는 항생제가 생산됨으로써 콜레라로부터 인류는 안전하게 되었다.

특히 코흐는 세균학 연구와 관련한 4가지 원칙을 내놓음으로써 생명체가 겪게 되는 많은 질병 연구의 토대를 닦았다.

> 병원균은 해당 질병을 앓는 환자나 동물에게서 찾아내야 한다.
> 병원균을 순수배양하여 분리해야 한다.
> 배양 병원균을 실험동물에게 접종했을 때 같은 질병이 나타나야 한다.
> 실험동물에게서 다시 같은 병원균을 분리할 수 있어야 한다.

이처럼 서구에서 일어난 혁명적 수준의 천문학, 열역학 및 의학 등 과학의 발전은 곧바로 조선 사회에 영향을 준 것은 아니지만 점차 조선은 그 변화를 받아들이기 시작했다. 서구천문학 및 열역학이나 미생물학, 기상학 등에 대한 이해는 준비되지 않았으나 그것은 배움을 통해 해결할 수 있는 것이었다. 중요한 것은 이를 통해 그동안 음양론이나 천인감응론적 재이관 등을 통해 해석한 상당수의 기상재해나 전염병 등에 대해 이제는 과학적으로 분석하는 것이 가능해졌다는 점이었다.

스페인독감 즉 인플루엔자의 유행에 대한 예방책이 나오기도 했다. 2차 유행 때 나온 예방책은 다음과 같았다.

1. 평소 되도록 식염수로 입안을 헹구고, 만약 인후에 이상이 있을 경우에는 가글액으로 입안을 헹굴 것
2. 다수 사람이 집합하는 곳에는 가지 말 것
3. 외출 시 및 많은 사람이 사는 장소에서는 되도록 호흡보호기를 사용할 것
4. 신체, 의복을 청결히 하고, 잠옷, 침구 등은 때때로 햇볕을 쬐어줄 것
5. 두통, 발열 등 이병의 감염이 의심되는 때에는 신속히 의사의 진료를 받을 것
6. 환자 또는 환자로 의심되는 자에게는 접근하지 말 것
7. 환자는 되도록 별실에 격리하고, 간호하는 자 이외에는 그곳에 접근하지 말 것. 또한 간호하는 자는 호흡보호기를 사용할 것
8. 환자의 객담, 타액, 콧물 등의 소독은 물론이고, 그것들에 의해 오염된 것은 소각하든지 또는 소독할 것

수재와 관련해서도 긴급 응급대책이 마련되었다. 특히 가장 큰 피해를 남긴 1925년 을축대수해 후 응급대책 내용을 보면 근대적 위생의 중요성이

강조되고 있음을 볼 수 있다. 그 내용은 다음과 같다.

- 침수가옥은 진흙을 잘 씻을 것
- 석유유제는 완전히 소독할 것
- 침수 장소는 완전히 마를 때까지 열어놓고 그 장소에서 자지 말 것
- 오수나 덜 익은 과일 등은 주의할 것
- 몸이 언짢으면 곧 구호소로 가서 진찰을 받을 것
- 물은 반드시 끓여먹고 장티푸스 예방주사를 맞을 것

한편, 천문학과 관련한 이해가 달라졌음을 태백성 관찰 기록으로 확인할 수 있다. 그간 『조선왕조실록』에서 매 왕대별로 적게는 몇 건에서 수백 건에 이르도록 기록되고 있던 태백성 관찰이었다. 예컨대 '태백(太白)'으로 단순 원문 검색했을 때, 중종 대의 경우는 『중종실록』에서 1,065건, 명종 대 557건, 광해군 331건, 인조 대 412건, 효종 대 532건, 현종 대 625건, 숙종 대 139건, 영조 대 431건, 철종 대 119건 등이 있었다. 그런데 고종 대의 경우는 고종 2년(1865) 6월 신유일(28) 기록을 끝으로 더 이상 나타나지 않는다. 여기에 대한 부연 설명은 없으나 서구 천문학에서의 태백 즉 금성에 대한 이해가 수용된 때문이 아닌가 하는 것이다. 즉 망원경 등을 통해 행성과 달, 행성계 등을 관찰 연구하여 그 궤도 등을 살피는 행성천문학의 영향이 있었다 여겨지는 것이다.

호열자 즉 콜레라와 관련해 그 확산 속도와 급속도로 늘어나는 사망자 등에 대해 속수무책으로 있거나 여제(厲祭)나 별여제를 열거나 한의 차원의 약을 제조하여 지급하거나 하는 등의 대책은 한계가 있었다. 대신 오염된 우물물의 사용을 금지하거나 설립된 대한수도회사(大韓水道會社)의 물을 이용하게 하였다. 이 과정에서 조정에서는 「전염병예방규칙」, 「호열자병예방 규칙(虎列剌病豫防規則)」, 「호열자소독규칙(虎列剌病消毒規則)」, 「호열

자예방 및 소독 집행 규정(虎列剌病豫防及消毒執行規程)」 등을 만들어 시행했다.

이러한 전염병 예방 및 치료 등을 포함해 의학적 노력이 일어났다. 일본 및 미국 유학을 통해 의료수업을 받는 이들이 생겨난 것이다. 지석영과 김익남, 박에스더, 오경선(吳競善) 등이 대표적이었다. 천연두 예방을 위해 지석영(池錫永, 1855~1935)은 에드워드 제너(1749~1823)가 찾은 우두법(牛痘法)을 배워 종두법을 공개적으로 실시했다. 이후 『우두신설(牛痘新說)』을 저술하여 우두법 전반에 대한 이해를 넓혔다. 호환마마 중 마마 즉 천연두 예방이 마침내 이뤄지게 된 것이었다.

전염병 등을 포함한 위생과 의료 관련 제도적 정비도 이뤄졌다. 1894년 6월에는 의정부관제안에 의해 위생국(衛生局)이 내무아문에 편제되었다. 그 업무는 전염병 예방사무 및 의약과 우두 등의 일을 겸하도록 했다. 실제 설치는 비록 이듬해인 1895년으로 미뤄지긴 했지만 그 출발이 1894년에 있었음을 알 수 있다. 또한 갑신정변 후인 1885년 4월에는 혜민원과 활인원을 혁파하고 왕립병원인 광혜원(廣惠院)을 설치했다. 곧바로 제중원(濟衆院)으로 명칭 변경이 되었으며, 위생국 설치에 따라 그 소관이 되었다.

1885년 설립된 최초 서양식 국립병원 제중원, 개화파 홍영식의 종로구 재동 집에 설립

2010년 방영된 근대식 병원 드라마, 〈제중원〉

이후 통감부에서는 1907년 관립병원 광제원을 폐지하고 '대한의원(大韓醫院)'을 설치했다. 위생과 의학교육, 치병의 업무가 맡겨졌다. 그리고 1909년에는 부속의학교까지 설치되면서 종합병원으로서의 모습을 갖추었다. 지방에는 자혜의원(慈惠醫院)이 설립되면서 근대의술이 보급되게 되었다.(金亨錫, 「韓末 韓國人에 의한 西洋醫學 受容」, 『國史館論叢』 5, 국사편찬위원회, 1989 참조)

한편 기상관측 및 예보를 담당하는 근대적 기구가 설치되었다. 본래 예조 소속으로 천문과 측후, 각루 등을 맡았던 관상감(觀象監)이 있었다. 하지만 갑오경장(1894)을 거치면서 학무아문 소속 관상국(觀象局)으로 바뀌었고, 1895년 곧 다시 관상소(觀象所)로 되었다. 이러한 체제에서 현대적 기상관측과 예보를 수행하는 기관으로 1904년 측후소가 설치되기 시작했다. 이후 측후소는 천문 및 기상관측, 기상예보, 통계업무 등을 담당하게 되었다.

근대적 측후소의 설치와 운영은 재해나 농업 등과 관련해 중요한 의미를 갖는다. 과학적인 관측과 기록, 통계 등이 가능해졌기 때문이다. 일제는 1912년 조선총독부 관측소 및 부속 측후소와 관련해 인천관측소와 함께 측후소로는 경성, 목포, 대구, 부산, 강릉, 평양, 용암포, 원산, 성진 등에 그 위치를 정했다. 1924년에는 하천유량을 실측하고자 체신국 소관 측수소(測水所)와 수위관측소(水位觀測所)를 신설했다. 1937년 7월에는 관측소 사무분장규정이 제정되었는데 서무계, 관측계, 예보계, 천문계, 통계계가 두어졌다. 이후 관측소와 측후소는 좀 더 확산되었다. 1938년 조선총독부관보를 보면 인천부 조선총독부관측소와 함께 측후소로 경성, 영동군, 제주읍, 해주읍, 신의주부, 자성군 중강면, 강릉읍, 함남 원산부 등에 설치되었다. 이어 전남 광주에 광주관측소가 설립되어 항공기상, 천기예보, 기상특보, 폭풍우경보 등의 임무를 맡았다. 1939년 7월에는 조선총독부기상대관제가 제정 시행되었다. 관리사무는 기상관측, 천기예보, 역서편제(曆書編製), 기상계기(氣象計器)의 수리 및 연구 등이었으며, 인천에 기상대를 두었다.

콜레라 등 수인성 전염병의 감염원이 되는 것이 물 사정이었다. 상수와 하수 시설이 갖춰지지 않았던 시대에는 하천과 우물, 화장실, 노변 분뇨 등이 뒤섞여 악취 및 오염되기 십상이었다. 특히 콜레라의 전파가 우물과 관련이 깊다는 사실이 확인된 후에는 수도시설을 갖추는 것이 국가적 사업의 하나가 되었다. 이와 관련해 대한제국기인 1905년 나카지마(中島) 등이 서울과 인천 사이 상수도 건설을 설계 추진했다. 용산과 인천 개항장의 연결이 목표였다. 이에 그 필요성을 공감한 대한제국은 광무 10년(1906) 4월 25일 수도국관제를 칙령 21호로 발표했다. 그렇지만 재정 부족 문제에 부닥쳤다. 결국 초대통감인 이토 히로부미가 관세를 담보로 일본흥업에서 1천 원을 대출받아 상수도 사업이 시작될 수 있었다. 이에 처음으로 노량진을 수원지로 하여 인천으로 연결되는 32.62㎞에 수도관이 깔리면서 상수도 사업이 본격화되었다. 그리고 수돗물의 보급과 하수시설의 정비, 우물 조사와 수질 검사를 통한 우물 개량 등은 위생 문제를 해결하는 데 도움이 되었고, 동시에 전염병으로부터도 일정 정도 안전성을 확보할 수 있게 되었다.

한편 천문연구에 있어 일제강점기 주목할 인물이 나왔다. 최초로 미국 미시간 대학에서 수학과 천문학을 전공하여 이학박사를 취득한 이원철(1896~1963)이 그이다. 그는 1926년부터 1938년까지 연희전문학교 수학물리과에 있으면서 후학을 양성했다. 박사논문을 통해 독수리자리 에타별이 맥동변광성임을 밝혀 별 이름 '원철성'이 생겨나게 되었다.

이러한 상황은 적어도 천문과 기상, 의학의 면에 있어서 전근대적 천인감응론적 재이관이나 음양론적 재이론 등에서 그 사회적 인식이 과학의 영역으로 바뀌었음을 의미했다. 인식의 변화와 학문적 접근, 과학적 분석은 그에 따라 사회적 대응 방식의 변화를 가져왔다. 다만 유언비어적인 풍문이 도는 정도가 1925년 7월 8일자 〈동아일보〉 기사에 보인다. 경기도 진위군 오성면에서 산신령이 금년에 전염병이 대유행할 것이라 알려주었으며, 만나는 사람에게 이를 알려주고 말을 들은 지 3일 만에 떡을 만들어 먹으면 아무 일 없으리라는 것이었다.

3 | 재해와 일제 식민권력

전염병과 자연재해, 그리고 화재가 일어나면 가장 먼저 무엇을 해야 할까? 당연히 피해예방수칙에 맞춰 행동하면서 피해를 최소화하는 것이 우선이다. 그에 앞서 준비해야 할 것은 무엇인가? 관측소나 병원, 소방서, 연구기관, 치수시설 등을 갖춰놓고 이를 제대로 운영하는 것이 필요하다. 근대 시기에도 전염병 및 자연재해 등이 있을 때 주술을 외우거나 기도를 통해 극복할 수 있다고 믿는 이들은 물론 있었다. 개인적 종교 신념에 따르는 것이 더 중요하다 보는 이들도 있었다.

예컨대 1925년 2월 19일자 〈동아일보〉 기사를 보면 평안남도 강서군 반석면 반일리의 사례가 소개되고 있다. 50여 호 정도가 사는 마을이었다. 그런데 그중 3분의 2가 특정 종교인이었다. 그리고 이들은 손으로 만든 약이 무슨 효력이 있느냐 하면서 자신들은 기도만 하면 옥황상제가 약을 내려준다고 믿었다 한다. 이들이 외운 훔치 주문은 '훔니함니사바하'였다. 그리고 5명이 죽었는데 죽은 이들에 대해서 약을 구하려고 옥황상제에게 올라갔다고 하였다.

전염병 면전에서 이렇게 하는 것은 병의 악화나 전파를 돕는 것이었다. 하지만 미신적 요소는 그대로 남아 있었다. 근대 과학 혹은 의학의 산물에 대해서는 불신했다. 그렇지만 이미 이에 앞서 김옥균은 근대국가가 중요시해야 할 세 가지에 대해 주목하고 이를 개혁에 반영하고자 했다. 그가 저술한 「치도약론(治道略論)」(1882)의 일부 내용을 보자.

> 앞선 나라들이 가장 중요하게 여기는 정책은 첫째가 위생이요, 둘째가 농상이요, 셋째가 도로이다. 그들이 의술을 기술 중 제일로 치는 이유는 사람의 생명에 직결되기 때문이다. 우리나라를 둘러본 외국인은 조선이 산천은 아름다운데 인구가 적어 부강을 꾀하기 힘들고 도로가 사람과 가축의 똥오줌으로 범벅되어 있어 두렵다 한다.(김옥균, 「치도약론」, 『치도규칙』, 1882)

이렇게 본다면 근대국가 체제에서 재해와 전염병 등과 관련하여 과거처럼 자신의 부덕과 박덕을 자책하고, 공구수성하는 행위는 실제 피해 상황에는 도움이 되지 못하는 것이었다. 기우제와 같은 제사나 각종 무격 등을 활용한 주술 행위도 그러했다. 실질적인 도움이 되도록 지원하는 것이 필요했다. 또한 예방을 위한 규정, 그리고 관련 시설 정비를 하는 것이 필요했다. 동시에 과학적인 원인 분석을 통해 피해 예방 및 피해 최소화를 위한 노력이 요구되었다.

그런데 재해와 전염병의 상황에서 사회 혼란의 요소로 주목되는 것이 있었다. 수해와 관련한 내용을 보면 다음과 같다. 조선총독부의 수해에 대한 기본적인 대책은 경찰력과 행정력을 동원해 응급대책을 시행하는 것이었다. 따라서 이때는 총독부와 지방관 등이 동원되었으며, 구호본부의 설치, 경찰서와 소방대, 재향군인협회 등을 동원한 구조활동, 이어서는 이재민 상황 조사 및 구호 활동, 이재민 수용소 구축, 이재민 거주지 마련 등이 있었다. 여기까지는 1차적으로 총독부가 기본적으로 해야 하는 사안이었다.

하지만 관련 이재민 구제 비용 등에 대해서는 각종 기부 의연금에 의지했다. 총독부 등에서는 극히 일부의 재정지출을 했을 뿐이었다. 그러면서 조선수해이재자구제회라는 관변 단체를 통해 의연금을 모금했고, 구제회는 기부금과 금품 등을 모집한 뒤 그 분배는 총독부에 일임했다. 즉, 민간단체이자 관변단체라 할 수해구제회와 총독부가 수해구제를 전적으로 감당하는 형태가 만들어진 것이다. 수재민의 입장에서 볼 때 직접적인 도움을 주는 총독부와 수해구제회에 대해 어떠한 인식을 가지게 될 것인가를 고려하면 조선총독부가 이를 통해 조선의 민심을 장악해 가려 한 것을 읽을 수 있다. 그러면서도 끊임없이 더 나아졌다는 통계수치를 들이밀었다.

식민지 조선총독부의 권력이 침투하고 그것을 일상화하는 과정이라 할 수 있었다. 이 과정에서 조선인 사회운동단체의 활동은 경찰력에 의해 금지되었다. 그럼에도 불구하고 조선일보나 동아일보 등 신문사는 수해 소식과 함께 피난민과 이재민 구제 활동에 나섰다. 이 과정에서 조선기근구제회와 서울청년회 등의 활동이 두드러졌다. 많은 조선인들이 구호 및 의료활동에 나섰던 것이다. 이들의 활동이 늘어나면 날수록 조선총독부 입장에서는 반일과 항일 운동이 일어날 것에 대해 우려했고, 가능한 한 금지하려 했다. 결과적으로 수해 구제 활동에 대해 조선총독부라는 식민지 권력이 규제하였던 것이라 할 수 있었다.

한편 조선인들은 조선총독부에 의해 진행된 각종 정책사업의 희생양이 되었다. 일본인 지주 창출과 지원을 위한 토지조사사업 실시 결과 1933년 소작농이 전체 농가 300만 9,000호 가운데 228만 7,000호나 되었다. 76.1%나 되었다. 이어 75~90%에 달하는 소작료가 책정되었다. 결과적으로 본다면 토지조사사업으로 인해 조선의 농민들은 이농을 결심할 수밖에 없었다. 그 여파는 일파만파로 이어졌다. 상당수의 농민은 대개 소지주-자작 겸 소지주-소작인-막실소작인(행랑살이하며 농사)-화전민 혹은 유랑걸식이라는 비참한 과정을 겪었다.

이들은 때로 도시로 나아가 정착 과정을 밟았다. 도시 공터나 다리 밑 등에 땅을 파거나 거적을 씌운 움집살이를 시작했다. 토막민(土幕民)의 생활이 시작된 것이다. 그리고는 날품팔이 혹은 공사장 인부 생활을 하며 근근히 살아가야 했다. 그도 안 되면 아사하는 경우가 속출했다. 이 과정은 대도시의 비정상적 팽창으로 이어진 측면이 있었다. 반대로 도시는 일본인 주거지 마련을 위해 혹은 철도 건설 등을 통해 확대되기도 했는데, 토막민 주거지는 수해에 취약했다. 수해로 인한 피해의 대부분은 조선인들이 겪어야 했다.

식민지 조선인들은 식량난 속에 살았다. 1920년 이후 15년간 지속된 산미증식계획 후 수치상 쌀 생산은 크게 늘었다. 하지만 그에 비례해 1930년 쌀의 일본 수출은 크게 늘었다. 연구에 따르면 산미증식계획 이전 1인당 연간 쌀 소비량은 0.7188석이었는데 산미증식계획 이후인 1930년대에는 0.4017석으로 44% 감소했다. 전시상황 속에서 일제는 공출(供出)을 애국이라 선전하면서 물자를 착취해 갔다.(한복진, 「식생활」, 『신편 한국사 51』, 국사편찬위원회, 2002) 그리고는 배급제를 전개했다. 이로 인해 조선인은 기근 아닌 기근 속에서 살아가야 했다.

더불어 중일전쟁, 태평양전쟁 등 제국주의 전쟁을 수행하는 일본제국주의 측은 권력 독점을 통해 조선인의 전시동원을 원활히 하려 한 면이 있었다. 그 과정이나 결과를 본다면 전염병과 재해 상황 속에서 일본과 조선총독부는 조선인을 차별함과 동시에 지배의 대상으로 삼았다. 1923년 9월 관동대지진 때는 일본 자경단에 의한 조선인 학살이 있었지만 이로 인한 조선 사회의 동요와 소요를 걱정했을 따름이었다. 그리고는 이재민에 대한 구제 활동을 독점했다. 안전과 생명을 의지할 수밖에 없는 조선인의 현실은 반대로 조선총독부의 권력을 강화시켜 주었다. 따라서 조선총독부의 권력과 지배체제는 재해 위기를 이용하면서 항일운동의 확산을 억누르는 데 일정 부분 성공할 수 있었다.

4 | 생각해 봅시다

첫째, 천인감응론적 재이관의 소멸이 의미하는 것은 무엇인가?
둘째, 콜레라와 스페인독감 유행의 원인은 무엇인가?
셋째, 대규모 홍수피해가 발생한 이유는 무엇인가?
넷째, 조선총독부는 왜 조선인 사회단체의 수해 구제 활동에 규제를 가했을까?
다섯째, 재해와 전염병 관련 근대적 조치로는 무엇이 있을까?
여섯째, 관동대지진 등이 있을 때 일제는 지배체제를 유지하기 위해 어떻게 했을까?
일곱째, 토막민 등 조선인의 삶은 어떠했을까?

2장

재해와 현대 공공리더십

1 | 현대의 재해와 재난의 다양화

자연재해는 이제 어느 정도 예측 가능해졌다. 그렇다고 해서 자연재해를 막을 수 있다는 의미가 아니다. 과학적 측정과 통계 분석 등을 통해 재해의 종류와 시기 등을 알게 되었을 뿐이다. 그러나 이는 인류 역사에서의 자연재해 발생을 고려할 때 인간 스스로 자연을 정복했다고 자부할 정도의 성과였다. 다만 피해 자체를 막을 수는 없었다.

자연재해로 가장 큰 피해를 가져온 경우는 대체로 태풍과 홍수였다. 이제 가뭄의 경우는 댐 건설 및 지하수 개발로 어느 정도는 해결될 수 있게 되었다. 또한 곡물 및 채소와 과일 등 저장 유통 등 식량공급망이 갖춰지면서 우리 한국 사회에서 사회적 대기근으로 인한 대규모 인명피해는 거의 없게 되었다.

그런데 여름철의 태풍과 홍수는 갑작스럽게 일어나는 일이기에 관련 시설인프라 등을 나름대로 갖춘다고 하더라도 그 피해 정도는 컸다. 강도로는 약, 중, 강, 매우 강, 초강력 그리고 크기로는 소형 · 중형 · 대형 · 초대형으로 나누고 있는 태풍은 그간 큰 피해를 야기했다. 1959년 태풍 사라로 인해 849명의 사망 실종자가 발생했고, 1987년 7월 9일 슈퍼태풍 셀마로 345명의 인명피해가 있었다. 2002년 8월 26~27일 태풍 루사와 폭우로 213명이 사망하였으며 재산피해액은 5조 1,479억 원이 발생했다. 이듬해인 2003년 9월 6일부터 시작된 태풍 매미로 인해 132명이 사망 실종되었고, 재산 피해도 4조 2천억 원을 넘어섰다.

20세기와 21세기 인류는 자연재해의 피해를 최소화하고 인간에 의해 자행되는 재난급 사고를 억제하는 것을 최대 과제로 삼고 있다. 대표적인 것이 전쟁이다. 20세기와 21세기에는 대규모 전쟁이 잇따랐다. 러일전쟁을 시작으로 제1차 세계대전과 스페인 내전, 제2차 세계대전, 한국전쟁, 베트남전쟁, 중동전쟁, 이란-이라크 전쟁, 걸프전, 우크라이나-러시아 전쟁, 이스라엘-하마스 전쟁 등이 그것이다. 이러한 전쟁의 특징은 대규모 화약 무기가 사용되어 살상력을 높이고 있다는 점이다. 엄청난 폭발력을 자랑하는 무기의 사용은 소위 재래식 무기에서도 마찬가지이다. 그것은 한 지역에 국한되어 일어나는 일인 듯하지만 실제로는 화산폭발의 영향과도 같은 면이 있다. 오히려 화약 등이 사용된다는 점에서 더 끔찍하다 할 수 있다.

전쟁이라는 재난도 그렇지만 여기에 더해 각종 대형 재난사고도 많았다. 이는 점점 다양화되고 있다. 1953년 1월 9일 부산 다대포 창경호 선박의 강풍 침몰로 300여 명 익사, 1970년 거문도 동쪽 해상에서 과적으로 인해 남영호 침몰과 326명의 인명피해 등이 있었다. 1993년 10월 10일 전북 부안군 위도 서해훼리호 침몰 사고로 292명의 사망자가 나왔다. 2014년 4월 15일에는 여객선 세월호 침몰로 304명의 사망자가 발생했다. 노후된 혹은 불법 변경한 민간 여객선이 강풍, 과적 등으로 침몰한 것이었다.

건물 붕괴나 폭발 사고, 화재, 침수 등의 참사도 이어졌다. 1970년 와우아파트, 1994년 성수대교와 1996년 삼풍백화점 붕괴 등 교량과 건물 붕괴 등이 있었다. 1977년 11월 11일 전북 이리역 열차 폭발 사고로 59명의 사망자와 1,400여 명의 부상자가 발생했다. 2003년 2월 18일 방화로 인한 대구 지하철 참사 때는 192명의 사망자와 실종자 21명, 부상자 151명이 희생되었다. 2006년 10월 3일 서해안고속도로 서해대교 29중 연쇄추돌 사고로 사망 11명, 54명의 부상자가 나왔다. 2014년 2월 17일 경주 마우나오션리조트에서의 붕괴 사고로 부산외국어대학교 신입생 10명의 사망과 103명의 부상자가 있었다. 2017년 12월 제천 스포츠센터 화재 참사 때는 29명이 숨지고 40명이 다쳤다. 2022년 10월 29일 이태원 참사로 156명이 죽었으며, 부상자 157명이 있었다. 2023년 7월 15일 청주 오송읍 궁평2지하차도 침수 사고로 인한 14명의 인명사고가 발생했다. 이들 대부분은 시민의 안전과 생명이 위협받은 사건들이었다.

이들 재난급 사고가 일어난 원인은 대부분 공기단축을 위한 부실시공, 혹은 비용절감을 위한 부실 시설물 설치, 노후시설물과 과적 및 지휘자의 안전불감증, 초기 안전질서 붕괴, 위험물 옆에서의 인화성 물품 취급, 재해에 따른 교통안전 조치 미흡 등이었다. 전반적으로 본다면 안전불감증에 의한 인재 사건이었다.

한편 아직까지 인명 관련 재해로서 직접적 피해를 주고 있지는 않으나 주목해야 할 자연현상이 있다. 급속한 온난화가 그것이다. 다음 도표를 보면 매화와 벚꽃 개화일이 점점 빨라지고 있다. 매화의 경우 2020년대를 넘어서면서는 3월 이전에 개화하고 있음이 보인다. 벚꽃의 경우도 4월 이전 3월 말에 피고 있다. 이는 모두 기후변화와 연결되고 있는 것이기도 하다.

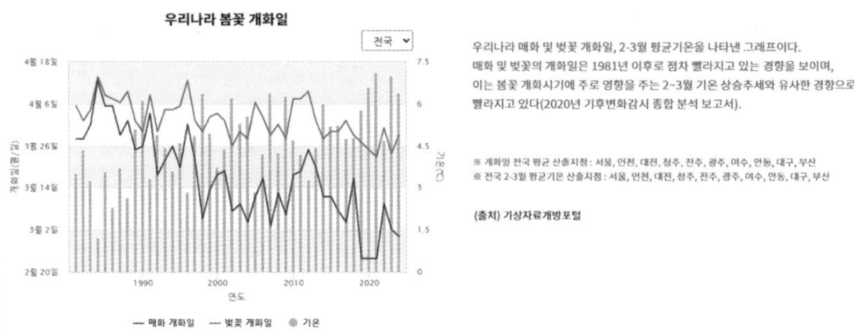

기상청 종합 기후변화감시정보 봄꽃 개화일

자료: http://www.climate.go.kr/home/09_monitoring/meteo/temp_flower

실제로 전 지구의 평균기온 편차를 보면 주목할 변화가 나타나고 있다. 도표에서 설명하고 있듯이 1891년 -0.8℃, 2023년 0.5℃로 연평균 100년당 0.73℃가 상승하였음이 확인된다. 2023년 지구 평균기온은 14.98℃였다. 산업화 이전(1850~1900) 평균 대비 1.45℃가 높다. 언론에서는 174년 만에 가장 뜨거웠던 해라고 보도했다. 2024년 최고 기온의 경우 최소 12만 년 동안 볼 수 없었던 높은 기온으로도 보고 있다. 앞으로 이로 인한 재해는 소위 악순환의 고리로 연결되지 않을까 우려된다. 온실가스 상승-더위-온난화-수온상승-빙하 해빙-해류 변화-태풍과 폭우-대규모

기상청 종합 기후변화감시정보 기온-국내외 평균기온 편차

자료: http://www.climate.go.kr/home/09_monitoring/meteo/temp_avg

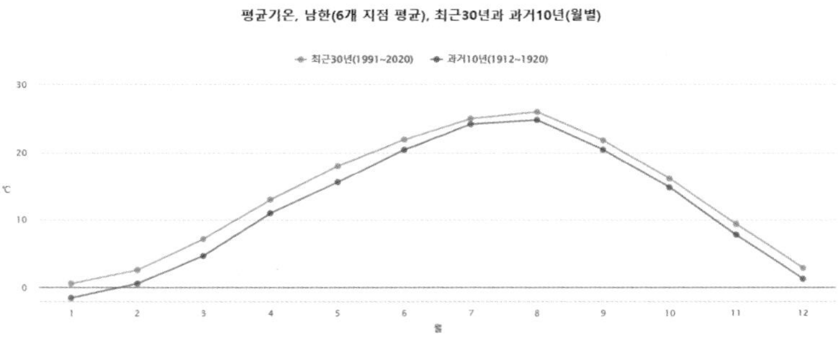

< 총괄표 >

평균기온(℃)	1월	2월	3월	4월	5월	6월	7월	8월	9월	10월	11월	12월	평균
최근30년	0.6	2.6	7.2	13.0	18.0	21.9	25.0	26.0	21.8	16.1	9.4	2.9	**13.7**
과거10년	-1.5	0.6	4.7	11.0	15.6	20.4	24.2	24.8	20.4	14.8	7.8	1.3	**12.0**
최근30년 -과거10년	2.1	2.0	2.5	2.0	2.4	1.5	0.8	1.2	1.4	1.3	1.6	1.6	**1.7**

기상청기후정보포털 평균기온

자료: http://www.climate.go.kr/home/CCS/contents_2021/37_2_past_analysis_recent.php

자연재난 등 재난 순환사이클이 이어질 것이라 보이기 때문이다.

한편 인류의 자유로운 이동이 가능해지면서 과거에 드물게 나타났던 풍토병적 성격의 전염병이 확대되기 시작했다. 혹은 실험실을 통해 배양된 미생물의 의도치 않은 유출 사고 등으로 인해 인간은 치명적 바이러스에 노출되기도 했다. 직간접적으로 접촉이나 호흡 등을 통해 사람과 사람 사이 전파 확산 감염되는 전염병이 그것이다. 대표적인 것이 인간면역결핍 바이러스인 HIV에 감염된 후천성면역결핍증 AIDS이다. 그 전파로 많은 수의 사람들이 사망했고, 현재도 우리나라에서 이는 진행형에 있다. 중증급성호흡기증후군 SARS의 경우 2002년 시작되었고, 2003년 감염이 널리 퍼졌다. MERS로 불리는 중동호흡기증후군은 치사율 27%로 우리나라에서 사망자는 2017년 39명에 불과했지만 사회적 혼란을 크게 일으키기도 했다. 이러한 중증호흡기증후군이 대폭발한 것이 2019년 시작된 코로나바이러스감염증-19 즉 COVID-19이다. 2023년까지 팬데믹 현상을 유지하

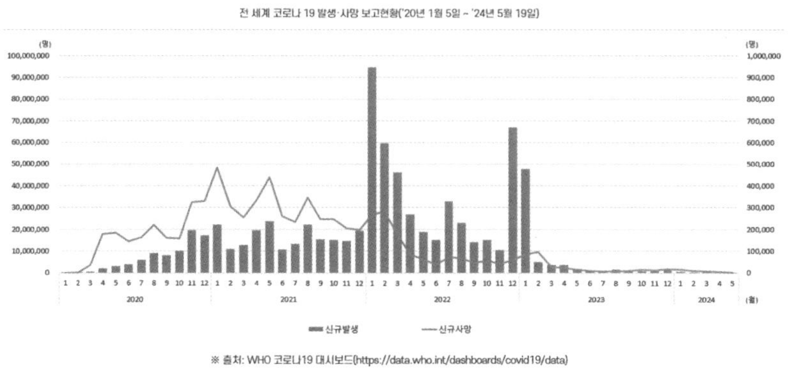

감염병포털 코로나19

자료: https://ncov.kdca.go.kr/

다가 2023년 5월에야 엔데믹 선언이 이루어졌다. 하지만 SARS나 MERS 등이 잠복했다가 다른 형태로 변이되듯이 코로나19도 재유행하고 있다. 2022년 1월 기준 세계 누적확진자는 3억 명을 넘어섰고, 사망자는 500만 명을 넘어섰다. 국내의 경우 2020년 1월 20일부터 2023년 8월 30일까지 확진자 수는 34,572,554명, 사망자 35,605명으로 보고되었다.

자연 혹은 인간에 의해 발생하거나 만들어진 전염병으로 인한 팬데믹이 전 지구적 화두인 현재이지만 심각한 재앙 수준의 사건은 계속 진행 중이다. 인간에게 위협이 되는 자연재해에 대한 극복 노력으로 인간은 보다 안전해진 듯 보이지만 상대적으로 자연은 또 다른 진화된 위협을 만들어내기 시작했다. 인류가 의도치 않은 결과가 나오고 이를 극복하는 또 다른 노력이 반복되는 양상을 띤 것이다. 이를 진화라고도 할 수 있을 것이지만 상대적으로 자연은 인간에 의한 도전을 계속 받고 있는 셈이다.

이외에도 동남아 등에서 우제목 동물에게 많이 발생하는 질병으로 출발한 구제역이 있다. 명확한 치료제가 없으며, 발병이 확인되면 감염축을 모두 살처분하여 매장해야 하기에 농축산가의 피해가 크다. 2000년 이후 발생사례가 많으며, 2010년에는 가축 약 95만 마리를 살처분해야 했다. 인수공통전염병은 아니지만 간혹 감염 사례도 보고되었음은 유의할 필요가 있다. 조류독감인플루엔자 AI의 경우 2004년 이래로 자주 발생해 많은 닭과 오리 등 가금류 등을 살처분한 바 있다.

그런데 여기에 더해 현재와 미래가 겪어야 하는 재해 혹은 재앙으로 볼 수 있는 사안들이 새롭게 등장하고 있다.

리처드 A. 포스터 대재앙의 분류

대분류	중분류	소분류
자연재앙	유행병	독감, AIDS
	소행성 충돌	직경 1㎞ 이상 소행성 1,148개 근접위험 천체
	화산폭발과 지진	세인트헬레나 화산, 1556 산시성 지진, 1755 리스본 대지진
과학재앙	스트레인지렛 시나리오	중입자충돌가속기(RHIC), 강입자충돌가속기(LHC), 파종에 의한 결정체 변환(다형성 결정체 변환) 등
	나노머신	나노테크놀로지의 자기조립, 만능조립자 나노머신, 인공생명체 등장, 자기복제자 출현, 분자제조법
	유전자 변형 작물	GMC(Genetically Modified Corps), 생물종 다양성 상실
	인공지능	무인항공기, 드론, 슈퍼지능로봇
	우주생명체	
의도하지 않은 재앙	지구온난화	이산화탄소와 메탄 등 온실가스 증가, 화석연료 상용, 삼림파괴, 새로운 빙하시대 촉진, 영구동토층 및 빙상 해빙
	천연자원의 고갈	화석연료, 천연가스, 물 등
	생물 다양성 상실	
의도적 재앙	핵겨울	핵전쟁, 수소폭탄
	바이오 테러	탄저균, 천연두 바이러스, 유전자접합 통한 병원균 개발 유포, 생물무기프로그램, 독감 바이러스, 에볼라 바이러스 등
	사이버 테러	컴퓨터 바이러스
	디지털화(감시와 은폐)	

리처드 A. 포스터는 재앙을 크게 자연적인 재앙, 과학의 재앙, 의도하지 않은 인재, 의도적 재앙 등으로 구분한 바 있다.(리처드 A. 포스터 저, 김소연 옮김, 『대재앙』, 말글빛냄, 2006, 57-179쪽) 그가 분류한 재앙을 정리하면 앞의 표와 같다.

사실 이것 외에도 대재앙에 해당하는 일들은 지구 곳곳에서 발생하고 있다. 핵발전소 폭발, 핵발전소 유출, 쓰나미, 대지진, 화산폭발, 초대형 산불, 대규모 정전, 장기간의 가뭄과 대기근, 앞으로도 전개될 코로나19와 같은 전염병, 가축전염병, 국지적 폭우, 극한 기후 등이 그것이다.

자연재해와 인공재난은 이제 따로따로의 영역이 아닌 것으로 밝혀졌다. 지구 위 모든 것 즉, 모든 생명체 혹은 스스로 증식하는 능력이 없는 모든 물질은 상호 영향하에 있다. 특히 인류는 이 모든 것과 연결될 수 있는 특별한 생명체이기도 하다. 그런 만큼 인간과 자연, 인간과 인간이 때로 서로 피해 혹은 일방의 피해를 입더라도 길게 본다면 공존해야 할 필요가 있는 것이다.

인간이 만든 환경오염으로 인한 피해도 커지고 있다. 지구촌이 점점 하나가 되어가고 초연결사회가 되어가고 있는 현재 어느 한 지역에서의 불균형은 지구 전반으로 그 영향을 미치고 있기도 하다. 인간의 편의를 위해 개발한 플라스틱 오염으로 인한 생태계 교란, 복잡하게 얽힌 전산망의 붕괴로 인한 사회경제적 혼란, 딥페이크나 AI 등에 의한 성범죄 및 가짜뉴스 생산, 모바일 스미싱 사기, 보이스피싱, 랜섬웨어 등도 직접적 인명피해는 아니지만 사회적 문제가 되고 있다. 단순 물리적 교통 때문만이 아니라 인터넷이라는 연결망이 이를 가능하게 하고 있다.

2 | 재해 인식과 공공대책

사실 자연재해나 코로나19 같은 전염병 사태는 지금도 우리 곁에서 심각한 피해를 주고 있다. 가장 최근의 일인 코로나19의 피해는 전 세계적인 것이었으며 그 피해는 그나마 과학과 의학의 발달이 뒷받침하지 않았다면 20세기 최대 전염병 피해라 할 스페인독감을 넘어섰을 것이다. 팬데믹 기간 동안 인류는 그야말로 살기 위해 모든 것을 스스로 정지시키는 선택을 취하기도 했다. 이동금지 명령하에 말이다.

이 같은 소위 catastrophe 혹은 apocalypse의 대재앙 혹은 인류 멸망적 재난 상황이 현실화되었던 것이다. 인류는 이러한 재앙적 상황에 대해 새로운 인식을 갖기 시작했다. 모든 상황에 대한 올바른 원인분석과 효율적인 대책, 치료를 위한 시스템 마련 등이 그것이다. 많은 피해와 희생을 겪으면서 재난에 대한 인식을 바꾸게 된 덕에 나름의 시스템적 사고가 가능해진 것이었다.

17세기 이래 인류사에는 큰 변화가 있었다. 소위 과학혁명이 일어났다. 중세적 · 신학적 세계관, 천인감응론적 재이관, 신의 뜻이 반영된 신비주의적 세계관, 미신적 자연관, 음양오행론적 세계관 등이 지배하던 사회가 바뀌기 시작한 것이다. 과학혁명이 일어나면서 세상을 이해하는 방식은 이제 신의 뜻보다는 인간 이성의 힘을 믿는 것으로 바뀌기 시작했다. 그것은 합리성과 경험에 의거한 지식체계의 축적으로 이어졌다. 이를 토대로 정확한 지식이 확립 · 축적되기 시작했고, 선순환이 이뤄지면서 과학적 연구방법론이 세워졌다. 계몽주의가 등장하면서 인간의 합리성에 대한 신뢰는 매우 강해졌다. 프랜시스 베이컨은 "아는 것이 힘이다"고 했고, 이마누엘 칸트는 "과감히 알려고 하라! 너 자신의 지성을 사용할 용기를 가져라"고 했다. 데카르트는 "나는 생각한다. 고로 나는 존재한다"고 하여 확실한 지식을 얻기 위한 체계적 의심을 시도했다. 뉴턴은 지성의 힘을 상징하는 수학으로 행성과 혜성, 중력, 광선과 색상 등을 설명했고 운동의 세 가지 법칙을 제시했다. 관성의 법칙, 가속도의 법칙, 작용 반작용의 법칙 등이 그것이다.

이러한 과학혁명과 계몽주의로 인류는 자연과 사회에 대한 근본적인 사고 변화를 시작한 것이다. 인간은 이제 재해도 자연현상으로 보았으며, 이에 대한 자연과학적 분석을 시도할 수 있게 되었다. 그것은 미생물의 세계에서도 마찬가지였다. 그동안 자연이나 모든 생명체도 신의 섭리로 포장되어 왔지만 실제로는 화학과 물리의 세계에 있었던 것이다.

재해와 재난에 대해 어떻게 그 인식이 변해 왔는가를 보자. 사실 모든 현상에는 원인이 있다. 최소한 지구 반대편에서 나비의 날갯짓이 있었던 것이다. 그러면 이러한 원인을 어떻게 찾아낼 수 있는 것일까? 과학이 그 대답이라 할 수 있다. 다만 이렇게 언급하는 것은 다소 모호하다. 물체의 운동과 에너지, 기계적 속성 등을 다루는 물리와 물질의 성질과 구성, 변화 등을 다루는 화학, 그리고 질병의 치료와 예방 등을 다루는 의학의 발달 등을 주목할 수 있다. 여기에 더해 다수의 현상을 관찰 기록하여 데이터화한 뒤 이를 정리 분석하는 통계학, 수와 양 등의 변화를 다루는 각종 수학 등 자연과학이 사실 그 대답을 찾는 데 결정적 도움을 준다.

하지만 이러한 자연과학적 사고가 실제 재해와 재난에 적용되기 위해서는 여러 가지 전제조건이 필요하다.

첫 번째는 재해 및 재난 분석과 대책기구의 정비이다. 정부 차원에서 이를 조직하고 전문가와 실무자 등을 중심으로 배치하여 운영해야 한다. 현재 우리나라에는 행정안전부를 중심으로 국가재난안전관리체계를 확립해 가고 있으며, 국민재난안전포털(https://www.safekorea. go.kr/)을 구축해 재해 · 재난 관련 정보와 자료 등을 제공하고 있다. 또한 각각의 재해 상황에 대한 행동요령을 체계적으로 제시했다. 코로나19 등 전염병과 관련해서는 질병관리청(https://www.kdca.go. kr/)과 감염병포털(https://ncov.kdca.go.kr/) 등이 있다. 관련 소속연구기관으로는 국립보건연구원, 국립감염병연구소, 국립검역소가 있다. 이러한 조직체계 등을 보면 현재 우리나라의 경우 재해와 재난에 대한 기본 시스템은 모두 갖추고 있는 셈이 된다. 또한 '긴급재난안전문자'를 통해서는 시민에게 안전사고 예방을 잘 알려주고 있기도 하다. 그렇다면 중요한 것은 이들이 얼마만큼 자기 역할을 다하여 시민의 안전을 확보해 줄 수 있는가일 것이다. 그리고 이들을 체계화하는 것이 중요하다. 소위 위기관리 시스템 체계를 구하는 것이 이에 해당한다. '법령 체계, 조직 체계, 운영 체계, 정보화 체계, 자원관리 체계, 교육훈련 체계'의 구축과 지속적 발전을 위한 오픈 모델의 개발이 요구되는 것이다.(최성, 『위기관리 시스템 혁명』, 다산초당, 2019)

두 번째는 이들 기구와 전문가의 원인 파악을 위한 객관적 사실 및 데이터 수집에 대해 협조가 요구된다는 점이다. 이 조사 및 기록 등 정보처리가 정확하게 이뤄지는 데는 당연히 이를 실시하기 위한 기본적인 객관적이고 과학적인 규칙이 있어야 한다. 그에 따라 수집 및 처리가 우선되어야 하는 것이다.

세 번째는 수집된 자료와 정보를 분석할 수 있는 시설 및 전문가가 자기 역할을 충분히 할 수 있도록 그 독립성을 지켜줘야 한다는 것이다. 철저히 훈련된 연구자에 의해 조사될 경우 그 원인에 대한 다양한 가능성을 찾을 수 있다. 물론 그렇다고 해서 그 결과가 하나로 귀결된다는 확신은 없다. 그러나 보다 높은 가능성을 찾을 수 있을 것이다. 특히 재해와 재난의 범위가 크면 클수록 이 같은 경향은 더 커진다. 하지만 현대사회에서 자연재해의 경우에는 지금까지 많은 데이터와 원인 및 과정 등에 대한 정보가 누적되어 있다. 따라서 비슷한 경우라면 보다 수월하게, 보다 정확하게 찾아내는 것이 가능하다.

네 번째는 원인에 대한 분석이 확인되면 그에 따른 해결책 혹은 대응책을 마련해야 한다. 지금까지의 재해 및 재난에 대한 대응책 관련 자료는 상당부분 축적되어 있다. 나아가 시스템과 제도 등에 대한 것도 마찬가지이다. 금융지원, 주거지원, 생계지원, 의료심리지원, 복지지원 등등이 그러하다. 전근대사회의 경우 진제장을 열거나 설죽소를 개설하여 직접 음식물 도움을 주고, 세금을 면제 혹은 감면하였다. 또는 파종할 곡식과 농기구를 빌려주기도 했다. 하지만 지금은 이러한 단계를 넘어섰다. 각종 지원제도가 준비되고 실시될 때, 그 효율성을 위해서는 피해지원을 우선순위로 하면서 각종 지원 시스템을 일원화할 필요가 있다. 긴급히 지원을 받아야 하는 피해자의 동선이 이리저리 꼬이게 되면 지원의 실효성이 약해지기 때문이다.

다섯 번째 무엇보다 중요한 것은 공감과 신뢰이다. 특히 재해와 재난이 심각한 경우 관련 루머나 괴담, 유언비어, 동요, 가짜뉴스 등이 확산되는 경향이 있다. 시민들의 심리적 동요와 불신을 야기하는 중대한 사회적 가해행위라 할 수 있다. 이는 오랫동안 피해자와 피해자 관련인들에 대한 트라우마를 남기는 비인륜적 언행이기도 하다. 이에 전문가나 정부, 관련 단체 등이 행하는 조사와 재해처리과정에서는 피해자의 육체적 · 심리적 공황상태를 고려하여 아픔을 같이하는 위로와 구조 · 구제를 제시하고 시행해야 한다. 이는 사실에 근거한 정확한 분석을 통해 신문 · 방송 등을 통해 가감 없이 시민에게 전달되어야 한다. '나쁜 소문은 빨리 퍼진다'는 속담이 있다. 위기 상황에서의 나쁜 소문은 더욱 파급력이 강하다. 이 때문에 긴급한 상황에 위기와 동요를 부추기는 근거 없는 가짜뉴스 생산에 대해서는 근절할 필요가 있다.

여섯 번째 정부나 재해대책팀 등에서는 언론을 적으로 돌려서는 안

된다. 우호적 언론 환경을 조성해야 한다. 언론이 알기를 원하는 것은 다음과 같은 것이다. 무슨 일이 일어났는가, 피해는 어느 정도이며, 사망 및 부상자는 있는가, 왜 이러한 일이 일어났는가, 이에 대해 어떤 조치가 취해지고 있는가, 사회적 영향은 어느 정도인가, 전에도 같은 위기가 일어난 적이 있는가, 수습대책은 어떻게 진행되고 있으며 그 효과는 있는가 등등이다. 이에 대해 정확히 사태를 파악하여 6하 원칙인 누가, 언제, 어디서, 무엇을, 어떻게, 왜 했는가에 대한 답변을 준비하고 이를 언론을 통해 알려야 하는 것이다. 다만 이때 겁먹거나, 추측하거나, 잘못 인용된 언론에 화를 내거나, 특정 신문 등에 호의적 태도를 취하거나, 일관성을 깨거나, 앞으로의 일을 예측하거나, 선글라스를 끼거나 껌을 씹거나, 담배를 피우거나 하는 등의 행위를 해서는 안 된다.(캐슬린 펀 뱅크스 지음, 최양호 · 이명천 옮김, 『위기 PR』, 커뮤니케이션북스, 2006, 96-102쪽)

위의 내용은 재해 · 재난과 관련한 인식 혹은 위험 및 위기에 대한 대응과 대책 등을 정리한 것이다. 그렇지만 늘 재해인식은 당장 피해를 받지 않는 한 피상적이기 마련이다. 따라서 소위 '강 건너 불 보듯 한다'는 말처럼 행동하는 경우가 많다. 또한 대책의 경우 모든 피해자와 피해지역이 피해 전의 상태로 돌아갈 수 없음을 전제해야 한다. 따라서 그에 걸맞은 구제대책과 보상을 바라기는 어렵다. 공공대책은 인류 역사와 함께 진전되어 왔다. 그럼에도 불구하고 늘 부족하다.

이 때문에 우리는 피해의 아픔, 그리고 그에 대한 공감, 아픔을 함께 나누기, 함께 트라우마 극복하기, 안전한 사회로의 복귀, 새로운 안전사회 만들기 참여 등의 과정에 대한 동참을 적극적으로 행할 필요가 있다. 공공대책은 늘 부족하고 제대로 이뤄지지 않는 경우가 많은 만큼 이를 보완하는 노력이 필요하다. 위험요소의 탐지와 발굴, 예방의 시스템을 갖춘 뒤에도 계속 이를 재생해 가면서 안전성을 높여가야 하는 것이다.

3 | 새로운 재해와 미래 권력

인류사에 있어 지금까지는 새로운 재해라고 할 것은 없었다. 특히 자연재해는 더욱 그러했다. 그러나 21세기부터는 달라지기 시작했다. 제1차 산업혁명이 18세기 중반부터 19세기 초반까지 이뤄져 방적기와 증기기관으로 상징되는 변화가 있었다면 제2차 산업혁명은 19세기 말 20세기 초까지 전기와 자동차, 디젤 엔진 등으로 상징된다. 제1, 2차 산업혁명기는 공교롭게도 소빙기에서 기상이변이라고도 할 수 있는 온난기로의 전환기와 맥을 같이 한다. 대규모 화석연료의 사용은 지금까지의 인류의 일상과 다른 편의성과 신속성을 가져왔지만 반대로 그에 상응한 무기체계의 확대는 대량 살상 전쟁으로 이어지기도 했다.

그런데 20세기 후반 인류는 제3차 산업혁명의 시대에 접어들었다. 디지털혁명을 주축으로 정보화시대를 열었기 때문이었다. 컴퓨터와 인터넷, 휴대전화, 프린터가 만들어져 보급되기 시작했다. 제4차 산업혁명기에서는 빅데이터, 인공지능, 무인 운송 수단, 나노 기술 등과 같은 기술 혁신이 일어났다. 인공지능과 로봇공학이 자리 잡기 시작했다. 이에 따라 자원개발도 다양하게 확대되어 갔다.

이 과정에서 인류는 석탄 · 석유 등 화석연료를 대규모로 개발 사용하였다. 사실 제1~4차까지의 산업혁명은 인력이나 축력 사용을 통한 산업혁명이 아니기에 대량의 에너지를 만들기 위해서는 석탄 · 석유 등이 필요했고, 핵을 이용한 원자력에너지도 개발되었다. 치수(治水)에 대규모 노동력이 동원되고 관리되어야 했듯이 에너지 생산과 관리에 있어서도 이는 마찬가지였다. 이는 단적으로 표현하자면 대기 중 이산화탄소 농도의 급증을 가져왔다. 온실효과로 인한 지구의 온도가 급상승이 확인되었다. 인류에 의한 기후재난이 시작된 것이다.

이는 지구가 지금까지 묵묵히 되풀이해 온 온냉의 기후나 화산, 지진, 해일, 폭우 등과 같은 자연현상과는 다른 측면을 띠었다. 불규칙적이면서 돌발적인 기후변화를 동반하기 시작했다. 혹서와 혹한, 폭우와 가뭄, 산불 등이 일어났다. 특히 대규모 태풍의 발생은 예상치를 뛰어넘는 바람과 강수로 큰 인명과 재산상 피해를 가져왔다. 자연발화된 산불은 잘 관리되고 있는 광범위한 임야를 불태웠다. 혹서로 인한 폭염도 계절을 넘나들었다. 2024년 7~9월은 최장기간 열대야와 폭염을 기록하고 있다. 추석에 열대야가 나타나고 역대 가장 늦은 폭염경보가 발령되었다. 일본의 경우 일최고기온이 2018년 7월 23일 41.1℃를 기록했다. 우리나라 강원도 홍천군의 경우도 8월 1일 41℃를, 서울은 근대 기상관측 시작 이래 처음으로 39.6℃를 기록했다. 혹한은 그야말로 기상관측 이래 최초라는 수식어를 달만큼 추위가 이어지기도 했다.

2024년 8월 17일자 〈경향신문〉에 실린 "올해 7월이 기상관측 이래 가장 더운 달이었던 것으로 나타났다."라는 기사를 보자.

> 17일 미국 국립해양대기청(NOAA)에 따르면 지난달 지구 표면 온도 평균은 섭씨 17.01도였다. 이는 NOAA의 175년 관측 이래 가장 높은 온도이자, 20세기 평균 온도(섭씨 15.8도)보다 1.21도 높은 수치다. NOAA는 월평균 지구 표면 온도가 지난달에도 최고치를 경신해 14개월 연속 상승을 이어갔다고 설명했다. 올해 1~7월 지구 표면 온도의 평균은 섭씨 15.08도로 20세기 평균(섭씨 13.8도)보다 1.28도 높아 이 역시 관측 이래 최고치를 기록했다. 지난달 전 세계 빙하 면적은 1991~2020년 평균보다 109만 제곱마일(약 282만㎢) 좁아진 849만 제곱마일(약 2200㎢)로 측정됐다. 북극과 남극은 각각 33만 제곱마일(약 85만㎢), 76만 제곱마일(약 197만㎢)씩 평균보다 줄어든 것으로 나타났다. 이는 46년 관측 기록상 두 번째로 적은 빙하 면적이라고 NOAA는 설명했다. 지난달 해수 온도는

역대 두 번째로 높았다.

이는 온난화라는 추세가 급격히 진행되고 있음을 보여주는 상징적 기사라고 할 수 있겠다. 편의성을 위해 개발된 많은 화학제품은 지구가 자연적으로 소화하기 힘든 것들이었다. 비닐과 플라스틱이 대표적이다. 비닐은 석유로 플라스틱을 합성하여 만든 것으로 무게나 모양 및 방수 등의 기능이 있어 인류의 수많은 편의품에 이용되었다. 이후 이들은 그 편의성만큼이나 자연환경과 생태계를 교란시키고 있는 중이며, 인간 역시도 그러한 사이클 속에 있다. 비닐과 플라스틱을 먹은 생물은 죽거나 혹은 병에 시달리고 있으며, 인간은 미세플라스틱 입자 혹은 나노 플라스틱 입자에 노출되었다. 아직 뚜렷한 병증 연관성이 입증되지 않았으나 장기 세포에 악영향이 있을 것이라 예측되고 있다.

한편 급속한 지구온난화로 인해 소빙기 혹은 빙하시대에 잠들어 있던 미생물 바이러스의 출현은 공포의 대상이 되기도 한다. 혹은 무분별한 숲과 바다 개발로 지금까지 알려지지 않은 바이러스라는 판도라의 상자가 열리고 있다는 우려가 나타나고 있기도 하다.(2011년, 영화 '컨테이전') 혹은 외계생명체의 지구 도달로 인한 대혼란이 그려지기도 한다.(2018년, 영화 '베놈') 에일리언 아포칼립스로 분류된다.(1996년 개봉, '인디펜던스 데이' 등)

여기에다가 계속해서 에너지를 생산해야 한다. 이 가운데 핵분열을 통해 얻는 에너지로 돌리는 원자력 발전은 유력한 에너지 생산 방식이다. 하지만 1986년 4월 26일 우크라이나 체르노빌 원전사고나 2011년 일본 후쿠시마 원자력발전소 사고 등으로 원자력은 안전하지만 대규모 피해를 가져올 수 있는 위험성이 있는 시스템으로 알려지기 시작했다. 이에 '탈원전' 운동이 세계적으로 일어나 원전의 위험성을 극복하고자 하는 움직임이 있게 되었다. 하지만 반대로 원전의 안전성을 강화해 안정적이면서도 막대한 에너지를 얻고자 원전 발전이 다시 시도되고 있기도 하다. 동시에 농축우라늄을 통해 만드는 핵폭탄으로 인한 궤멸적 상황에 대한 우려는 계속되고 있다.

막대한 에너지 생산이 더욱 필요해진 이유는 무엇일까? 산업구조나 생활편의시설 및 기구 등이 재편되고 있기 때문이다. 컴퓨터와 인터넷, AI나 인터넷 저장장치의 사용 등에는 막대한 전기소모가 필요하다. 또한 전기를 사용한 전기전자제품이 보급되고, 관련 사물인터넷이 연결되면서 이들 제품의 사용이 극대화되기 시작했다. 인간의 편의를 극대화시켜 주기는 하지만 반대로 이들이 초연결시스템화되었을 때 큰 문제에 봉착하게 된다. 시스템 오프 상황 예컨대 대규모 정전이나 태양 관련 자기장 폭풍 EMP(전자기펄스)와 핵 등 인공적 EMP 등이 폭발했을 때 모든 전자기기가 올스톱될 수도 있다는 것이다.

현대 과학의 발전은 매우 비약적이다. 특히 분자 혹은 원자 단위의 물질을 움직여 원하는 모양의 나노 크기의 것을 만드는 기술이 등장했다. 생명공학 분야에서 나노바이오테크놀로지가 활용되고 있는 것이 대표적이다. 암세포를 찾아내고 항암치료를 해내며 인체의 건강을 되찾아낼 수 있다는 미래가 이미 우리 눈앞에 있는 것이다. 만능분자조립자가 적용된 〈앤트맨〉의 설정이 불가능하지만은 않은 듯 보인다.(2008 개봉 〈인크레더블 헐크〉와 2015 개봉 〈앤트맨〉) 하지만 이로 인한 그 후의 상황에 대해서는 아직까지 두려운 미지의 세계이다.

미래학자들의 우려는 여기에서보다는 인공지능과 로봇기술의 발전에 집중되고 있다. 인공지능이 나노테크놀로지와 결합되거나 혹은 로봇기술과 결합되면서 인간을 위한 도구로서의 기능이 아닌 인간을 해치고 인공지능 혹은 로봇의 세상을 만들 수 있다는 것이다.(1984년 이래 개봉되어

온 〈터미네이터〉 시리즈, 2004년 개봉 〈아이, 로봇〉) 혹은 로봇의 몸에 인간의 정신이 융합된 '시뮬런트'의 등장 등도 말하고 있다.

앞으로도 자연재해와 재난은 아무리 안전장치와 시스템을 추가하더라도 인류에게 치명적 피해를 입힐 수 있다. 바이러스에 의한 전염병 역시도 마찬가지다. 인류는 모든 바이러스에 대해 모르기 때문에 무방비 상태에 있는 것이나 마찬가지다. 유전자 변형 작물의 일반화는 종의 일원화를 가속화시켜 생태계 교란을 야기할 것이다. 지구온난화로 빙하가 녹으면서 지구 곳곳에 기후재난이라 할 일들이 벌어지고 있다. 핵발전 사고나 대형 선박 및 항공사고, 화학물질 유출 사고, 플라스틱 오염, 정전이나 수도시스템 고장 등으로 인한 초연결사회의 정지나 파괴 등이 발생할 수 있다. 시스템 중지나 파괴 등으로 인한 인공재난이 일어날 수 있는 것이다. 종교적 · 민족적 · 영토적 · 정치적 이유 등으로 각종 대형 살상무기를 활용한 전쟁이 지금도 일상화하고 있다.

이 같은 재해와 재난은 사실 인간에게 양면적이다. 하나는 피해이고 다른 하나는 극복 후 새로운 세계를 만들고 있다는 것이다. 인간만이 가진 변화 발전의 진화 메커니즘이라 할 수 있을 것이다. 물론 동식물의 경우도 그러한 면이 없지 않으나 즉각적이지는 않으며, 대개의 경우 그에 따라 도태되는 경우가 많다. 반면 인간은 앞으로도 다양한 재해와 재난이라는 변화에 대해 적응하고 변화시켜 나가리라 본다. 그렇다면 인류는 만인을 위한, 만인에 의한, 만인의 시스템을 어떻게 만들어가야 할까?

일단은 인류가 지금까지 축적해 온 재해와 재난 관련 기록을 다시금 살펴볼 필요가 있다. 기후변화와 인류 발전은 상호 관련성이 있기 때문이다. 이를 위해 지금까지 국가별 개별적 연구로 전개되어 온 재해 및 재난사를 좀 더 글로벌화하여 정리해야 한다. 예컨대 현재 유엔특별전문기구로 세계보건기구(WHO, World Health Organization)와 세계기상기구(WMO, World

Meteorological Organization), 유엔교육과학문화기구(UNESCO, United Nations Educational, Scientific and Cultural Organization)가 있다. 이들을 중심으로 건강과 기후, 인류 문화유산 등이 전체적으로 결합되어 분석된다면 전 지구적 문제에 좀 더 다채롭게 접근하면서 나름의 해법을 찾는 데 유리할 수 있을 것이다. 사실 전 지구를 위한 시스템 마련의 시발점은 이미 준비되어 있는 셈이다. 유엔이 그러하며 유엔 외 각종 국제기구가 그러하다.

다음은 종교적 해법이다. 종교는 때로 그 다름으로 인해 갈등의 원인이 되기도 한다. 하지만 궁극적 종교의 화두는 '인간애'이다. 서로를 이해하고 사랑하는 마음인 것이다. 작게는 재해와 재난의 피해를 입은 이재민과 아픔을 공유하고 공감하며 함께 극복하고 치유하는 노력이 개인적으로나 공동체를 통해서도 필요하다. 크게는 국가를 넘어선 종교적 노력이 함께 이뤄져야 한다. 지구상의 인류는 하나임을 깨닫고 서로 도우며 일어서야 하는 것이다.

세 번째는 법으로 상징화되는 안전체계를 마련하는 것이다. 법은 사회적 협의이자 규정이다. 환경, 산업, 교통, 재해, 감염, IT · ICT · AI · 딥페이크 등 모든 부분에 걸쳐 사람과 사람, 사람과 기업, 사람과 환경에 대해 지켜야 할 약속을 제안하고 강제하는 것이다. 물론 이를 위해서는 입법기관의 올바른 미래지향적 법률 제정, 행정기구의 철두철미한 행정 집행, 사법기구의 법 심리와 법 집행 등이 전제되어야 한다. 나아가 국가 단위를 넘어 국제적으로도 합의가 이뤄져야 한다. 그리고 이를 만드는 것은 정치이다. 모든 선출된 권력이 이를 수행할 의무와 책임감을 갖고 시민과 함께하는 것을 목표로 합의를 이뤄가야 한다.

과거와 현재에도 그랬지만 미래에도 여전히 적용해야 하는 것은 문제의식에 공감하고 문제 해결을 위한 합의의 필요성에 동의하는 것이다. 이 과정에서 합의를 끌어내고 수행하면서 수정 보완해야 한다. 이를 위해서는 나만의 이익을 생각하기보다 모두의 이익 즉 공익을 고려해야 한다. 나 혹은 내가 속한 집단을 완전히 버리는 공공의 이익이란 없다. 결과적으로 공공과 공익은 나를 포함하는 모두를 위한 것이기 때문이다.

네 번째, 자연재해와 인공재난 속 인간은 생존을 위해 끊임없는 선택을 한다. 그런데 지금까지의 역사를 본다면 결과적으로 벼랑에서 집단으로 떨어지는 일은 없었다. 이는 다양한 생각과 행동이 갖는 힘이라 할 수 있다. 예컨대 살기 위해 많은 음식을 개발했다. 초근목피라는 말에서 나오듯 풀뿌리와 나무껍질에서 영양소를 찾은 것이다. 씀바귀, 마늘, 땅콩, 양파, 고구마, 감자, 무, 칡뿌리 등과 함께 헛개나무, 가시오가피나무 등이 있다. 즉, 많은 구황작물 및 식물, 열매 등을 찾은 것이다. 그리고 이들을 조리하고, 발효시키는 방법까지도 나왔다. 또한 오랫동안 보관하는 재래의 항아리 저장방식, 캔 혹은 인공압축 저장, 냉장고 저장 등도 그러하다.

이제 자연재해에서 직접 피해로 인명을 잃지 않는 한 인류는 사회적 구제 제도와 의료 지원, 식량 공급 등을 통해 안전을 도모할 수 있다. 이는 앞으로도 그러할 것이다. 질병에 대응하면서 문명은 의학과 공중보건을 체계화했다. 이들은 질병과 싸울 무기가 되었다. 땅에서 곡물 등이 자라는 것을 확인하고 먹으면서 인류는 농업을 시작했다. 더불어 인간 스스로의 자연치유력을 보완하면서 의학이 등장했다. 그리고 인류 발전과 함께 농업과 치료기술은 과학의 힘을 빌려 인류문명의 큰 토대가 되었다. 과학문명의 발달로 상징되는 오늘날의 사회에서 농업생산력은 향상되었으며, 질병 발생률은 감소되었다. 평균 수명은 크게 연장되었다.(헨리 지거리스트 지음, 황상익 옮김, 『문명과 질병』, 한길사. 2008, 45-46쪽)

인류문명의 발전과 질병의 역사를 다룬 과거의 이들은 결과적으로 그 변화과정을 통해 질병 발생률은 낮추고 안전과 생존율을 높이는 인류의 생존 방식을 높이 평가했다. 과거에는 보지 못하고 경험할 수 없었지만, 또 자신의 생존기간 전쟁이 전개되고 있지만 앞으로의 미래는 그렇지 않을 것이라 믿었던 것이다. 더 나은 문명이 더 나은 인류의 삶을 만들어 줄 것이라 보았다.

예컨대 인류가 전염병을 극복한 역사 속 승리는 중요한 아이디어 덕분이었고, 이를 뒷받침하는 데이터 수집과 분석 등이 있어서였다. 이를 통해 전염병 경로와 확산 양산 등이 확인될 수 있었다. 이는 진원지 확인과 전염병의 전파 주요 원인을 파악하는데 도움이 되었다. 그리고 이에 대한 수많은 대중의 접근이 가능토록 했기 때문에 보다 빠르고 안전한 삶으로의 귀환이 가능할 수 있었다. 나아가 관련 지식은 공유되면서 검증 과정을 거쳐 좀더 높은 안정성있는 의약개발 및 공중보건 환경 창출에 토대가 되었다.

따라서 재해와 관련하여 피해를 입는 부분은 없애지 못하더라도 최대한의 안전을 도모하기 위해 필요한 것은 ① 재해의 원인과 양상에 대한 종합적 데이터 축적과 분석, ② 아픔에 대한 공감과 집단 지성의 발현, ③ 현명한 리더의 역할과 효율적 협력 체계의 운영, ④ 재해와 그 극복에 대한 상세한 기록, ⑤ 재해를 극복하는 지혜와 지식의 공유, ⑥ 재해에 대한 지속적 연구와 관련 안전기구 운영, ⑦ 국제적 협력과 관련 법의 마련 및 실천 등이라 할 수 있다.

그리고 모두의 이익을 위하려는 리더십의 탄생은 이를 통해 인류사를 바꿀 수 있다. 그것은 인류가 그동안 가져왔던 숙제였다. 정치와 종교, 역사와 철학, 과학과 예술은 그 과정에서 이를 해결하는 모습을 보여주었다. 인간애를 살리는 '진인사(盡人事)'의 노력과 바람은 늘 그 답을 인류에게 제시해 주었고, 앞으로도 그러하리라 믿는다. 밝은 유토피아와 암울한 디스토피아의 미래 세계는 공존을 거듭하며 현실 세계를 만들 것이다.

그 과정에 인간의 리더십이 좌우 축을 움직여 갈 것이다.

다만 제4차 산업혁명을 통해 전개되는 인공지능(AI, Artificial Intelligence)과 사물인터넷(IoT, Internet of Things), 빅데이터, 자율주행과 드론 등 디지털기술과 나노기술은 모든 면에서 현실을 바꿔가고 있다. 그것은 재해와 재난에 대한 분석부터 인간의 감성을 담을 수 있는 예술에 이르기까지 걸쳐 있다. 긍정적인 면만을 본다면 인간의 삶이 윤택해질 수 있다는 것이다. 그러나 현실은 그렇지 않다. 이로 인한 부작용, 비용 등을 고려하면 인간성의 유지가 오히려 어려워질 수도 있다

아직은 단지 공상에 불과한 것이지만 영화에서는 각종 재해 후 혹은 초과학문명의 발달 후 디스토피아를 그리고 있다. 한편으로는 인류 생존을 위한 협력과 상생, 갈등이 그려지고 있다. 그러면서도 결과적으로 재해 이전 세계로의 회귀는 어렵다는 것이다. 소행성 충돌 및 지진과 기후재난 그리고 핵 등으로 파괴된 세상을 그린 영화 〈콘크리트 유토피아〉(2023), 〈투모로우〉(2004), 〈지오스톰〉(2017)이나 전염병으로 변한 세계를 다룬 〈레지던트 이블〉(2002) 및 〈부산행〉(2016), 〈혹성탈출〉 시리즈(2001~2024) 등이 있다. 〈매트릭스〉(1999), 〈i,ROBOT〉(2004), 〈터미네이터; 미래전쟁의 시작〉(2009), 〈루시〉(2014) 등은 초연결사회의 디스토피아를 보여주고 있기도 하다. 물론 외계의 지구 침공을 그린 수많은 영화 등도 이를 말해주고 있다.

이들의 경우 아직은 상상의 영역에서 제작된 영화이지만 현실화할 수 있는 미래일 수도 있다. 인간과 자연, 그리고 미래는 새로운 전환점에서 있다. 이제 필요한 것은 디지털과 나노, AI, 바이오테크 등의 제4차 산업혁명이 우리와 자연을 어떻게 연결하여 미래를 만들어갈 수 있도록 해야 할 것인가의 고민이다. 그 고민은 협력과 공감 속에 이뤄져야 한다. 그리고 집단 지성을 발휘하여 공존을 도모토록 해야 한다. 누군가가 이를

주도하는 것이 아닌 모두가 함께해야 할 것이다.

'Together strong!'

4 | 생각해 봅시다

첫째, 바이오테러에 의한 전염병 창궐이 실제 일어날 것인가?
둘째, 뉴클리어 전쟁이 실제 일어날 것인가?
셋째, 스카이넷이나 인공지능이 지배하는 세계가 도래할까?
넷째, 대기오염이나 기후변화로 인한 인간세계의 종말이 찾아올까?
다섯째, 유전자조작은 인간사회에 어떠한 영향을 미칠까?
여섯째, 포스트 아포칼립스의 세계에 대해 상상할 수 있을까?
일곱째, 인간의 건강과 수명은 어디까지 가능할까?
여덟째, 6백만불의 사나이, 로보캅, 아이언맨, AI 등과 같은 인간이 만들어 질 수 있을까?
아홉째, 디지털혁명으로 직업은 어떻게 변화할까?
열째, 이러한 재해와 재난에 대비해 우리는 무엇을 해야 할까?

참고문헌

□ 저서

국사편찬위원회, 『기후와 인간, 그리고 재난: 생태환경사의 관점』, 국사편찬위원회, 2022

권오영 외, 『도시를 보호하라 - 위생과 방역으로 세워진 근대 도시 이야기』, 역사비평사, 2021

기상청, 『근대기상 100년사』, 2004

김덕진, 『대기근 조선을 뒤덮다』, 푸른역사, 2008

김상욱, 『한국근대 소방관의 탄생 - 화재발생과 소방조 활동에 관한 고찰』, 민속원, 2021

김석우, 『자연재해와 유교국가』, 일조각, 2006

김수연, 『고려 사회와 밀교』, CIR(씨아이알), 2022

김영미 외, 『전염병의 문화사 - 고려시대를 보는 또 하나의 시선』, 혜안, 2010

김일권, 『『고려사』의 자연학과 오행지 역주』, 한국학중앙연구원출판부, 2011

도날드 힌드만 · 데이비드 힌드만 지음, 이동우 등 옮김, 『자연재해와 재난』, 시그마프레스, 2006

리처드 A. 포스너 지음, 김소연 옮김, 『대재앙』, 말글빛냄, 2006

마이클 셸런버거 지음, 노정태 옮김, 『지구를 위한다는 착각』, 부키㈜, 2021

박윤재, 『일제의 의료정책과 조선 지배』, 동북아역사재단, 2023

브라이건 페이건 편, 이승호 외 역, 『완벽한 빙하시대』, 푸른길, 2011

브라이언 페이건 저, 남경태 옮김, 『뜨거운 지구, 역사를 뒤흔들다』, 예 · 지, 2011

브라이언 페이건 저, 윤성옥 옮김, 『기후는 역사를 어떻게 만들었는가』, 중심, 2003

서울특별시 시사편찬위원회, 『서울災害史』, 경인문화사, 2013

셸던 와츠 저, 『전염병과 역사』, 모티브북, 2009

송병건, 『재난인류』, ㈜위즈덤하우스, 2022
스티브 존슨 저, 김명남 역, 『감염지도 – 대규모 전염병의 도전과 현대 도시문명의 미래』, 김영사, 2008
신병주, 『우리 역사 속 전염병』, 매일경제신문사, 2022
신형식, 『三國史記研究』, 一潮閣, 1981
앤드루 도이그 지음, 석혜미 옮김, 『죽음의 역사』, ㈜로크미디어, 2023
여인석 외, 『한국의학사』, 역사공간, 2018
吳浩成, 『조선기근사』, 경인문화사, 2022
우승엽, 『대기근이 온다』, 처음북스, 2016
윌리엄 H. 맥닐 저, 허정 역, 『전염병과 인류의 역사』, 한울, 2019
이두순, 『농업과 측우기』, 한국농촌경제연구원, 2015
이방원 외, 『국가의 질병 관리 역사』, 2022
이정호, 『고려시대의 농업생산과 권농정책』, 경인문화사, 2009
이희덕, 『高麗時代 天文思想과 五行說 研究』, 일조각, 2000
제레미 다이아몬드 저, 강주헌 번역, 『총 균 쇠』, 김영사, 2023
짐 다운스 저, 고현석 옮김, 『제국주의와 전염병』, 황소자리, 2022
채웅석 편저, 『동아시아 전통사회 재해 사료의 특징과 활용』, 혜안, 2023
피터 프랭코판 지음, 이재황 옮김, 『기후변화 세계사』, 책과함께, 2023
허태구 편저, 『동아시아 전통사회 재해 인식과 대응』, 혜안, 2024
헨리 지거리스트 저, 황상익 옮김, 『문명과 질병』, 한길사, 2008
황상익, 『근대 의료의 풍경』, 푸른역사, 2013
______, 『역사가 의학을 만났을 때』, 푸른역사, 2015

❑ 논문

• 고대

강철성, 「고대 한국의 자연재해 분석 – 신화적 사상을 중심으로」, 『한국지형학회지』 18-4, 2011

김수연, 「한국 고대의 질병관과 불교적 치유 방식」, 『韓國古代史硏究』 102, 한국고대사학회, 2021
김영관, 「삼국 및 통일신라시대 자연재해와 민간의 대응」, 『白山學報』 118, 白山學會, 2020
金永鉉, 「百濟社會의 災異觀에 관한 고찰」, 『역사교육』 45, 역사교육연구회, 1989
김일권, 「『삼국사기』 고구려 · 백제의 별자리목록과 천문성변기록 분류 연구」, 『한국고대사탐구』 30, 한국고대사탐구학회, 2018
______, 「『삼국사기』 「신라본기」의 별자리목록과 천문성변기록 분류 연구」, 『한국고대사탐구』 32, 한국고대사탐구학회, 2019
노중국, 「한국고대 수리시설의 역사성과 의미」, 『新羅文化』 45, 東國大學校 新羅文化硏究所, 2015
李昊榮, 「韓國 古代社會의 災害와 救貧策 - 三國 및 統一新羅時代를 中心으로 -」, 『史學志』 5, 단국대학교 사학회, 1971
李熙德, 『韓國古代 自然觀과 王道政治』, 혜안, 1999
문태영 · 윤일 · 남상호, 「삼국시대의 황충(蝗蟲) 창궐의 빈도와 요인」, 『自然科學』 13, 2002
박미선, 「불교 수용 후 신라의 자연재해와 불교적 대응」, 『역사와 경계』 120, 부산경남사학회, 2021
______, 「신라 재해 대응책의 내용과 특징 - 유교적 천인감응설의 비판적 검토 -」, 『韓國思想史學』 73, 韓國思想史學會, 2023
朴星來, 「百濟의 災異記錄」, 『百濟硏究』 17, 忠南大學校 百濟硏究所, 1986
서민수, 「'536년 화산'과 한반도 주변 정세의 변동」, 『역사와 현실』 118, 한국역사연구회, 2020
윤순옥 · 황상일, 「삼국사기를 통해 본 한국 고대의 자연재해와 가뭄주기」, 『대한지리학회지』 44-4(통권 133), 대한지리학회, 2009
이기봉, 「『三國遺事』 災異 관련 기사의 기초적 검토」, 『사림』 77, 수선사학회, 2021
______, 「신라 聖德王代의 災異와 유교정치」, 『韓國史硏究』 152, 韓國史硏究會, 2011
______, 「신라 원성왕대의 재이와 정치 · 사회적 변동」, 『新羅史學報』 25, 新羅史學會, 2012
______, 「신라 하대의 경제적 양극화와 재해」, 『新羅史學報』 48, 新羅史學會, 2020

이정빈, 「고구려-수 전쟁과 전염병」, 『韓國古代史硏究』 102, 한국고대사학회, 2021

이현숙, 「한국고대 질병연구의 궤적과 과제」, 『韓國古代史硏究』 102, 한국고대사학회, 2021

이형우, 「三國史記의 氣象異變考」, 『민족문화논총』 45, 2010

전덕재, 「삼국과 통일신라시대 가뭄 발생 현황과 정부의 대책」, 『韓國史硏究』 160, 韓國史硏究會, 2013

전용호 · 서민석 · 홍종하, 「한국 고대 기생충과 질병」, 『韓國古代史硏究』 102, 한국고대사학회, 2021

정동준, 「경제적 측면에서 본 고대사회의 진휼」, 『韓國古代史硏究』 99, 한국고대사학회, 2020

• **고려**

김수연, 「고려~조선 전기 불교계의 전염병 대응과 대민 구료」, 『불교학연구』 71, 불교학연구회, 2022

______, 「소재도량(消災道場)을 통해 본 고려시대의 천문기양사상(天文祈禳思想)」, 『韓國思想史學』 45, 한국사상사학, 2013

김영현, 「高麗時代의 五行思想에 관한 一考察」, 『충남사학』 2, 충남대학교 사학회, 1987

이바른, 「고려시대 蟲災의 발생과 그 정치적 성격」, 『韓國史學報』 92, 고려사학회, 2023

이병희, 「고려시기 개경 일대 야생동물의 출몰과 그 의미」, 『歷史敎育論集』 81, 역사교육학회, 2022

이정호, 「高麗前期 異變現象 기록을 통해 본 災異觀과 위기인식 -『高麗史』 五行志 기록을 중심으로」, 『역사와 담론』 80, 호서사학회, 2016

______, 「여말선초 자연재해 발생과 고려 · 조선정부의 대책」, 『韓國史學報』 40, 고려사학회, 2010

차순철, 「고려시대 진언기와 사례 검토」, 『中央考古硏究』 36, 중앙문화재연구원, 2021

한정수, 「고려 우왕대 재이 · 병란과 천도론의 정치적 의미」, 『서울과 역사』 106,

서울역사편찬원, 2020
______, 「高麗前期 儒教的 重農理念과 月令」, 『歷史教育』 74, 역사교육연구회, 2000
______, 「高麗前期 天變災異와 儒教政治思想」, 『韓國思想史學』 21, 한국사상사학회, 2003
______, 「고려후기 天災地變과 王權」, 『歷史教育』 99, 역사교육연구회, 2006
홍기표, 「고려전기 '천재지변(天災地變)' 관련 조서 연구」, 『인문과학』 39, 성균관대 인문과학연구소, 2007

- **조선**

경석현, 「조선후기 재이론(災異論)의 변화: 이론체계와 정치적 기능을 중심으로」, 경희대학교 박사학위논문, 2018
고태우, 「한국 재난 인식 연구의 성과와 과제 – 근대 이전 시기 역사학계의 연구를 중심으로 –」, 『인문학연구』 59, 조선대학교 인문학연구원, 2020
권복규, 「朝鮮前期의 역병 유행에 관하여」, 『韓國史論』 43, 서울大學校 人文大學 國史學科, 2000
김가람, 「중종 대 사회 질서 구축과 효행 정책」, 『서강인문논총』 66, 서강대학교 인문과학연구소, 2023
김문기, 「17세기 중국과 조선의 小氷期 기후변동」, 『역사와 경계』 77, 부산경남사학회, 2010
______, 「17세기 중국과 조선의 재해와 기근」, 『이화사학연구』 43, 이화사학연구소, 2011
김미성, 「조선 현종~숙종 연간 기후 재난의 여파와 유민(流民) 대책의 변화」, 『역사와 현실』 118, 한국역사연구회, 2020
______, 「조선시대 생태환경사 연구의 현황과 과제 – 기후사 · 재해사 관련 연구를 중심으로」, 『생태환경과 역사』 8, 한국생태환경사학회, 2022
김민수, 「19세기 후반 氣候 변동과 農業生産力」, 『韓國史論』 53, 서울대학교 인문대학 국사학과, 2007
김연옥, 「朝鮮時代의 氣候環境」, 『지리학논총』 14, 서울대학교 지리학과, 1987
김일권, 「조선시대 서리 기상기록 분석과 역사지진기록과의 상관성 고찰」, 『탐라문화』 65, 제주대학교 탐라문화연구원, 2020

김창회, 「재해 DB 이용의 실례: 숙종대 『승정원일기』와 『숙종실록』의 재이 기록 비교 – ‘일식’과 ‘지진’을 중심으로 – 」, 『한국중세사연구』 67, 한국중세사학회, 2021
박범, 「18~19세기 재해의 발생과 위유어사의 역할」, 『역사와 현실』 122, 한국역사연구회, 2021
박재경, 「조선시대 대책(對策)의 중국 대책 수용양상 – 동중서(董仲舒)의 「천인삼책(天人三策)」을 중심으로」, 『정신문화연구』 147, 한국학중앙연구원, 2017
박홍갑, 「조선 中宗朝의 徙民政策 변화와 그 문제점 – 자연재해와의 관련을 중심으로 – 」, 『朝鮮時代史學報』 8, 朝鮮時代史學會, 1999
배혜숙, 「영조년간의 사회동향과 민간사상」, 『祥明史學』 1, 상명사학회, 1993
송희복, 「근세의 동의학, 역병과 싸우다」, 『문학 사학 철학』 74, 한국불교사연구소, 2023
염정섭, 「18세기 후반 正祖代 農政策의 전개」, 『韓國文化』 32, 서울대 韓國文化研究所
오종록, 「15세기 자연재해의 특성과 대책」, 『역사와 현실』 5, 한국역사연구회, 1991
원재영, 「17~18세기 재해행정과 御史의 역할」, 『한국문화』 75, 서울대학교 규장각 한국학연구원, 2016
______, 「조선시대 재해행정과 17세기 후반 진휼청의 상설화」, 『東方學志』 172, 延世大學校 國學研究院, 2015
______, 「조선후기 진휼정책과 賑資의 운영 – 1809~10년 전라도의 사례를 중심으로 – 」, 『조선시대사학보』 64, 조선시대사학회, 2013
______, 「朝鮮後期 荒政 연구」, 연세대학교 박사학위논문
유승희, 「17~18세기 한성부 화재실태와 도시재해 시스템의 운영」, 『인문연구』 67, 영남대학교 인문과학연구소, 2013
이문수, 「조선초기 사회정책연구 – 자연재해를 중심으로 – 」, 『慶州史學』 21, 慶州史學會, 2002
이상균, 「조선시대 赤潮의 발생과 대응」, 『歷史學報』 233, 역사학회, 2017
______, 「조선시대 해일의 발생과 대응」, 『韓國史研究』 185, 한국사연구회, 2019
이상배, 「18~19세기 自然災害와 그 對策에 관한 研究」, 『國史館論叢』 89, 국사편찬위원회, 2000

이상호, 「세종 즉위기 3년간(즉위년~세종 2년)의 기상 · 기후 현상과 세종의 대처」, 『한국학논집』 57, 계명대학교 한국학연구원, 2014
______, 「태종대 가뭄 대처 양상에 드러난 유학적 사유 -『태종실록』의 가뭄 관련 기사와 재이관을 중심으로 -」, 『국학연구』 23, 한국국학진흥원, 2013
이욱 · 홍윤, 「조선 세조대 기후특성과 재해 경감 노력」, 『대기』 22-2, 한국기상학회, 2012
이정수, 「조선초기 도적발생과 국가적 대응」, 『한국중세사연구』 1, 한국중세사학회, 1994
이정철, 「조선 태조 · 정종 · 태종연간 가뭄 기록과 가뭄 상황」, 『국학연구』 23, 한국국학진흥원, 2013
______, 「조선왕조실록 가뭄 현상의 기록과 실제 - 세종 즉위년~세종 18년을 중심으로」, 『국학연구』 25, 한국국학진흥원, 2014
이태진, 「'小氷期'(1500~1750년)의 天體 現象的 원인 -『朝鮮王朝實錄』의 관련 기록 분석 -」, 『國史館論叢』 72, 국사편찬위원회, 1996
정형지, 「조선시대 기근과 정부의 대책」, 『梨花史學研究』 30, 梨花史學研究會, 2003
최익한, 『조선 사회 정책사 - 우리나라 사회 구제 제도에 대한 역사적 고찰』, 서해문집, 2013
하서정, 「仁祖대 災異에 대한 인식과 대응」, 『大丘史學』 127, 大丘史學會, 2017
______, 「孝宗대 정국변화와 災異 논의의 활용」, 『大丘史學』 134, 대구사학회, 2019
한정수, 「조선 초 月令의 이해와 국가운영」, 『한국사상사학』 36, 한국사상사학회, 2010

• 근현대

김나영, 「식민지 조선에서의 콜레라 유행과 일제의 방역지(防疫誌) 제작」, 『歷史學研究』 89, 호남사학회, 2023
김상욱, 「1876~1920년 서울지역의 화재발생과 경성소방조의 활동」, 『서울학연구』 89, 서울시립대학교 서울학연구소, 2022
김영수, 「제국 일본의 인플루엔자 대응과 방역정책 - 식민지 조선의 사례를 중심으로」, 『歷史學報』 252, 역사학회, 2021

김찬수 · 서명석, 「우리나라에서 최근 (1976~2005) 강수의 변화 시점」, 『대기』 18-2, 한국기상학회, 2008
金亨錫, 「韓末 韓國人에 의한 西洋醫學 受容」, 『國史館論叢』 5, 국사편찬위원회, 1989
박철하, 「1925년 서울지역 수해이재민 구제활동과 수해대책」, 『서울학연구』 13, 1999
백선례, 「1940년대 초 조선총독부 후생국의 신설과 폐지」, 『역사문제연구』 50, 역사문제연구소, 2023
______, 「위생비로 본 조선총독부 방역 정책」, 『역사와 경계』 124, 부산경남사학회, 2022
______, 「조선총독부의 급성전염병 예방 대책 변화-수인성 전염병을 중심으로」, 한양대학교 박사학위논문, 2021
안세영, 「1930년대 조선총독부의 水防團 설치와 '水害防禦' 활동」, 『한국근현대사연구』 106, 한국근현대사학회, 2023
양지혜, 「일제하 대형 댐의 건설과 '개발재난'-일본질소의 부전강수력발전소 건설 사례를 중심으로-」, 『한국문화』 89, 서울대학교 규장각 한국학연구원, 2020
이규원, 「'전염병 도시' 경성의 비판적 검토: 통계 자료를 중심으로」, 『서울학연구』 90, 서울시립대학교 서울학연구소, 2023
이기동, 「'고난의 행군' 세대의식과 체제변화」, 『북한학보』 36-2, 북한연구소, 2011
이동원, 「1959년 태풍 사라(Sarah)와 전후(戰後) 한국의 재난 대응」, 『한국근현대사연구』 103, 2022
정병욱, 「북한 대기근의 역사적 기원-일제시기 함경도 지역을 중심으로-」, 『민족문화연구』 59, 고려대학교 민족문화연구원, 2013
최의수 · 문일주, 「56년간 한반도 강수 및 풍속의 극값 변화」, 『대기』 18-4, 한국기상학회, 2008
최희영, 「1934년 三南 水災民을 위한 기생들의구제 활동」, 『大東文化硏究』 119, 성균관대학교 대동문화연구원, 2022